AF238467

Illumination des Träumens

von
Frederick E. Dodson

Informationen über den Autor

Frederick Dodson, geb. 1974 in den USA, ist der Autor von bisher 12 Büchern zu Themen des Bewusstseins und der Weiterentwicklung menschlichen Potentials. Er lebt in München und hält Seminare zu den Themen Sprachen (www.quicklearning.de), und Coachings im mentalen, emotionalen und spirituellen Bereich (www.oceanofsilence.com). Leser erreichen ihn unter der Email-Adresse: PlanetEye5@aol.com.

Weitere Bücher von Frederick E. Dodson erschienen im Bohmeier Verlag:

Astralreisen - *Das ultimative Trainingshandbuch für alle die schon immer außerkörperliche Erfahrungen machen wollten*

High werden ohne Drogen - *Ein bewusstseinserweiterndes Handbuch*

Ein Kurs im Flirten - *Ein Trainingshandbuch (nicht nur!) für Männer*

Weitere Bücher sind zur Zeit in Vorbereitung! Aktuelle Informationen erhalten Sie über www.magick-pur.de

© 3. Auflage, Copyright 2013 by Bohmeier Verlag, D-04357 Leipzig, Oelssnerstr. 2, Germany, Tel.: +49 (0) 341-6812811 - Fax: +49 (0) 341-6811837.
Immer erreichbar über unsere Internet-Homepage: www.magick-pur.de

© **Coverbild von Claudia Engelen** – weitere Informationen zur Künstlerin unter www.claudia-engelen.de - Covergesamtkonzeption J. A. Davis
Gesamtherstellung: Bohmeier Verlag, Printed in Germany

Alle Rechte, insbesondere die der Übersetzung in fremde Sprachen, vorbehalten. Kein Teil des Buches darf ohne schriftliche Genehmigung des Verlages fotokopiert oder in irgendeiner anderen Form reproduziert oder in eine von Maschinen verwendbare Sprache übertragen oder übersetzt werden. Ausgenommen sind die in §§ 53, 54 URG ausdrücklich genannten Sonderfälle, wenn sie mit dem Verlag vorher vereinbart wurden. Im Einzelfall bleibt für die Nutzung fremden geistigen Eigentums die Forderung einer Gebühr vorbehalten. Das gilt für die Fotokopie ebenso wie für die Vervielfältigung durch alle anderen Verfahren einschließlich Speicherung und jede Übertragung auf Papier, Transparente, Matrizen, Filme, Bänder, Platten, Festplatten, CDs und sonstige Medien, sowohl in analoger wie digitaler Form.

ISBN 978-3-89094-426-5

Illumination des Träumens

von
Frederick E. Dodson

Inhaltsverzeichnis:

1. Skala der Traumbewusstheit

1 VÖLLIG UNBEWUSST
Ich erinnere mich nach dem Aufwachen nicht einmal daran, dass ich überhaupt geträumt habe.

2 UNBEWUSST
Ich bemerke erst nach dem Aufwachen, dass ich geträumt habe. Die Anzeichen, dass ich geträumt habe (Traumsignale) und die Seltsamkeiten jener Traumszenarien werden mir erst nach dem Aufwachen bewusst.

3 HALBBEWUSST
Ich bemerke im Traum ein wenig, dass irgendetwas anders oder seltsam ist, hinterfrage es aber nicht.

4 HALBLUZIDE (PRÄLUZIDE)
Ich bemerke die Traumsignale. Irgendetwas Ungewöhnliches findet statt und ich versuche es zu hinterfragen, werde aber nie ganz luzide. Der Traum wechselt zwischen halbluzide, halbbewusst und unbewusst. Manchmal stellt sich die Frage „Ist dies ein Traum?", aber im nächsten Moment ist die Frage schon wieder vergessen. Manchmal verläuft der Weg auch von luzide nach halbluzide. Beispielsweise wusste ich, dass ich träume, träume aber dann, dass ich „erwache" (das so genannte „falsche Erwachen"), und vergesse, dass ich träume.

5 LUZIDE
Aufgrund der Traumanzeichen, der eigenen Bewusstheit oder anderer Auslöser und Seltsamkeiten wird mir bewusst, dass ich träume. Ich erkenne den Traum als Traum.

6 SEHR LUZIDE
Ein Zustand der Klarheit, in dem ich alle Hinweise darauf, dass ich in einem Traum bin, noch deutlicher bemerke. Außerdem ist mir bewusst, dass ich den Traum selbst beeinflussen kann. Handlungsmöglichkeiten und meine eigene Rolle oder Mission im Traum werden mir bewusst und ich kann sie genießen.

7 LEUCHTEND LUZIDE
Kristallene Klarheit und Wohlbefinden, wobei ich die aktive Kontrolle über das Traumszenario habe. Aus diesem Zustand kann sich ein Forschungstraum, schöpferischer Traum oder therapeutischer Traum entwickeln.

8 ERLEUCHTEND LUZIDE
Die Bewusstwerdung über den tieferen Sinn des Traumes. Hier weiß ich nicht nur, dass ich träume und alles tun kann, was ich will, sondern auch welche Aufgabe ich hier zu erfüllen habe (z.B. durch intuitive Eingebungen, Gesprächen mit anderen Traumgestalten oder das Erkennen der Lösung oder Heilung eines Themas aus der Wachrealität).

2. Das ozeanische Universum

In der Nacht, bevor ich begann, dieses Buch zu schreiben, hatte ich einen luziden Traum. Ich habe ihn noch nicht interpretiert, aber am Morgen danach sofort aufgeschrieben. Es handelt sich um die Fortsetzung eines Traumes, den ich schon seit ein paar Jahren hin und wieder träume. Diesen Intensiv-Traum möchte ich hier als Einleitung dieses Buches benutzen.

Ich stehe auf einer silbergrauen Plattform, die über rauschende Wellen gleitet. Die Wellen dieses Ozeanplaneten sind mehrere Kilometer hoch. Manchmal ist es nötig, die schwebende Plattform höher zu navigieren, um nicht von den fliegenden, spiralen Wassermassen überwältigt zu werden. Allerdings kann ich vereinzeltes Planschen und die Nässe auf meinen Körper, sowie auch das Risiko, so nahe am stürmenden Ozeanplanten zu sein, genießen. Die Farbe dieses wilden Ozeans ist anders, als ich es je wahrgenommen habe. Stelle dir vor, du würdest Blau und Silber vermischen und die Farbintensität vervielfachen. Ich kann mit meiner Plattform noch so schnell und weit fliegen, die einzigen Elemente, die ich an der Oberfläche vernehmen würde, wären Wind und Wasser. Doch mir war klar, dass dies die Oberfläche war und dass dieser Planet weitaus mehr verbarg, als von meiner Position aus zu sehen war. Aber es war zu spüren. Die Präsenz des Planeten war zu spüren. Die Anwesenheit von Delphinwesen war mit den inneren Sinnen deutlich spürbar. Dieser Planet ist voller Delphine und deren Intelligenz, Humor und Kraft lag in der Luft. Sie wussten, dass ich angekommen war, dass ich von meiner Raumkugel aus, die hoch oben am Himmel hing, mit meiner Plattform nahe der Oberfläche gekommen war. Doch hier, in diesem planetarischen Wassersturm, ließen sie sich nicht blicken. Ich würde warten bis der Sturm vorbei war. Meine Raumkugel kreiste über mir. Würde ich überhaupt zu ihr zurückkehren? Warum nicht einfach in das Wasser springen und eins mit diesem wundervollen Planeten werden? Die Lichter meiner Raumkugel blinkten, um mir zu bedeuten, dass mein emotionaler Zustand gemessen worden war, und ich in der Pflicht meiner Mission zurückzukehren hatte. Meine Raumkugel protestierte gegen meinen Herzenswunsch, einfach zu springen und alles hinter mir zu lassen. Es wäre so einfach in Glückseligkeit hineinzuspringen. „Dies ist der Ursprungsplanet des Delphins", war mein Gedanke. Seine Heimat. Und seine Heimat ist auf einem energetischen Bewusstseinsniveau, das für Menschen als „totale Glückseligkeit" interpretiert wird. Ein Sprung und ich gebe mich dem Rausch der Tiefsee hin. Nach einer Zeit, die mir wie mehrere Tage vorkam, auf der Plattform und in der Raumkugel, den Planeten umkreisend, sah ich ein, dass ich springen musste; aber nicht weil ich loslassen wollte, sondern weil der Sturm sich nicht beruhigte und die Delphine nicht zur Oberfläche gekommen waren, um die Kommunikation zu beginnen, wegen der ich hier war. Mir blieb nichts anderes übrig, als zu den Delphinen hinzugehen. Meine Raumkugel sah dies auch ein und genehmigte die Reise. Ich wurde mit einer Tauchuniform ausgestattet und per Plattform in Sprungnähe des Ozeans gebracht. Nun durfte ich ganz offiziell, als Teil der Mission springen, aber eine leise Angst begann sich zu regen. Wollte ich wirklich in diese wuchernden Wogen, diesen reißenden Fluten hineinspringen, um an unbekannte, unwahrnehmbare Orte geschleudert zu werden? Möchte ich wirklich die Unterwasserwelt eines fremden Planeten erleben, ohne genau zu wissen, was mich erwartet? Es war klar, dass ich umso unsicherer werden würde, je länger ich hier stünde. Ich wagte den Sprung. Der Aufprall war so hart, dass er mich schockierte. Doch zunächst dachte ich, dass ich tatsächlich die Kontrolle behalten könnte. „Ok… das geht schon… ist eine lösbare Aufgabe". Doch schon bald wurde ich von einer Welle mitgerissen, getragen, in die Höhe geschleudert. Mehrere Tausend Meter über der Wasseroberfläche und wieder nach unten in den erbarmungslosen Strom. Ich hatte jede Kontrolle verloren und war gerade dabei, das Leben meines derzeitigen Körpers stark zu gefährden. Noch ein paar dieser Aufschläge würde dieser nicht überleben. Meine einzige Chance sah ich darin, in die Tiefe zu tauchen, da wo der heulende Wind keinen Einfluss mehr hatte. Auf meinem nächsten Weg nach unten formte ich den Körper zu einem Pfeil, planschte hinein und tauchte nach unten, schwamm nach unten, kämpfte mich nach unten. Die Strömungen nach oben waren anfangs gewaltig, nahmen jedoch in der Tiefe ab. Der Antrieb meiner Uniform hatte seine Aufgabe erledigt. Nun schwebte ich mehrere Kilometer unter Wasser und der Weg nach unten nahm kein Ende. Was mich jedoch beunruhigte war, dass ich keine Delphine zu Gesicht bekam. Die emotionale Präsenz war durchaus vorhanden, doch die körperliche fehlte. Ich dachte, die Lösung läge darin, weiter nach unten zu tauchen. So schoss ich eine Zeitlang (mir kamen es wieder wie mehrere Tage vor) nach unten. Und natürlich erreichte ich keinerlei „Ozeanboden", denn dieser Planet schien tatsächlich nur aus Wasser in vielen verschiedenen Formen zu bestehen. Stattdessen begann das Wasser wieder heller zu werden, als würde ich eine neue Oberfläche erreichen. Und es widerfuhr mir eines der bemerkenswerten Erlebnisse, die ich je erlebt hatte. Ich tauchte wieder auf zog mich aber eilig und erschrocken zurück, weil mein Verstand es kaum fassen konnte. Tauchte ich aus dem Wasser auf sah ich nicht „nach oben" sondern „nach unten". Es war genau umgekehrt: Die Oberfläche des Ozeans war nun „der Himmel" und „der Himmel" war der Boden, viele Tausend Meter unter mir. Ich wagte erst nach einiger Zeit wieder einen Blick aus dem Wasser. Würde ich nach unten in die Tiefe fallen, wenn ich mich zu weit aus dem Wasser hinauswagte? Welche Art von Schwerkraft hielt diesen Ozean „am Himmel?" Was war oben, was unten? Der Ozean auf dieser Seite stürmte nicht. Er war, mit der Ausnahme von ein paar Wellen hier und da, ruhig. Ab und zu stürzte ein Tropfen des Ozeans in die bodenlose Tiefe unter mir, als würde dieser Tropfen den eigenartigen Schwerkraftgesetzen nicht folgen. Der Tropfen stürzte in die Wolken die da in der Tiefe hingen. Mehr denn je sehnte ich mich nach meiner „Plattform", nach irgendeinem halt unter meinen Füßen. Die Aussicht war phänomenal. Der Ozeanhimmel erstreckte sich an beiden Seiten bis zum Horizont. Das Ende des Himmels unter mir entschwand meiner Sicht. Und trotz all dieser göttlichen Eleganz…Delphine hatte ich keine gefunden. Jede meiner bisherigen Reisen zu diesem Ort in Raum und Zeit hatten mich zu Horden von Delphinen geführt, aber nun waren sie verschollen. Und die Präsenz, die ich spürte, war der Nachklang ihrer kraftvollen Seele. Wohin waren sie verschwunden? Ich begann wieder nach oben zu schwimmen. So schwebte ich sehr lange durch das große leere Blau. Jedes Gefühl für Zeit und Raum war verloren. Meine Raumkugel kommunizierte jedoch ab und zu über meine Uniform mit mir, um mich zu navigieren. Die Strömungen wurden intensiver und als ich auftauchte und wieder mitgerissen wurde, wusste ich, dass der Wassersturm immer noch tobte. Dies war der direkte Gegenpol zur anderen Seite des Ozeans. Meine Plattform begrüßte mich, meine Plattform rettete mich vor den Wellen, die mich verschlingen wollten. In meiner Raumkugel angekommen, zog ich mich aus, ruhte mich eine Weile aus und „schlief in meinem Traum ein". Ich schlief sehr lange. Meine Träume (innerhalb des Traumes!) führten mich zurück in das tiefe, geheimnisvolle und nun unbewohnte Blau, in dem ich dem Bordcomputer zufolge 5 irdische Wochen verbracht hatte.

Die Zeit unter Wasser schien mich mehr verändert zu haben, als mir im „Wachzustand" noch bewusst gewesen war. Ich bemerkte deutlich, dass ich die inneren Veränderungen im Laufe der Wochen auch in der „Wachrealität", die mir hier durchaus bewusst war, noch zu spüren bekommen würde. Meine Einsamkeit war so intensiv gewesen, dass sie nicht von universaler Glückseligkeit unterscheidbar war. Ist das verständlich ausgedrückt? Ich weiß es nicht. Nachdem ich mich erholt hatte, beschloss ich, noch einmal das Phänomen des „Ozeanhimmels" zu untersuchen und erkundete mit der Raumkugel den Planeten. Ich fand heraus, dass die Oberfläche mit einer Wasserschicht bedeckt war, die einer Luftschicht folgte, der wiederum einer Wasserschicht folgte, der wiederum einer Luftschicht folgte. Also hatte ich nur die Oberfläche, den ersten Himmel berührt. Im Kern des Planeten zeigte meine Raumkugel jedoch etwas anderes als Luft und Wasser an. Und, was mir mit diesem Bordcomputer noch nie geschehen, er konnte nicht definieren, woraus der Kern des Planeten bestand. Der Verdacht machte sich breit, dass die etlichen Schichten aus Ozean und Himmel etwas verbargen, was noch fantastischer war als die Schichten. Doch war meine Raumkugel nicht dafür ausgestattet durch Ozeane zu schwimmen (so bildete ich es mir in meinem Traum ein). Durch ihre Leichtigkeit würde sie von den hoch schlagenden Wellen sofort zerstört werden. Meine Faszination war geweckt. Ich würde bald zurückkehren zu diesem Ort, und zwar mit einer Kugel die Flug- und Schwimmfähigkeiten kombinierte. Und ich würde meine Suche nach den Delphinen fortsetzen. Denn ohne sie war meine Mission sinnloser als das Universum schon ist (Dies war tatsächlich mein letzter Gedanke im Traum, auch wenn er eigenartig klingt).

3. Luzides Träumen

„Wir sind solcher Stoff, aus dem Träume gemacht sind, und dieses Leben umfasst ein Schlaf"

Shakespeare

Luzide heißt *leuchtend*. Luzides Träumen ist der Fachbegriff für Wachträume, Klarträume, bewusste Träume, kontrollierte Träume während des Schlafes. Klarträume unterscheiden sich vom gewöhnlichen Traum darin, dass du dir *bewusst* bist, dass du träumst, während du träumst, und manchmal sogar die Inhalte deines Traumes beeinflussen kannst. Wenn du also geistig wach bleiben kannst, während dein Körper schläft, dann ist das „Tor zur Unendlichkeit" für dich geöffnet. Da wir gewöhnlich nur das Wachbewusstsein benutzen, eröffnen sich hier die Welten des Schlafbewusstseins, eine natürlicher aber vergessener Teil unseres *Gesamtselbst*. Dieses Buch handelt also weder von Traumdeutung noch von herkömmlichen Träumen, sondern von der bewusstseinserweiternden Methode des Klarträumens.

So schwer es zu sein *scheint,* ist es nicht. Es ist eine Sache der Bewusstheit und Gewohnheit, oder besser gesagt deiner Fähigkeit, *Bewusstheit zu einer Gewohnheit* zu machen. Lebst du bereits im Alltag weitgehend unbewusst „in den Tag hinein", wird sich dieselbe Verhaltensweise auf das Schlafbewusstsein übertragen. Lebst du dein Leben bewusst, wach und aufmerksam, gehört es zum *natürlichen Prozess der Bewusstwerdung*, dass du dir auch deiner Träume bewusst wirst, und dann schließlich innerhalb deiner Träume bewusst wirst. Herkömmliche Traumdeutung handelt davon, sich seiner Träume bewusst zu sein. Luzides Träumen handelt davon, innerhalb eines Traumes bewusst zu sein. Der Lohn der Erfahrungstiefe und spirituellen Erkenntnis, den die Praxis des Klarträumens bietet, übersteigt bei weitem die anfängliche Disziplin, die vielleicht nötig ist. In Klarträumen erlebt der Träumer die schönsten, intensivsten und außerweltlichsten Erfahrungen, die ein Mensch überhaupt potentiell machen kann. Der Grund, warum Menschen das Klarträumen erstreben, liegt in ihrem Interesse an magischen, überweltlichen Erfahrungen. Das heißt nicht, dass man diese Erfahrungen nicht auch außerhalb der Schlafwelt erlebt, sondern dass das Träumen ein vergleichsweise einfacher Zugang zu diesem bereits vorhandenen inneren Potential bietet. Darin liegt die Faszination und die Kraft luzider Träume. Darin liegt der Grund, ein ganzes Buch darüber zu schreiben. Darüber hinaus, als Nebeneffekte sozusagen, berührst du Themen wie Traumtherapie, kreative Spontanerkenntnisse und, wenn es dein Glaubenssystem erlaubt, sogar außerkörperliche Erfahrungen, seelische Heilungen und, ohne dein Weltbild überstrapazieren zu wollen, der Besuch anderer Planeten und Dimensionen der Existenz. In esoterischen Texten hat das Klarträumen bereits einen hohen Stellenwert und wird bereits von mehreren Millionen Menschen ausgeübt. Aber auch die konservative Wissenschaft und insbesondere die Psychologie widmen sich dem immer mehr, weil erkannt wurde, dass hier mehr Möglichkeiten bestehen als nur die Traumdeutung. Ich selbst kam in den Genuss, Seinszustände zu erfahren, die ich mir weder vorher vorstellen konnte, noch hatte ich dafür überhaupt Begriffe (und das trotz meiner ohnehin schon expansiven Vorstellungskraft). Quantensprünge spiritueller Erfahrung sammelte ich in meinen leuchtenden, nächtlichen Flügen der Seele.

Wir sind uns im luziden Traumzustand also vollkommen im Klaren darüber, dass wir uns in einer anderen Realität als der Alltagswelt befinden. Entweder wird das Geschehen interessiert beobachtet, oder man wird so luzide, dass man die Trauminhalte willentlich steuern und verändern kann. Manchmal werden neue, lebensverändernde Einsichten gewonnen, manchmal macht es einfach nur Spaß. Alles andere sind keine luziden sondern gewöhnliche Träume. In gewöhnlichen Träumen ist mir nicht klar, dass ich träume. Infolgedessen bin ich mir währenddessen auch keiner „Wachwelt" bewusst. In den Fällen völliger Unbewusstheit halte ich das, was sich im Traum gerade abspielt, für „die einzige Realität", auch wenn das Traumszenario unverständlich und bizarr ist. Hier wird mein Traum vom Unterbewusstsein oder unbekannten Aspekten meines Bewusstseins gesteuert. Ein typisches Merkmal gewöhnlicher Träume ist, dass ich mich nach dem Aufwachen nur vage daran erinnere, überhaupt geträumt zu haben. Im Laufe des Tages, oder schon auf dem Weg zur Dusche, gerät der Traum in Vergessenheit. Auf mein Befinden hat dieser Traum wenig Einfluss. Der gewöhnliche Traum scheint sich tatsächlich nur auf eine Spiegelung meiner Wünsche und Ängste und der Verarbeitung von Alltagsgeschehnissen zu beschränken.

Warum sich das Gewünschte nicht einfach in der Fantasie vorstellen, anstatt Luzidträumen zu lernen? Die Antwort ist: Weil der luzide Traum „realer als real" *erlebbar* ist. Die Sinnesintensität der Klarträume ist, zur freudigen Überraschung vieler Übender, nicht mit einer noch so expansiven Vorstellungskraft zu vergleichen. Wir sprechen hier von einer noch weitgehend unentdeckten Ebene von Erfahrungen und Ressourcen. Für mich persönlich ist die Unfähigkeit, luzide Traumreisen zu gestalten, ähnlich dem Analphabetismus oder allen anderen erlernbaren Potenziale, zu denen wir als Menschen Zugang haben.

Ein bekanntes Zitat von Sigmund Freud besagt: „Träume sind Reaktionen auf Schlafstörungen". Wenn die Intensität, Schönheit und Eleganz, die ich in Traumwelten erlebe, wirklich auf „Störungen" beruhen, kann ich nur jedem Wünschen „gestört" zu werden. Wäre ich ein Experte auf dem Gebiet, würde ich gerne so zitiert werden: „Träume sind das Tor zur Unendlichkeit". Ich kann nur vermuten, dass Freud keine oder nicht allzu viele Klarträume gehabt hat. Ich habe, im Vorfeld dieses Buches einige der bereits vorhandenen Literatur zum Traumthema studiert, und mir ist bewusst, dass meine Ansichten im Widerspruch zum bisherigen „Stand der Forschung" stehen. Ich betrachte Träume weder als Schlafstörungen noch hole ich mir aus irgendwelchen Büchern „Traumdeutungen" (der Klarträumer weiß selber am besten, was seine Träume bedeuten). Aber gerade dieser Widerspruch inspiriert mich, ein Buch über meine Sichtweise und meine Erfahrungen zu schreiben. Die meiner Meinung nach fehlgeleiteten Theorien über Träume sind nicht die Schuld gewissenhafter Forscher und Wissenschaftler, sondern resultieren aus den Heerscharen von Nachplapperern, die einfach das in Fachbüchern Gesagte kritiklos übernehmen, anstatt selbst zu forschen und selbst tief in sich hineinzuschauen. Weder ich, noch irgendein anderer seriöser Forscher hätten irgendein Problem damit, eigene Ansichten über das Träumen in Frage zu stellen oder als fehlgeleitet anzuerkennen und entsprechend zu modifizieren. Für problematisch halte ich es aber, wenn nur abgeschrieben und nachgesprochen wird, statt aus eigener Forschung und Erfahrung zu sprechen. Die Resultate jeder intensiven und langjährigen objektiven Forschung haben einen Wert. Die Geister spalten sich meistens erst dann, wenn es um die Interpretation beobachtbarer Ergebnisse geht. Deshalb werde ich in diesem Buch Interpretation und Analyse auf ein Mindestmaß reduzieren und mich mehr Erfahrungsberichten und wirksamen Aktionen (Traumtechniken) widmen.

Eine kleine Historie meines Träumens: Ich habe den Verdacht, dass ich als Kind mehr wusste als heute. Schon als Baby hatte ich Nachtträume die eindringlicher waren als alles, was ich damals tagsüber mitbekam. In meinen Kindheitsträumen sah und hörte ich Dinge, die ich zuvor nie im Alltag gesehen hatte. Wie erklärt man sich das? Woher hatte ich diese unaufhörliche nächtliche Flut an überwiegend außerweltlichen, magischen Eindrücken? Waren es Erinnerungen an vergangene Leben, zukünftige Leben oder andere Welten? Als Kind glaubte ich an all diese Dinge. Ich glaubte an Geister, Außerirdische, Parallelwelten, Seelen und noch einiges mehr. In der Erwachsenenwelt wird all dem der Stempel „esoterisch" aufgedrückt und eine besondere Abteilung in der Buchhandlung zugewiesen. Eben die Dinge, die ich in meiner Kindheit als Selbstverständlichkeit hinnahm. Ich musste nach und nach, oft in einem langsamen, manchmal schmerzhaften Prozess, feststellen, dass das alles gar kein „offizielles Wissen" war. Weder mit Eltern, noch Freunden, noch Lehrern konnte ich mich vollkommen authentisch, ehrlich und detailliert über meine Beobachtungen austauschen. Meinen Austausch mit „Wesen" musste ich für mich behalten. In der Schule fiel ich vor allem durch das Stellen unbequemer Fragen und Widerspruch in Bezug auf das „Wissen" meiner Lehrer auf. Als meine Neugierde und Besserwisserei bestraft wurden, entwickelte sich in mir ein Weltbild, das gegenüber dem „allgemein anerkanntem Wissen" skeptisch eingestellt war. Aber dieser Antagonismus hatte auch eine hilfreiche Kehrseite: Es half mir sehr viel, über „Alternativwissen" zu studieren. Und das Interessanteste ist: Dieses Wissen lernte ich nicht erst aus Büchern und Informationsquellen, sondern ich suchte geradezu nach Informationen, die das, *was ich bereits wusste, bestätigen würden*. Schon mit zwölf Jahren las ich Bücher wie „Reise nach Ixtlan" von Carlos Castaneda und „Erinnerungen an die Zukunft" von Erich von Däniken und nickte bejahend dazu. „Genau...das bestätigt meine Informationen", sagte ich dazu. Ein Buch wie dieses zu schreiben, gibt mir die Gelegenheit, mich wirklich authentisch und ehrlich auszudrücken, ohne Zensur. Ich werde meine Erfahrungen nicht mehr in ein „allgemein anerkanntes", wissenschaftliches, esoterisches oder sonst ein weltanschauliches Korsett pressen. Mir ist klar, dass ich dadurch vielleicht an „Marktwert" verliere, aber das nehme ich akzeptierend in Kauf. Beim Leseverhalten mancher Mitmenschen ist es interessant zu sehen dass sie eher bereit sind, etwas zu glauben, wenn es mit irgendetwas übereinstimmt, das sie bereits gehört, gesehen oder gelesen haben. Früher habe ich versucht, mein eigenes Schreiben so zu verändern, dass es besser dem angepasst ist, was Leute bereits kennen. Ich habe ernsthaft versucht, meine Erfahrungen durch bereits bestehende wissenschaftliche und auch esoterische Modelle zu erklären. Schließlich, so meinte ich, müsse ich das Rad nicht neu erfinden. Dies jedoch verzerrte meine Berichte derart, dass sie nicht mehr „echt" klangen. Viel wohler fühle ich mich dabei, die Dinge genauso zu beschreiben, wie ich sie empfinde, wie sie mir gezeigt wurden und wie ich sie intuitiv und verstandesmäßig bewerte. Es werden sich trotzdem einige Übereinstimmungen zu anderen Forschungen ergeben, und ich werde dann immer noch Vergleiche zu bereits bestehenden Forschungsergebnissen zeigen. Aber das nur aus *interdisziplinären Gründen*, und nicht, um die Bestätigung irgendeiner eingebildeten „Autorität" einzuholen.

Die Praxis des luziden Träumens betrachte ich als *„Bewusstseinsforschung der nächsten Generation"*, als ein Thema, das in den kommenden Jahren und Jahrzehnten immer mehr an Interesse gewinnen wird. „Wer luzides Träumen noch nicht erlebt hat, ist noch nie wirklich wach gewesen" behaupten *Oneironauten*. Das ist die Selbstbezeichnung für Menschen, die in der Lage sind, bewusst und regelmäßig Wachträume hervorzurufen. Wir verschlafen wortwörtlich ein Drittel unseres relativ kurzen, diesseitigen Lebens. Wissen wir die Traumwelt zu nutzen, so können wir praktisch „im Schlaf" Dinge erreichen, die wir vorher nicht mal „zu träumen" wagten. Die Wach- und die Traumwelt, sind zwei Seinsebenen die sich gegenseitig spiegeln und beeinflussen: Dein Alltag und das, was du im Wachzustand tust, beeinflusst das, was du träumst. Die meisten von uns haben eine Ahnung von der Relation ihrer Träume zum „echten Leben". *Aber auch umgekehrt, beeinflusst dein Tun in der Traumwelt, das, was dir im Alltag widerfährt.* Das Träumen ist keine Einbahnstraße, es funktioniert auf zwei Wegen. Die Frage „wie" du durch Traumarbeit dein Leben, deine „Wachwelt" beeinflussen kannst, wird vorzugsweise erst dann untersucht, nachdem du die Fähigkeit der Kontrolle über dein Schlafbewusstsein erlangt hast. Als „Wissenschaft des 21. Jahrhunderts" enthält das Klarträumen eine grenzenlose Weite an *unentdecktem Land* und ein enormes, noch stark unterschätztes Potential zur Weiterentwicklung menschlichen Bewusstseins. Ich bin im Laufe der Jahre zur Überzeugung gelangt, dass dieses bewusstseinserweiternde Werkzeug in den folgenden Bereichen nützlich eingesetzt werden kann:

Der Genusstraum - als gesunde oder kostengünstige Alternative zu herkömmlichen Unterhaltungs- und Genussmittel.

Der Genusstraum, den auch die alten Griechen und Römer in speziell dafür gebauten „Traumtempeln" *kultivierten*, beinhaltet Dinge, die du gerne tust oder in der Wachrealität entweder gar nicht oder nur begrenzt tun kannst. Im *luziden* Genusstraum kannst du aus der Vielfalt der „Angebote" selbst entscheiden, was du erleben möchtest. Manche benutzen den Genusstraum um Orte zu besuchen, die sie schon immer sehen wollten, sexuelle Abenteuer auszuleben oder ein berufliches Erfolgserlebnis zu feiern. Andere geben sich der „primitiveren Sportart" hin, es irgendjemanden „mal richtig zu zeigen" und beispielsweise einen Zerstörungs- und Rachefeldzug anzurichten, ohne dafür die materiellen Konsequenzen (Strafe, Kosten etc.) tragen zu müssen (Meiner Meinung nach haben solche Aktivitäten trotzdem Konsequenzen, und zwar emotional-mentale, aber mehr darüber im Kapitel „Der Genusstraum"). Der Genusstraum scheint die häufigste Wahl der Oneironauten zu sein. Er wird nicht zur Therapie, Heilung, Erleuchtung oder sonstigen Themen, die wir manchmal mit übermäßigem Ernst betrachten, sondern *„nur" zum Spaß* eingesetzt.

Der Kreativtraum *oder der Energietraum zur Steigerung der Leistungsfähigkeit, des Ideenreichtums und des Energieniveaus.*

Der Kreativtraum bietet Zugriff auf Informationen, Ideen und Problemlösungen zur Unterstützung von Projekten und Vorhaben im Alltag. Immer wieder werden berühmte Wissenschaftler und Künstler mit „Die Idee dazu kam mir im Traum" zitiert. Je luzider der

Zustand (siehe Traumskala) desto höher ist die Qualität der Ideen. Als „Energietraum" bezeichne ich den Traum bei dem ich am nächsten Morgen hellwach und voll neuer, zuvor nicht bemerkter Energie aufwache.

Der Forschungstraum - *als Werkzeug zur Erforschung der Funktionen von Bewusstsein und Wahrnehmung und deren Interaktion mit der Realität.*
Vor allem der vollluzide Traum bietet eine Lupe für tiefere Einblicke in das Wirken des eigenen Bewusstseins und Unterbewusstseins. Aspekte und Verhalten des Selbst, die in der Wachrealität vielleicht verborgen oder unbekannt sind, können hier betrachtet und genutzt werden. Aber im Gesamten kann man sagen, dass jede Sekunde deiner Traumreise, egal um was es sich für einen Traum handelt, eine Reise der Selbsterforschung ist.

Der Heilungstraum - *als psychologisch heilsames, therapeutisches Mittel.*
Stärker ausgebildete Klartraumfähigkeiten ermöglichen das „bearbeiten" schwieriger Erlebnisse, das Einholen von Problemlösungen und, in einem sehr fortgeschrittenen Stadium, das Heilen ganzer Lebensbereiche. Die Unterstützung, die du hier erfährst, stammt nicht nur vom Verstand. Durch die Kommunikation mit Unterbewusstsein, Überbewusstsein, Körperbewusstsein und vielleicht sogar Bewusstseinseinheiten außerhalb deiner Selbst, ver-x-facht sich die Zufuhr hilfreicher Information und Energie.

Der Sporttraum - *zum Einüben sportlicher Bewegungsabläufe.*
Manche Oneironauten berichten davon, bestimmte sportliche Bewegungsabläufe im Traum zu üben oder bereits automatisierte Bewegungen zu verändern. Solchen Berichten zufolge haben diese Trainingseinheiten eine direkte und offensichtliche Wirkung auf dieselben Bewegungsabläufe in der Wachrealität.

Der schöpferische Traum - *zur Einwirkung auf Ereignisse in der Wachrealität.*
Auch wenn es wie „Magie" klingt, scheinen die Aktivitäten und Veränderungen, die du in „superluziden Zuständen" erwirkst, tatsächlich eine Auswirkung auf die „objektive Wachrealität" zu haben. Manche sprechen davon, dass deine Traumveränderung eine Veränderung deines mental-emotionalen Befindens und demnach deiner Wahrnehmung und deiner Handlungen verursachen. Andere, noch optimistischere Forscher betrachten die Traumarbeit als direkte „energetische" Einwirkung auf die „physikalische Realität".

Der Paranormale Traum - *zur Fernwahrnehmung, Astral- und Zeitreisen.*
Die exotischste Variante des Klarträumens bietet Möglichkeiten zur Wahrnehmung *überprüfbarer* Ereignisse an anderen Orten und in anderen Zeiten, während dein Körper im Bett liegt. Das luzide Träumen dient weiterhin als Schwelle zur so genannten außerkörperlichen Erfahrung.

Der spirituelle Traum - *für tiefe Einsichten und Erkenntnisse.*
Spirituelle Luzidträume beinhalten Zustände außerordentlichen *Wohlbefindens*, Kontakt zu „höheren Quellen" oder konkrete Bestätigungen der Dinge, die du bisher nur „geahnt" hast. Sie weisen auf Bewusstseinsebenen jenseits der uns bekannten und sogar jenseits der Traumrealität hin. Im „Erleuchtungstraum" wird uns das bewusst, was wir ohnehin schon die ganze Zeit und Hier und Jetzt sind: unendlich, allwissend, ewig.

Diese Vorhersagen und Aussichten des Wachträumens mögen manchem Leser fantastisch oder übertrieben erscheinen. Unsere Skepsis ist von der Flut tagtäglicher, verlogener Werbeversprechen geprägt und durchaus verständlich. Die Absicht hier ist es jedoch nicht, das x-te Buch „für Anfänger" zu schreiben, sondern etwas, dass für Neulinge und für Fortgeschrittene gleichermaßen unterhaltsam und lehrreich ist. Wenn du bisher gar keine oder nur wenige Wachträume erlebt hast, bietet dir dieses Buch eine reiche Auswahl an Methoden, um deine Traumbewusstheit zu steigern. In den Anfangsstadien der Arbeit sind meiner Beobachtung nach noch keine der aufgezählten Wunderdinge zu erwarten. Wenn du dies aber bereits alles hinter dir hast, schon die grundlegende Literatur gelesen hast und die luziden Erfahrungen gemacht hast, bietet dir dieses Buch erweiterte Perspektiven, auch solche, die bisher noch nicht oder nur sehr wenig erforscht wurden. Da du, aus einer bestimmten Perspektive gesehen, bereits die Unendlichkeit selbst *bist*, kannst du dir jedoch auch mal erlauben, jetzt schon Glücksgefühle in Luzidträumen zu erleben, ohne Vorbereitung, ohne Bedingungen, ohne Übungen, ohne langwierigen Prozess. Aus einer linearen Weltsicht brauchst du Training. Aus einer erleuchteten Sicht, brauchst du dich nur entscheiden luzide zu träumen und darauf zu vertrauen, dass du es heute Nacht tun wirst.

4. Der Erleuchtungstraum

Nachfolgend beschreibe ich das intensivste Luzidtraumerlebnis, das ich je hatte. Ich war 15 Jahre alt. In der „Skala der Traumbewusstheit" würde ich diesen Zustand als 8 „Erleuchtend Luzide" bezeichnen.

Ich schwebe durch den Weltraum, gleite an einer endlosen Anzahl von großen, pulsierenden, leuchtenden Sternen vorbei und fühle mit meinem ganzen Wesen, meinem ganzen Sein, dass ich tatsächlich hier bin, dass das tatsächlich ich bin, dass ich tatsächlich fliege. „Es ist nur ein Traum" oder „Es ist nicht echt" zu denken, wäre eine dumme, beleidigend blasphemische Aussage im Lichte dessen, dass ich mich lebendiger fühle als jemals zuvor. Ich empfinde, als hätte ich eine 500mal so klare Wahrnehmung als im so genannten „echten Leben". Vielleicht kann man daraus ableiten, dass etwas umso echter ist, je intensiver du es fühlst. Oder: Ob etwas wahr ist oder nicht, hängt davon ab, wie intensiv du es fühlst. Obwohl ich mich als Beobachter des Weltraums erlebe, erlebe ich mich gleichzeitig als Weltraum selbst, und zusätzlich als irgendeine Kraft außerhalb. Das ist ein unbeschreiblicher Zustand, den mein Menschsein vielleicht als „Paradoxie" bezeichnen würde. Allmählich entwickelt sich in meinem sonst leeren (und gleichzeitig vollem) Bewusstsein ein Satz: „Ich bin Gott". Ich erinnere mich, wie ich diesen Satz mit zunehmender Bewusstheit und völligem Erstaunen immer wieder vor mich herflüstere. „Ich bin Gott". Das Erstaunen darüber war so groß, dass ich mir gleichzeitig meines Menschseins bewusst wurde. Schließlich wäre es ein Mensch, der darüber so erstaunt ist. Dieses „Ich bin Gott" war keineswegs eine überhebliche, arrogante oder größenwahnsinnige Haltung. Ich war erfüllt von unendlicher Kraft, Macht, Liebe und Wissen. Ich empfand und nahm wahr, als wüsste ich alles gleichzeitig, als würde ich Raum und Zeit enthalten, statt dass sie mich enthielten. Ich erlebte einen Grad an Überzeugung und Zweifellosigkeit, die ich als Mensch für unerreichbar gehalten hatte. Ich war in diesem „Traum" derart intensiv bewusst, dass ich nach einer Weile innerlich kichern musste, als der folgende Gedanke dazwischen redete: „Ach so...nein, ich bin nicht DER Gott, ich bin EIN Gott..." Sofort erkannte ich diesen Gedanken als Resultat meiner irdischen Konditionierung. Ich schwebte, wie es mir schien, in einem Teil des Universums, in dem die Sterne viel näher, optisch größer waren. Vielleicht war ich den Sternen näher. Ich bemerkte, dass ich das „Gefühl" intensivieren konnte. Ich intensivierte es. Aber es kam der Punkt, an dem es so gut war, dass es fast unerträglich wurde. Unerträglich gut. Hätte ich den Zustand noch ein wenig intensiviert, wäre ich in Glückseligkeit explodiert.
Dieser luzide Traum hatte Konsequenzen in meiner Wachrealität. Irgendwann schlief ich ein (die Luzidität entwich), und ich erwachte am nächsten Morgen mit Tränen der Freude in den Augen. Ich fühlte mich danach mehrere Wochen „high" wie noch nie in meinem Leben. Alles erschien mühelos und amüsant. Die Anstrengungen der Menschheit erschienen mir wie eine Komödie. Und noch eine Gabe wurde mir mitgegeben, die ich in diesem Leben bisher nur einmal hatte, und zwar an dem Tage nach diesem Traumerlebnis. Diese Fähigkeit hatte ich seitdem nie wieder so wie an jenem Tag: Die Heilung eines Menschen durch Handauflegen. Eine Bekannte von mir plagten seit Jahren Migräneanfälle in Verbindung mit Rückenschmerzen. In einem ihrer Migränemomente legte ich ihr einer spon-

17

tanen inneren Eingebung folgend die Hand auf Kopf und Rücken. Die Migräne verschwand sofort. Sie war sprachlos und hatte Tränen in den Augen. Erst zwei Jahre später sagte sie mir: „Ich weiß wirklich nicht, was du an jenem Tag mit mir gemacht hast, aber ich habe seitdem nicht mal mehr die geringsten Kopfschmerzen gehabt". Leider weiß ich auch nicht mehr, was ich an jenem Tag gemacht habe. Wie du dir vorstellen kannst, betrachtete sie mich immer mit großen, untersuchenden Augen, wenn wir uns zufällig über den Weg liefen. Mich amüsierte es.

5. Traumtraining allgemein

Wenn es um das Erlernen des luziden Träumens geht, glaube ich, dass man es genau so lernt, wie man alles andere lernt, sei es das Autofahren, das Tanzen, das Kochen oder eine Fremdsprache. Lernen folgt stets ähnlichen Prinzipien, von denen ich in diesem Kapitel einige zu deiner Unterstützung, beleuchten möchte.

Ein schlechter Handwerker schiebt die Schuld auf seine Werkzeuge
Gebe ich einem konzentrierten, interessierten und liebvollen Handwerker gewöhnliche Werkzeuge, kann ich mir sicher sein, dass er etwas Gutes daraus macht. Gebe ich einem desinteressierten, unkoordiniert vorgehenden, demotivierten Handwerker die besten Werkzeuge, die es gibt, kann ich mir nicht sicher sein, dass er aus diesen etwas macht. Wie ich meine, ist deine eigene Einstellung wichtiger als die Methoden und Traumtechniken, die du benutzt. Die Regelmäßigkeit der Übung ist wichtiger als welche Übung du gerade probierst. Liebe zum Thema und Beständigkeit sind der Schlüssel zur Meisterung.

Investition von Energie
Ich denke nicht, dass du „etwas für nichts" bekommen wirst. Investierst du aber etwas, wirst du etwas zurückbekommen. Beim Erlernen einer Fähigkeit kannst du eines der folgenden drei „Energien" investieren:

Aufmerksamkeit

Zeit

Geld

Kannst du mehr von einem investieren, benötigst du weniger vom anderen. Das heißt, wenn du genug Zeit hast, kannst du dir auch mal erlauben, weniger aufmerksam zu sein. Hast du nur wenig Zeit das luzide Träumen zu üben, wirst du Geld in Hilfsmittel, Kurse oder Lehrbücher investieren können. Hast du keine Zeit und willst du auch kein Geld ausgeben, liegt es an dir, besonders wachsam und aufmerksam in der wenigen Zeit zu sein, die du zur Verfügung hast, mit den Traumtechniken umzugehen. Investierst du aber etwas Zeit, etwas Aufmerksamkeit und vielleicht etwas Geld in das luzide Träumen, wirst du luzide Träume „zurückbekommen". So einfach kann es sein.

Erschaffung von Gewohnheit
Eine Gewohnheit erschaffst du, indem du etwas täglich wiederholst. Gewohnheit bedeutet, dass du dich nicht mehr künstlich zu etwas überwinden musst. Es kostet keine übermenschliche Anstrengung mehr, eine bestimmte Sache zu tun. Stattdessen vermisst du es sogar, wenn du es nicht mehr tust. Das ist eine Gewohnheit. Es ist etwas, das ganz natürlich ein Teil deines täglichen Ablaufes ist. Nicht die Dinge, die wir ab und zu tun, formen unser Leben. Die Dinge, die wir jeden Tag tun, erschaffen unsere Realität. Wiederholung ist die Mutter jeder Fähigkeit. Je öfter etwas wiederholt wird, desto leichter wird es. Hier geht es wieder nicht darum, welche spezielle Traumtechnik du anwendest, sondern darum, dass du „luzides Träumen übst", wiederholt und regelmäßig anwendest, bis sich die „Botschaft" sozusagen in deinen Körper, dein Bewusstsein und Unterbewusstsein *eingebrannt* hat. Anfänglich „lacht dich das Universum noch aus". Du wiederholst deine Absicht und das Universum lacht dich immer noch aus. Du wiederholst deine Absicht weiterhin, und das Universum beginnt zu verstummen. Um eine Gewohnheit zu erschaffen, die du wirk-

lich gerne tust, bedarf es etwa 23 Wiederholungen in regelmäßigen Abständen. Das heißt, du könntest deine Traumtechnik-Arbeit jeden Tag mindestens 23 Tage lang, oder jeden zweiten Tag mindestens 23 mal lang oder jeden dritten Tag mindestens 23 mal ausführen. Hauptsache das regelmäßige Ritual wird eingeführt. Ich bin stark davon überzeugt, dass dieser rituelle Charakter, diese Beständigkeit, wesentlich wichtiger ist als die spezielle Methode oder Technik. Meiner Erfahrung zufolge, wirst du am 24 Tag aber spätestens am 27 Tag deine Gewohnheit *vermissen*, wenn du plötzlich nach dem 23 aufhörst. Sie wird sich als lieb gewonnene Gewohnheit eingenistet haben. Natürlich wirst du dann nicht mehr der rigiden Disziplin folgen müssen, um luzide Träume zu erreichen, da *Gewohnheit* auch impliziert, dass es immer weniger Aufwand kostet, um dein Resultat zu erreichen. Ich selbst folge gar keiner Disziplin mehr. Wenn ich tatsächlich luzide Träumen möchte, befehle ich es mir einfach. Das kann ich, da mein Unterbewusstsein bereits daran gewohnt ist. Nun kommen manche auf mich zu und sagen: „Ok, super! Ich werde jetzt die nächsten 23 Tage jeden Tag 1 Stunde Traumtechniken üben!" Meine Reaktion ist dann immer etwas zurückhaltend und skeptisch. Mir ist bisher nämlich noch niemand begegnet, der es schafft, 23 Tage am Stück eine tägliche Übungszeit von einer Stunde aufrechtzuerhalten. Wenn du das kannst, prima. Aber ich halte es für wesentlich wichtiger, einen Zeitrahmen zu finden, den man tatsächlich 23-mal hintereinander aufrechterhalten kann. Es wäre viel effektiver, täglich 5 Minuten zu machen, als hier mal eine Stunde und zwei Wochen später mal zwei Stunden. Die Regelmäßigkeit konditioniert das Unterbewusstsein. Die meisten Leute, die ich kenne, die damit übertreiben, geben irgendwann ihr Ziel auf, weil es ihnen zu aufwendig ist, jeden Tag 1 Stunde daran zu arbeiten. Es gibt noch andere Themen am Abend als das luzide Träumen. Finde eine Zeit, die du tatsächlich täglich, jeden 2. Tag, wöchentlich oder sonst irgendwie *aufrechterhalten kannst*. Mir erscheinen beispielsweise täglich 5 Minuten Traumtraining realistischer und machbarer. Alles, was du *darüber hinaus* tust, ist zwar willkommen, aber Fleißaufgabe. Das könnten jeweils die fünf Minuten vor oder während des Einschlafens sein. Hinzu kommt, dass das Erlernen des luziden Träumens ohnehin mehr Training während der Einschlafphase als in der Wachrealität erfordert. Und übrigens hier eine gute Nachricht: Bei jedem, dem ich bisher das luzide Träumen vermittelt habe, hat der erste luzide Traum nach weniger als 23 Wiederholungen eingesetzt.

Traumjournal
Von allen Tools und Techniken, die es auf dem Markt gibt, halte ich das Führen des guten alten Traumjournals für das effektivste. Beim luziden Träumen geht es nämlich um nichts anderes als Traumbewusstheit, sich seiner Träume bewusst sein, und dann bewusst sein, dass man träumt. Das führen eines Traumjournals, in das du deine Traumerinnerungen am Morgen *direkt nach dem Aufwachen* aufschreibst, fördert natürlich deine *Bewusstheit* über deine Traumwelt. Erinnerungen und Gedanken können diffus und vage sein, sich verändern, verstellen oder ganz verschwinden. *Das geschriebene Wort ist weder diffus noch vage und es verändert sich auch nicht von selbst.* Es verschwindet auch nicht von selbst. Bemerke beispielsweise, wie du dich direkt nach dem Aufwachen an einen Traum durchaus erinnerst, und bereits unter der Morgendusche Schwierigkeiten hast, dich überhaupt an irgendwas zu erinnern. Das Führen eines morgendlichen Traumjournals setzt ein Signal an dein Unterbewusstsein: „Ja, ich möchte mich wirklich mit meinen Träumen auseinan-

dersetzen. *Ich bin wirklich interessiert.*" Dich an einen Traum genau zu erinnern, steigert die Wahrscheinlichkeit, in der nächsten Nacht wieder zu träumen, enorm. Probiere es selbst aus. Die von mir persönlich bevorzugte Technik ist es, direkt nach dem Aufwachen den gesamten Traum noch mal bewusst gedanklich durchzugehen, und dann genauso aufzuschreiben. Was im Verlaufe der Traumarbeit ebenfalls wichtig werden kann, ist das spätere Nachschlagen oder erneute Lesen einer älteren Traumniederschrift. Dies kann zu phänomenalen Erkenntnissen führen, auf die ich später im Buch noch mal kommen werde. Das wären also 5 Minuten vor dem Einschlafen eine Traumtechnik und 5 Minuten nach dem Aufwachen das Traumjournal. Damit ist niemand überfordert.

Enthusiasmus und Interesse

Und der wichtigste Faktor von allen ist das Gefühl des Enthusiasmus und die Einstellung des Interesses zum luziden Träumen. Interesse setzte ich voraus, sonst hättest du dieses Buch nicht gekauft. Doch je stärker das Interesse wird, desto mehr entwickelt sich daraus Enthusiasmus, eine emotionale Kraft, die für sich schon allein Klarträume produzieren kann – ganz unabhängig der Traumtechnik, die du benutzt! Wenn natürlich Erfolgserlebnisse ausbleiben, ist es etwas schwer, Enthusiasmus aufrechtzuerhalten. Aus starkem Interesse wird mäßiges Interesse, aus mäßigem Interesse irgendwann Skepsis, aus Skepsis Langeweile, aus Langeweile eine „Anti-Haltung". Es funktioniert aber nicht besonders gut, mit dem Enthusiasmus zu warten *bis* das Erfolgserlebnis eintritt. Gerade aufgrund des fehlenden Interesses bleibt ja der Erfolg aus. Der Zweck dieses ganzen Buches ist es also, dir genug „Enthusiasmus-Energie" zu geben, bis du deine eigenen Erfolgserlebnisse produzierst und die Begeisterung zum Selbstläufer wird. Das Ziel ist es, ein gelegentlicher oder professioneller *Oneironaut* zu werden.

So-tun-als-ob

Der innere Glaube, das innere Vertrauen entscheidet letztlich über deine Erfahrung. Viele versuchen, sich das Vertrauen einzureden, aber am leichtesten funktioniert die Sache mit dem „Glauben", wenn man das, was man glauben möchte, *demonstriert*. Und am besten demonstriert man einen Glauben, indem man so tut, als ob man bereits Luzidträumer ist. Was würde also jemand tun, sagen, denken, fühlen, fantasieren, der bereits seit Ewigkeiten professioneller Oneironaut ist? Das nur ein kleiner Tipp am Rande.

6. Das innere Universum

„Die Augen sehen die Dinge klarer im Träumen als die Vorstellung im Wachen."

Leonardo da Vinci

In unserer heutigen Gesellschaft wird dem „äußeren Universum", so scheint es, mehr Wert beigemessen als dem „inneren Universum". Für den überwiegend materiell trainierten Menschen hat das Interesse an der *Außenwelt* höchste Priorität, während der *Innenwelt* (Gedanken, Emotionen, Intuition, Träume) weniger Bedeutung beigemessen wird. „Es ist doch *nur* Fantasie", höre ich einige sagen. Für den überwiegend spirituell eingestellten Menschen hat die *Innenwelt* höchste Priorität, während die *Außenwelt* als unwichtig angesehen wird oder sogar häufig als „schlecht" oder „illusorisch" abgelehnt wird. „Es ist doch *nur* Maya (Illusion)". Aus meiner Sicht ist diese Art der Polarisierung überholt. Für mich sind Außen- und Innenwelt gleichermaßen interessant und wichtig. Weil aber eine Mehrheit heutzutage noch „Außenwelt-fokussiert" ist (mit dem Fokus auf Objekte, Aussehen des Körpers, andere Menschen, Fernsehen, Internet, Landschaften, Orte, Ereignisse etc.) möchte ich hier ein paar Argumente zugunsten der vernachlässigten Innenwelt präsentieren.

Wie wenig Bedeutung dem „inneren Universum" beigemessen wird, beginnt nicht erst beim luziden Träumen, dass in vielen Bereichen der Gesellschaft *noch nicht einmal bekannt* ist, es beginnt bei der Einstellung zu Themen wie „Spiritualität" und „Meditation". Meditation ist die Erforschung des „inneren Universums" im Wachzustand, „Luzides Träumen" ist die Erforschung des „inneren Universums" im Schlafzustand. Meditation ist also eine Schwester des luziden Träumens. Da Meditation darüber hinaus die Innenschau verstärkt und den Bewusstseinszustand erhöht, wirkt sie sich stark positiv auf die Qualität deiner Träume und vor allem deiner luziden Träume aus. Aus diesen Gründen möchte ich in diesem Abschnitt das Augenmerk auf das Thema „Meditation" und „inneres Universum" im Allgemeinen richten.

Manche assoziieren „Meditation" mit einem langweilig-tristen Dahinvegetieren oder Dahindösen während eines Nachmittagsschläfchens. Bestenfalls ist Meditation eine Form der Entspannung - oder? Andere assoziieren „Meditation" mit sonderbaren Sekten, bärtigen Gurus und Abzocke des Konsumenten. In Wirklichkeit ist Meditation ein sehr praktisches und *natürliches* Mittel, das auch dem „ganz normalen Alltag" zugute kommt. Sie bietet Möglichkeiten, die weit über ein bloßes Schläfchen hinausgehen. Vielleicht gelingt es mir hier, etwas mehr Interesse dafür anzuregen. Um jedoch Interesse dafür zu entfachen, müsste ich vermutlich ein paar der typischen Fragen unserer modernen Gesellschaft beantworten: „Was habe ich davon?" – „Welche Vorteile bringt es mir sofort ein?" – „Was kann ich dann alles TUN?" Und wenn ich dann ehrlich Antworten würde: „Meditation ist das Gegenteil von TUN, es ist ein bewusstes NICHT-TUN" und „Meditation bringt keine Vorteile. *Sie erfüllt keine Erwartungen*" …dann wäre unser Dialog über das innere Universum vielleicht jetzt schon zu Ende. Und obwohl diese Aussagen aus einer bestimmten Perspektive korrekt sind, kann man Meditation auch aus anderen Augen beleuchten. Man kann an ihr Dinge, gerne auch „Vorteile" entdecken, die dir vielleicht noch nicht aufgefallen sind.

Der in den USA inzwischen schon berühmte Esoterik-Guru Deepak Chopra sagte einmal sehr, sehr treffend: „Der Mensch hat Durchschnittlich 80 000 Gedanken am Tag. Das ist nicht weiter verwunderlich. Erstaunlich ist jedoch, dass 80% dieser Gedanken Wiederholungen vom Tag zuvor sind…und vom Tag zuvor…und vom Tag zuvor". Wie viele dieser Gedanken wohl nützlich sind? Meiner persönlichen Betrachtung nach, sind es wohl nicht einmal 10%. Eines der Absichten der Meditation ist also, die Beruhigung des Gedankenflusses. Die Entspannung des Verstandes. Der lautstarke Radio-Zirkus im Kopf überdeckt die tieferen, kreativeren und subtileren Schichten des Geistes. Sind diese ratternden, sich wiederholenden und teils unnützen Gedanken erst einmal entspannt, öffnen sich die tieferen Potentiale des Geistes - die berühmten „ungenützten 90%".

Die Beobachtung des inneren Universums ist viel mehr als ein „Ach ja…ich bemerke, dass ich da gerade so ein Gefühl habe" oder „Hm…ich stelle mir gerade unseren nächsten Urlaub vor". Meditation ist ein intensiver, bewusster und andauernder Fokus auf die vage bekannten und unbekannten Regionen des inneren Universums. Die Entdeckungen, die du dabei machen kannst, sind nicht geringer als die vom Raumschiff Enterprise, das die unbekannten Weiten des „äußeren Universums" erforscht. Die Entdeckungen, Veränderungen und Erkenntnisse, die du im Inneren findest, wirken sich auf das aus, was „im Äußeren" passiert. Dies scheinen einige Leute zu verkennen. Sie glauben, Veränderungen ließen sich nur durch den Fokus auf die Außenwelt und das „Tun" in der Außenwelt erreichen. Mich würde es jedoch nicht wundern, wenn die Bewusstseinsforschung eines Tages die Entdeckung macht, dass es ein „da draußen" gar nicht gibt, sondern alles durch den Geist erschaffen wird… aber das ist ein weitläufigeres Thema für andermal.

Ein weiterer Diamant, den die praktische Meditation mit sich bringt, ist das Training der Aufmerksamkeit, Wachsamkeit, Achtsamkeit und Konzentration. Manche Meditationstechniken setzen voraus, die Aufmerksamkeit auf bestimmte Dinge zu bündeln, etwas zu fixieren oder sich bestimmter Dinge gewahr und bewusst zu werden, die man bisher nicht bemerkte. So ist es nicht verwunderlich, dass regelmäßig Meditierende oft durch kristallklare Wachsamkeit oder extremer Konzentrationsfähigkeit auffallen. Die Vorteile für andere Bereiche des Alltags sind offensichtlich: Neue Dinge zu lernen erfordert Aufmerksamkeit, Ziele zu erreichen erfordert beständige Konzentration auf das Ziel, erfolgreiche Kommunikation erfordert Wach- und Achtsamkeit anderen gegenüber.

Aber damit ist es noch nicht zu Ende. Innenschau stärkt die Körperbewusstheit. Das kann hilfreich für das Erkennen und Reduzieren von Schmerzen sein, oder dem Ausfindig-Machen der Quelle für Glücksgefühle verschiedener Art. Bestimmte Meditationsformen verstärken die plastische Vorstellungskraft, was sich wiederum auf die künstlerische Kreativität und die Fähigkeit, Visionen und Ziele in Realität umzusetzen, auswirkt. Meditation kann dazu benutzt werden Gedanken zu Ordnen, die Wahrnehmung und das subjektive Erleben der Realität zu verändern, bestimmte Informationen aus dem Unterbewusstsein abzurufen und Ausgeglichenheit und Gelassenheit zu fördern. Meditation ist, aus diesen Perspektiven betrachtet, unabdingbar für die persönliche Lebensqualität eines Menschen.

Warum meditiert dann nicht jeder? Nun, wie ich meine, meditiert *doch* jeder, nur wird es selten „Meditation" genannt. Es gibt andere Dinge, die wir tun, und sie haben die gleichen Auswirkungen wie Meditation. Sport, Sex, Lesen, Filme schauen, Spazierengehen, Wellness, etc. sind, unter bestimmten Gesichtspunkten, alles leichtere Formen von Meditation.

Der Golfspieler, der seine Aufmerksamkeit bündelt, ausrichtet und fokussiert. Einen Film anschauen und sich so stark darin zu vertiefen, dass man alles andere um sich herum vergisst... inklusive Raum und Zeit. Beim Sex die Energie durch den Körper fluten spüren. Beim Spaziergang an der frischen Luft durch das stetige Gehen und den Sauerstoff den so genannten „Alpha-Zustand" (Entspannung des Geistes) erreichen. Durch einen Urlaub eine Realitätsverschiebung mit der damit einhergehenden Bewusstseinsverschiebung erreichen. Sich hinlegen und eine neue CD hören. Der Hetze ein Ende setzen und „sinnlos" Spazierengehen. Viele würden es vielleicht nicht als „Meditation" beschreiben, aber bei näherem Hinsehen ist leicht erkennbar, dass diese Dinge aus den gleichen Gründen gemacht werden wie die Meditation. Es sind *leichtere Formen der Meditation.*

Ich habe im Laufe meines Lebens mehrere Hundert Meditationstechniken erforscht und ausprobiert. Mindestens die Hälfte davon halte ich für den normalen Alltag eines Menschen der westlichen Gesellschaft besonders praktisch oder nützlich. Sie fördern deine mentale Gesundheit, Klarheit und Steigern auf sofort spürbare Weise das allgemeine Wohlbefinden (5 meiner Lieblingsmeditationen findest du im vorletzten Kapitel).Dabei interessiert mich persönlich weniger, welche Philosophien, Glaubenssätze und Historien damit zusammenhängen, sondern „nur" der direkt nachvollziehbare, praktische Nutzen für deinen Alltag und für deine Traumarbeit. Ich wünsche dir auf deiner Reise eine *Bewusstseinserweiterung.* Meine Definition von „Bewusstseinserweiterung" ist: Etwas zu bemerken, entdecken, wahrnehmen, fühlen, sehen oder hören, was du bisher nicht bemerkt, entdeckt, wahrgenommen, gefühlt, gesehen oder gehört hast. Das genau Gleiche trifft nun auf das luzide Träumen zu. In der Traumarbeit bemerkst und entdeckst du Persönlichkeitsanteile, Erinnerungen, Umstände, die du vorher wirklich nicht bemerkt hast. Regionen, die von einem Nebel des Unbekannten und Unbewussten durchzogen sind, werden beleuchtet, erleuchtet, kommen ans Licht des Bewusstseins. So viel zur Bedeutung des Wortes *Illumination.*

7. Fantastische Träume

„He felt that his whole life was some kind of dream, and he sometimes wondered whose it was and if he was enjoying it".
(Er empfand sein ganzes Leben als eine Art Traum, und wunderte sich manchmal wessen Traum es war und ob dieser ihn genoss)

Douglas Adams (Per Anhalter durch die Galaxis)

Obwohl ich einen Stufe 8 Traum, wie den bereits beschriebenen *Erleuchtungstraum,* nur ein, zwei höchstens dreimal im Leben hatte, gab es genügend andere Träume, die für meine Bewusstseinserweiterung trotzdem wertvoll waren, und zumindest die Stufe 8 berührten. Ich werde sie dir im Laufe des Buches Stück für Stück mitteilen. Mancher Klartraum erhob mich zu anderen Planeten, Dimensionen, Parallelwelten bezaubernder Ästhetik und Göttlichkeit. Bisher habe ich keine Science-Fiction oder Fantasy-Filme gefunden, die an diese Schönheit und vor allem Erfahrung annähernd herankommen. Und obwohl die Filmtechnologie allmählich Fortschritte macht und eine vage Annäherung an luzide Erfahrungen macht, dieses Niveau also durchaus irgendwann erreichen könnte: In Klarträumen bin immer noch ich der erlebende Hauptdarsteller.

Ein wiederkehrender Klartraum, den ich alle paar Jahre habe, ist der bei dem ich das Fliegen mit dem Körper lerne. Damit meine ich nicht den üblichen Flugtraum, den ich und andere so häufig erleben, sondern: Es ist ein spezieller Ort, an den ich gehe, mit einem ganz speziellen Trainer, den ich treffe, und ganz konkreten Körperbewegungen und Techniken, die ich erlerne, um mit dem Körper zu fliegen. Währenddessen bin ich immer hellauf luzide, im Gegensatz zu den meisten meiner gewöhnlichen Flugträume. Der Realismus und die Detailliertheit dieser Flugstunden ist etwas, dass mich immer wieder aufs Neue erstaunt, als wäre es mir neu. Der Realismus ging so weit, dass ich einmal von meinem Flug-Mentor explizit und eindringlich davor gewarnt wurde, anderen Menschen meine Flugfähigkeiten zu zeigen oder mich während des Fliegens von Menschen sehen zu lassen. Er beschrieb mir, warum Menschen diese Fähigkeit als suspekt oder unmachbar einstuften, und welche Konsequenten es hätte, gesehen zu werden. Es ist eigenartig, wie durch solchen Details ein Szenario realistisch und glaubhaft erscheint. Mit Warnungen wie diese, empfand ich bei meinen Flugstunden stets eine Mischung aus Angst, entdeckt zu werden, und Lust, mit meinen Künsten anzugeben. Einmal erwischte mich der Trainer bei der Vorführung meiner Künste, einmal kam ich davon, ohne dass er es bemerkte (Und zwar nachdem ich im Traum einfach beschlossen hatte, dass er es nicht bemerken würde). Immer wieder bannt die Präzision der Flugtechniken, die mir im Traum vermittelt werden, meine Aufmerksamkeit. Da es sich um einen Luzidtraum handelt, ist mir während des Traumes klar, dass all dies in der „Schlafwelt" stattfindet. Würde ich es für „echt" halten, oder wäre meine Bewusstheit über die Wachrealität nicht vorhanden, dann wäre es kein luzider Traum. Aber dieser Realismus! Ich hatte mir immer vorgenommen, mich an die Körper-Flugtechniken nach dem Aufwachen zu erinnern, aber bisher habe ich das nicht geschafft (was eher selten für Klarträume ist… sie zeichnen sich gerade dadurch aus, dass man sich meist an sie erinnert). Trotz meines vorhandenen Logik-Bewusstseins, nahm ich mir immer vor, diese Flugtechniken „mitzunehmen" und im Wachleben auszuprobieren.

Ich fühlte mich wie ein Zeitreisender, der „verbotene Dinge" mit zurück in seine Zeit nehmen möchte. Die pragmatischen Trainingsabläufe (es gibt da z.b. eine Vorbereitungsübung, bei der ich erstmal mit einem Hilfsmittel, einer Art schwebenden Surfbrett, über eine Art Kristallwasserfall und Kristallfluss schweben und versuchen muss, die Balance zu halten) und die gefühlte Intensität der Flüge an sich, machten mich glauben, dass ich mich nicht in einer „Fantasiewelt" im Sinne der irdischen Definition befinde, sondern an „realen Orten", die es „wirklich gibt". Oder andersherum: Das, was wir Menschen als „Fantasiewelten" bezeichnen, sind Kopien und Reproduktionen (mentale Repräsentationen) tatsächlich existierender Orte und Welten. Tatsächlich fällt es mir seit diesen und anderen Erfahrungen etwas schwer, mit der belächelnden Haltung mancher Zeitgenossen etwas anzufangen, die sagen: „Es ist doch nur Fantasie! Das bildest du dir doch nur ein!" Vielmehr hielt ich, kurz nach solchen Exkursionen, die „reale Welt" für eine vage, neblige und unreale Traumwelt. Sie wurde erst nach ein paar Stunden des Wachseins wieder zu meiner vollwertigen *Realität*. Aber damit bin ich nicht allein. Ich denke, jeder Mensch, auch der Skeptiker, würden so denken, wenn sie die Erlebnisintensität beider Welten vergleichen. Dies ist keineswegs dasselbe, als wenn du dir eben mal in der Fantasie vorstellst, du könntest fliegen. Wir sprechen hier von detaillierten, logischen Abfolgen („Nein, du musst den Arm zunächst so halten!"), absolut klare Sinneswahrnehmungen (Sehen, Hören, Fühlen, Riechen, Schmecken) und dem Fühlen der gesamten Emotionspalette.

Bei all meiner Begeisterung darf natürlich nicht der Anschein entstehen, als wären alle luzide Träume phänomenal, erleuchtend, übersinnlich, das Unfassbare berührend. Nicht all meine Träume waren luzide, und nicht all meine luziden Träume waren magisch und außergewöhnlich. Manche waren statisch und langweilig wie Seifenopern im Nachmittagsfernsehen. Der Unterschied war nur, dass ich mir bewusst war, das ich träume und mein Körper schläft. Manche waren Alpträume. Wobei Alpträume im luziden Bewusstseinsmodus selten Alpträume bleiben, da sie veränderbar werden. Außerdem kann ich inzwischen ziemlich sicher behaupten, dass die Klartraumfähigkeit in Zeiten von Alltagsstress und bei Mangel an mentalen, emotionalen und körperlichen Wohlfühlaktivitäten viel seltener Auftritt. Der längste Zeitraum, in dem ich keine Wachträume wahrnahm, umfasste ganze zwei Jahre. Die häufigste Vorkommnis-Welle umfasste 3 Wochen täglicher Klarträume.

8. Traumtechniken

In diesem Kapitel findest du eine Sammlung von Techniken, Werkzeuge, Methoden aus aller Welt, aus allen möglichen Quellen und Disziplinen. Es sind dies Wege zur Erzeugung luzider Träume. Ich habe selbst nicht alle ausprobiert, und kann auch nicht alle empfehlen. Meine Absicht hier ist es vor allem, dir eine *möglichst vollständige* Liste zu geben, damit du selbst einen geeigneten Trainingsplan erstellen kannst, der für dich gut ist. Suche dir selbst die Praktiken aus, die zu funktionieren scheinen und zu denen du dich hingezogen fühlst. Eine andere, sicherlich interessante Herangehensweise wäre es, einfach pro Tag oder pro „Sitzung" eine andere Technik auszuprobieren. Ich denke, es kommt weniger auf die spezielle Technik an, sondern vielmehr auf deine Überzeugtheit und dein Interesse. Techniken sind lediglich die Anker, die Überzeugung und Interesse fördern. Du findest hier die „allgemeinen Techniken" zur Induzierung von Klarträumen. In den entsprechenden Themenorientierten Kapiteln werde ich auf spezielle Techniken eingehen. Abschnitte, die ich mit einem * versehen habe, habe ich selbst erfolgreich ausprobiert. Praktiken, die ich mit ** versehen habe, halte ich persönlich für die besten.

1. Bewusstsein. **
Die fundamentalste Handlungsanweisung, die man geben kann, ist: Werde dir während des Traumes bewusst, dass du träumst oder bleibe dir dessen während des Einschlafens bewusst. Wenn du einen, wie auch immer gearteten Weg findest, eines von beiden zu tun, bist du auf dem besten Weg, ein Oneironaut zu werden. Fast alle nachfolgenden Techniken haben mit deiner Bewusstheit und deinem Verhalten während des Einschlafens oder während des Träumens zu tun. In den letzten Jahren habe ich jedoch die Beobachtung gemacht, dass es den Leuten, die ohnehin sehr bewusst Leben, leichter fällt, auch während des Schlafes ein Mindestmaß an Bewusstheit beizubehalten.

2. Fokussieren während des Einschlafens **
Hierbei versuchst du, während des Einschlafens beispielsweise auf eine *Fantasiereise* zu gehen, aber „bei Sinnen zu bleiben", während du einschläfst, bzw. der Rest von dir einschläft. Das bewusste Fokussieren auf selbst gewählte innere Bilder hilft, einen Zustand der Bewusstheit beizubehalten. Normalerweise kreisen und zischen Gedanken ganz automatisch durch den Geist (tagsüber wie auch beim Einschlafen), aber bei dieser Übung bist du es, der das gedankliche Geschehen kontrolliert. Kannst du die bewusste Fantasiereise aufrechterhalten, verwandelt sie sich oft in einem „nahtlosen Übergang" direkt in einen Klartraum.

3. Das Lesen von Büchern über das Luzide Träumen *
Viele meiner ersten luziden Träume hatte ich, nachdem ich ein Buch darüber gelesen hatte, es zur Seite legte, das Licht ausschaltete und einschlief. Das Lesen darüber begünstigt Inspiration und Glaubenskraft, zwei Vorraussetzungen für das luzide Träumen. Der Anhang dieses Buches gibt dir fünf Standardwerke zum Thema Klarträumen. All diese Bücher sind nach wie vor im normalen Buchhandel oder über das Internet erhältlich.

4. Das Castaneda-Universum *
Nicht wenigen Oneironauten zufolge, fördert auch nur das bloße Lesen der schamanistischen Bücher von Carlos Castaneda vor dem Schlafengehen, das Klarträumen. Sie gehö-

ren zu den ganz wenigen Werken der Literatur, die *atmosphärisch* an die Qualität hochluzider Träume herankommen. Ich selbst stieß als Teenager auf der Suche nach „Literatur, die meine Traumerfahrungen beschreibt" auf Castaneda. Auf der Suche nach Büchern, die meine Erfahrungen beschreiben, bin ich schon länger - bisher mit mäßigem Erfolg (infolgedessen schreibe ich nun Bücher darüber, anstatt diese zu suchen). Anscheinend gibt es noch genug Wahrnehmungsbereiche die „unaussprechlich" sind, oder am besten selber Erfahren werden. Ich vermute, dass das Meiste was der Mensch potentiell Erleben kann, noch nicht annähernd erfasst und katalogisiert ist. Solltest du Castaneda-Leser sein, bietet es sich an, ein Kapitel aus einem seiner mehr als ein Dutzend Bücher zu lesen, und sich *während des Einschlafens an die Geschichte zu erinnern.*

5. Filme & Musik *

Genauso wie eben beschrieben verhält es sich mit Filmen und Musik, die Traumatmosphären ähneln. Manchmal besteht meine „Traumtechnik" lediglich darin, äußerst seltsame oder ungewöhnliche Musik im Bett zu hören, mit dieser einzuschlafen und in einem Luzidtraum aufzuwachen. Mit der Verbesserung der technischen Möglichkeiten erscheinen immer mehr Hollywood-Produktionen mit Traumqualität. Sequenzen aus dem Film „The Matrix" beispielsweise, erfüllen die Fantasien zahlreicher Science-Fiction Autoren, die sich bis dahin darüber ärgerten, dass sie ihre Ideen nicht auf Leinwand umsetzen konnten. Es kam durchaus ein paar Mal vor, dass ich einen Film mit traumartiger Qualität sah und in derselben Nacht in einen kraftvollen luziden Traum katapultiert wurde. Am empfehlenswertesten sind natürlich Filme, die direkt vom luziden Träumen handeln, allen voran der Film „Vanilla Sky" (Tom Cruise, Penelope Cruz). In diesem Film hatte der Hauptdarsteller ursprünglich einen luziden Traum beabsichtigt, aus dem aber ein gewöhnlicher, unbewusster Traum wurde, aus dem wiederum ein Alptraum wurde, der am Ende des Films wieder in einem vollluziden Traum gipfelte. Die Handlung des Films ist beim ersten Ansehen schwer verständlich, weshalb ich empfehle, sich den Film ein zweites Mal anzusehen. Ein weiterer Film, der sich speziell dem Traumwelt-Realwelt Thema widmet, heißt „Waking Life". Aber auch allgemein traumartige Filme nach Strickmuster „Matrix" („Was ist real?") oder die atmosphärisch mehr als seltsamen Filme von David Lynch (Twin Peaks, Mullholland Drive), können anregend wirken, um intensiv zu träumen. Weiterhin halte ich Filme mit intensiven visuellen Eindrücken für geeignet, um das Unterbewusstsein zu aktivieren. Zwei Filme spektakulärer visueller Kraft: „Hinter dem Horizont" (Robin Williams) und „Star Wars Episode 2". Intensive gewöhnliche Träume werden eher zu luziden als langweilige gewöhnliche Träume. Die Traumforschung weist darauf hin, dass der Mensch wahrscheinlich jede Nacht träumt, sich jedoch nur selten daran erinnert. Die Amnesie könnte natürlich daran liegen, dass Träume relativ ereignis- und farblos sind. Wenn du dich direkt nach dem Film schlafen legst, erinnere dich an den Film und seine visuellen Eindrücke. Schlafe mit diesen ein.

6. Die Wachwelt in Frage stellen **

Bei dieser Technik, die von Gurus wie Osho, Traumexperten wie Paul Tholey und Stephan LaBerge, und eigentlich jedem anderen Oneironauten empfohlen wird, geht es darum, dass du dir lediglich mehrmals tagsüber einen „Realitätstest" oder die „kritische Frage" durchführst. „Wach ich oder träum ich?" - „Ist dies ein Traum?" Stelle dir diese Frage tagsüber relativ häufig. Stelle sie dir vor allem in den Momenten, in denen du im Alltag

„unbewusst vor dich hin lebst", als plötzlichen Weckruf, oder wenn ein ungewöhnliches Ereignis auftritt. Stellst du die Frage gewohnheitsmäßig in der Wachrealität, überträgt sie sich auf deine Schlafwelt, und du beginnst auch dort zu fragen: „Ist dies ein Traum?". Die Frage, während des Traumes gestellt, führt unmittelbar zur Luzidität (wobei das Unterbewusstsein in den Anfangsstadien der Übung manchmal versucht dich hereinzulegen, indem es dir trotz dieser Frage andere Dinge vorgaukelt).

7. Intensive Infragestellung der Wachwelt *
Hier eine etwas erweiterte Form der vorherigen Übung: Stell dir jetzt eben mal vor, wie du dich fühlen würdest, wenn du genau in diesem Augenblick plötzlich zur Erkenntnis gelangtest, dass du träumst. Nichts, was du gegenwärtig in deinem Alltag und deiner Wohnung wahrnimmst, entspricht der ultimativen Wirklichkeit. Dein „echtes Selbst" ist irgendwo anders, in Sicherheit, in einer „realen Welt" und wartet auf deine Rückkehr aus deiner Traumwelt. Nichts, was du hier tust, hat negative Konsequenzen. Versuche dieses Gefühl ein paar Minuten lang zu simulieren. Sieh dich um und betrachte das Traumszenario im Gewahrsein, dass alles nur ein Traum ist. Spürst du die Erleichterung in deiner Brust? Alles ist Super-Okay. Wenn du das Hier und Jetzt spüren kannst, wird es nachvollziehbarer, warum es in einem Nachttraum so erleichternd sein kann, dir bewusst zu werden, dass du nicht der Inhalt des Traumes bist, sondern sein Erschaffer. Klarträumer ist folgendes „kleine Geheimnis" bekannt: Sobald du es gemeistert hast, in der so genannten Traumwelt zu erwachen, bist du auf dem besten Weg in der so genannten Realwelt zu *erwachen*. Beide Universen spiegeln einander. Dein Traumbewusstsein denkt sein Traum sei real, bis es den Traum hinterfragt. Du denkst deine Welt sei real, bis du sie hinterfragst.

8. Das Führen eines Traumjournals **
Diese bereits besprochene Technik wird von vielen Praktikern als wichtigste und folgenreichste erachtet. Wenn es deine Träume wert sind, geträumt zu werden, sind sie es auch wert, aufgeschrieben zu werden. Je mehr *Wert* du dem Träumen beimisst, desto mehr Wert misst das Traumselbst dir bei, und lässt dich am Abenteuer teilhaben.

9. Ein unbequemer Weg
Eine Technik, die von manchen Zen-Meistern, Jesuiten-Priestern, Yoga-Praktikern und dergleichen gepflegt wird, ist das Einnehmen einer möglichst unbequemen Position vor dem Schlafengehen. Besser wäre es, wenn du hier bereits müde bist, da du sonst Schwierigkeiten damit haben könntest, überhaupt einzuschlafen. Aus einer unbequemen Sitz- oder Liegehaltung folgt natürlich, dass du dir der störenden Körperteile gewahr bist, sie mit in den Schlaf nimmst und dir im Traum diese Körperteile „aus einer anderen Realität" weiterhin gewahr bleibst. Daraufhin folgt die Erkenntnis: „Ich träume".

10. Weckrufe
Hier stellst du den Wecker auf zwei Stunden, bevor du normalerweise aufwachst. Stehe nach dem Klingeln auf und tue etwas, das deine mentale Gegenwärtigkeit fördert (Atem- oder Konzentrationsübungen). Gehe nach wenigen Minuten ins Bett zurück und lege dich normal oder auf die rechte Seite, so wie es im tibetischen „Traum Yoga" empfohlen wird. Lasse dich zurück in die Schlafwelt fallen, lasse vollkommen los. Diesmal aber, beobachte dich dabei. Beobachte, wie du loslässt, in den Schlaf sinkst, fällst, hinab gleitest.

11. Dream Machine

Der bequemere Leser von heute kann sich per *Dream-Machine* einen Wachtraum induzieren. Hochwertige und effektive Apparaturen sind meiner Meinung nach rar. Das Beste und am weitesten verbreitete scheint der „*Nova Dreamer*" vom Lucidity Institute zu sein. (erhältlich bei www.lucidity-institute.com). Hier können auch Kataloge und Dreammachines verschiedener Preisklassen erworben werden. Der Nova-Dreamer ist eine Brille oder Schlafmaske, die man während des Schlafes trägt. Sie enthält visuelle Bewegungsmelder, die, sobald die REM-Phase des Schlafes eintritt (bei der sich die Augenlider sehr schnell Bewegen), Blinksignale durch LEDs an die Augen gibt. Das Geheimnis dieses Gerätes und anderer ähnlicher Geräte ist, dass sie Gehirnimpulse, Wellen oder eben diese Augenbewegungen messen können, anhand derer feststellbar ist, ob man träumt oder nicht. In dem Moment, wo „Träumen" von der Brille gemessen wird, wird ein Teil der Maschine dazu aktiviert Lichtimpulse an die Augen zu senden, die eine Erinnerung oder Bewusstheit über das Träumen hervorrufen. Obwohl dies eine raffinierte Technik zu sein scheint, eigene Anstrengungen zu umgehen, besteht der Haken manchmal darin, dass die Lichtimpulse „mit in den Traum integriert" werden. Plötzlich siehst du z.B. im Traum das rote Licht eines Feuerwehrautos blinken, anstatt zu erkennen, dass du träumst.

12. Traumpillen

Dem Vitamin B6, der „Wunderdroge" Melatonin, dem Kräuter Gotu Kola und dem altbewährten Baldrian werden nachgesagt, dass sie Träume plastischer, intensiver und surrealistischer machen. Eine leichte Überdosis reinen Vitamin B6 wird inzwischen von manchen Autoren als „sicherer Geheimtipp zur Induzierung luzider Träume" empfohlen. Da keine schädlichen Wirkungen einer Überdosis B6 bekannt sind, könnte man das durchaus probieren. Ich selbst habe Ampullen probiert die eine Mischung aus Melatonin und Vitamin B6 sind (Name: Mellowtonin. Quelle: ebay). Diese Mischung wird in Internet Foren als „garantierter luzider Traumtrip" angepriesen. 3 mg machten mich sehr schläfrig. 6 mg (zwei Ampullen) beeinflussten meine Träume auf positive Weise ohne Nachwirkungen. Im Gegensatz zu den Berichten vieler anderer, bei denen es geklappt hat, habe ich jedoch noch keinen luziden Traum daraus gewonnen.

13. Zauberhut und Magnetkissen)

Es gibt Forscher, die behaupten, dass das Tragen kegel- oder konusförmiger „Magierhüte" oder auch das Schlafen in Pyramiden, die Traumbewusstheit fördert. Ich konnte dafür bisher keine konkreten Indizien finden, denke aber, dass jede Art von neuartigem oder seltsamen Verhalten beim Schlafengehen eine gewisse Art von Traumbewusstheit begünstigt. Neulich erhielt ich ein so genanntes „Magnetkissen" von der Firma „Nikken" und hatte daraufhin richtig intensive luzide Träume, die ich zunächst auf das Kissen zurückführte. Nach einer Weile jedoch machte es keinen Unterschied, ob ich mit dem Kissen oder ohne schlief, und mir wurde klar, dass es eher meine hohen Erwartungen gewesen waren, die zum luziden Traum geführt hatten.

14. Traumarten Programmieren *

Möchtest du gerne „programmierte Träume", heilende Träume, telepathische Träume, Lehrträume, Gruppenträume, AKE-Träume (außerkörperliche Erfahrung), ASW-Träume (außersinnliche Wahrnehmung), schamanistische Träume, orgastische Träume („Nassträume"), interplanetarische Träume, Parallelweltenträume oder Zeitreiseträume haben?

Wenn du einmal mit dem luziden Träumen begonnen hast, kannst du dir diese Aufzählung noch einmal ansehen und versuchen, bewusst mit den verschiedenen Modi zu experimentieren. Träume oder Traumthemen zu „programmieren" empfehle ich dir hier deshalb, weil es einfach die Traumbewusstheit fördert. Hier stellst du vor dem Schlafengehen entweder gedanklich, verbal oder schriftlich eine Absicht auf, mit der du in den Schlaf gehst. Beispiele: „Ich träume heute Nacht luzid", „Ich lerne etwas über den Mars", „Ich werde fliegen", „Ich kommuniziere mit Freunden aus meinem Traumuniversum". Programmierungen sind interessant genug, dass dein Unterbewusstsein manchmal wachsam wird und dir bei der Umsetzung hilft. Nach dem Aufwachen am nächsten Morgen schreibe auf, was dir von deinen Träumen noch in Erinnerung ist. Die Wahrscheinlichkeit ist da, dass du irgendetwas geträumt hast, was mit deiner Absicht zusammenhing. Klare und Eindeutige Ziele sind in jedem Gebiet hilfreich, so auch in diesem.

15. Castaneda-Technik *

Die Kunst des Träumens nach Carlos Castaneda (Schüler des toltekischen Schamanen Don Juan): „Träumen" ist die wahre Kunst, die Grenzen der gewöhnlichen Wahrnehmung zu durchbrechen. Im Traum zu erwachen und zu wissen, dass man träumt, um dann den weiteren Verlauf eines Traumes kreativ zu beeinflussen (...) ist die wahre Kunst des Träumens." Eine simple Technik, die Castaneda empfiehlt, besteht lediglich darin, im Traum die eigenen Hände anzuschauen. Bevor wir einschlafen, sollen wir uns den Befehl geben, im Traum unsere Hände zu finden. Diese Technik habe ich selbst versucht, und sie löste in mir sehr interessante Empfindungen aus, und ja, sie löste luzides Träumen aus. Das liegt vielleicht daran, dass unser Traumbewusstsein einer Absicht aus einer „anderen Welt" folgt, von deren Existenz es möglicherweise nichts gewusst hatte.

16. Casteneda-Technik II *

Ein von Casteneda Anhängern viel kritisiertes Buch, das mir jedoch hinsichtlich dem luziden Träumen positiv auffiel war „Die Lehren des Don Carlos" von Victor Sanchez. Viel kritisiert, weil es versucht, aus den Büchern und Lehren Castanedas ein persönliches Trainingssystem zu machen, das in keinster Weise von Castaneda oder seinen Vertretern autorisiert ist. Positiv, weil es einige wertvolle Hinweise enthielt, wie ich meine luziden Träume vertiefen konnte wenn ich es einmal beherrschen gelernt hatte. Hier also noch eine Castenda Technik: „Konzentriere dich vor dem Einschlafen auf die Spitze des Brustbeins. Das ist der Punkt, von dem die Aufmerksamkeit ausgeht, die du zum Träumen brauchst".

Erstaunlich: Manchmal bekommt man während gewöhnlicher und luzider Träume Hinweise, wie man seine Fähigkeit Wachträume induzieren und verstärken kann. Victor Sanchez: „Schlafen Sie mit einer Mütze oder einem Stirnband, das Sie während des Träumens gefunden und anschließend auch in der physischen Wirklichkeit des Alltagslebens entdeckt haben." Mir selbst wurde in einem Traum der Hinweis gegeben, nach einer bestimmten Art von Musik Ausschau zu halten. Diese habe ich tags darauf besorgt und bin mit ihr auch Schlafen gegangen. Sie induzierte tatsächlich einen luziden Traum (Oder waren es wieder meine Erwartungen, die die Erfahrung erschufen? Wie dem auch sei, wenn es Hilfsmittel braucht um die Glaubenskraft zu erhöhen, so seien diese willkommen).

17. Traum-Wiedereinstieg **

Hier eine Technik, die einiges an Konzentration erfordert, aber für mich funktioniert: Zunächst geht es darum, deinen gewöhnlichen Traum als Pforte zu benutzen: Nachdem du morgens aufwachst, erinnerst du dich an das Geträumte, gehst den „Film" im Geiste einige Male durch, bis du den Traum ganz sicher im Gedächtnis gespeichert hast. Danach möchtest du mit der festen Absicht, dich daran zu erinnern, dass du träumst, wieder einschlafen. Schließe also die Augen, und rufe den Traum ab, den du gerade „auswendig gelernt" hast. Visualisiere den Traum und betrete ihn. Sei im Traum. Diesmal ist dir aber bewusst, dass du träumst. Nimm den wahr, dem bewusst ist, das er träumt und bleibe fokussiert, während du wieder einschläfst. Die Wahrscheinlichkeit, dass du dich bald in einem luziden Traum vorfindest ist sehr hoch. Dieser luzide Traum muss übrigens nichts mit dem Traum zu tun haben, den du soeben visualisiert hattest. Die Schritte noch mal zusammengefasst: 1. Gewöhnlichen Traum im Gedächtnis ein paar Mal abspielen. 2. Beim Einschlafen diesen Traum bewusst betreten. 3. Volle Konzentration auf die Visualisation, während du einschläfst.

18. Langschläfer

Den Aussagen mancher Traumforscher zufolge, fällt das Klarträumen leichter, wenn man lange schläft, weil der Schlaf am Morgen nicht so tief ist.

19. Ängste Verabschieden

So manche erleben keine luziden Träume aus dem einfachen Grund, dass sie Angst davor haben. Ängste gegenüber dem Klarträumen sind meiner Aussage und den Aussagen Tausender anderer Oneironauten nach, unbegründet. Luzides Träumen ist in etwa so gefährlich wie… ja, wie schlafen, und schlafen ist genau das, was du während des luziden Traumes tust. Es besteht immer die Möglichkeit, den Traum zu verlassen, zu beenden und aufzuwachen. Eine Möglichkeit, sofort aufzuwachen ist es, länger etwas zu fixieren. Fokussierst du zu stark, wachst du auf. Die Angst vor dem luziden Träumen kommt meist von der Erinnerung an Alpträume. Zugegebenermaßen können diese auftauchen. Diese stellen jedoch eine Verarbeitung deiner *ohnehin schon vorhandenen Ängste* dar. Es ist nicht so, dass der Traum die Ursache für das Problem oder die Angst ist. Das Problem oder die Angst ist die Ursache für den Traum. Das Unterbewusstsein versucht, dir durch den Traum bei der Verarbeitung des Traumes zu helfen. Später möchte ich das Thema vertiefen und erläutern, wie du Alpträume zur Heilung innerer Ängste nutzen kannst. Die Angst beim Einschlafen kannst du reduzieren, indem du dir bewusst wirst, dass du nach dem Schlafen schon immer aufgewacht bist und dass es nichts anderes als Schlafen ist, was du hier tust. Ein Hinweis am Rande: „In eine Fantasiewelt flüchten" und luzides Träumen haben wenig gemein, sollte jemand mal zufällig die Frage aufwerfen. „In eine Fantasiewelt" flüchten ist die Abwehr von Alltagsproblemen mit Hilfe der Imagination. Dabei stellt man sich beispielsweise eine „magische Rettung" vor, um sich nicht mit der ernsten Situation auseinandersetzen zu müssen. Luzides Träumen ist eine bewusstseinserweiternde Praktik, die während einer Zeit gemacht wird, die du normalerweise verschläfst. Alltagsprobleme, die du unterdrückst, werden durch das luzide Träumen jedoch nicht weggewischt, sondern in das Traumgeschehen miteinbezogen und dir zur Bearbeitung präsentiert. Nach einem luziden Traum wachst du meistens frischer und Energie geladener auf, als wenn du traumlos (oder besser „traumerinnerungslos") durchgeschlafen hättest.

20. Meditation **

Jede Art von Entspannungstechnik, Meditationstechnik und Atemtechnik ist für das luzide Träumen förderlich. Meine eigenen Forschungen zeigen mir, dass Menschen, die ohnehin bereits mit bewusstseinserweiternden und spirituelle Themen arbeiten, früher oder später von ganz alleine luzide Träumen. Es ist wie ein Evolutionsschritt, der *sowieso* Eintritt, wenn man eine gewisse Bewusstseinsstufe erreicht hat.

21. Realität – Tests **

Ich sprach bereits über die Technik des Realitäts-Tests (Träum ich oder wach ich?). Eine Erweiterung der „kritischen Frage" (Paul Tholey) oder der „kritischen Reflexion des Bewusstseinszustandes" wäre es, diese Frage jedes Mal dann zu stellen, wenn im Alltag auch wirklich besonders ungewöhnliche Situationen auftreten. Du siehst irgendetwas in deiner Umgebung das irgendwie aus dem Rahmen fällt und fragst: „Träum ich oder wach ich?". Noch einen Schritt weiter gehst du, wenn du *bewusst nach Anzeichen suchst*, dass du träumst. Du läufst also z.B. durch die Stadt und suchst bewusst nach dem Ungewöhnlichen und fragst „Träum ich oder wach ich?". Vorzugsweise Antwortest du „Ich träume", bis diese Erkenntnis zur Gewohnheit wird. Es gibt sehr viele Traumsignale (Anzeichen, die darauf hindeuten, dass du träumst). Hier nur eine kleine Auswahl: Was passiert, wenn du versuchst, im Traum das Licht anzuschalten? Hattest du schon mal im Dunkeln Angst, dass es nicht funktionieren würde, dass das Licht angeht? Meiner Meinung nach beruht diese Angst auf bereits in Traum Erlebtes. Es ist eine besondere Qualität vieler Träume, dass es schwer fällt, das Licht einzuschalten. Woran das liegt? Vielleicht hängt es mit Zeitanomalien und Licht zusammen. Oder vielleicht liegt es daran, dass das Unterbewusstsein, symbolisch betrachtet, nicht beleuchtet werden möchte. Beim Versuch im Traum das Licht einzuschalten passiert es oft, dass das Licht kaputt ist oder nur sehr langsam angeht. Egal was es bedeutet, es ist ein idealer Realitäts-Test: Wenn du es nicht hinbekommst, das Licht einzuschalten, könnte es sein, dass du träumst. Außerdem: Lesen und Rechnen scheint in Träumen nicht gut zu funktionieren. Als wären die Gehirnbereiche, die für das Rechnen zuständig wären, im Traum außer Kraft gesetzt. Versuche mal im Traum 23-18 zu errechnen. Du wirst große Schwierigkeiten damit haben. Hast du also Rechenschwierigkeiten, könnte es sein, dass du in einem Traum bist. Die fluide, äußerst instabile Atmosphäre einer Traumwelt verrät sich, wenn du versuchst, etwas, das du gerade gelesen hast, noch mal zu lesen. Es wird meist nicht nötig sein. Das ist ein weiteres Signal, dass du träumst. Da das Traumuniversum fließend, instabil, sich schnell verändernd ist, kann es auch sehr wirksam sein, sich schnell um die eigene Achse zu drehen und dann abrupt anzuhalten. Dass Lustige dabei ist, dass sich die Umgebung immer noch weiterdreht, also erst mal wieder zusammengestückelt werden muss, um sich deiner Wahrnehmung anzupassen. Die Realisation „Ich erschaffe das alles hier" führt direkt zu einem Klartraum. Die Frage „Wo war ich gerade" ist ebenfalls ein von Oneironauten beliebter Realitäts-Test. Wenn du gerade auf einem Schiff in der Nähe Islands bist und fragst „Wo war ich eben gerade" und dabei feststellst, dass du doch gerade in einem Cafe in Indien warst, dann wird dir sehr schnell bewusst, dass du träumst. Jede bewusste Hinterfragung der merkwürdigen Umstände fördert die Traumbewusstheit. Nach einer gewissen Zeit wirst du jedoch keine „Reality-Tests" (Träum ich oder wach ich?) mehr machen müssen, denn du wirst eine innere Gewissheit darüber haben, in welcher Realität du dich gerade befindest.

22. Reality Breaking *

Eine noch extremere Form der Technik heißt „Reality-Breaking" und wird in meinem Buch „Reality Creation" (2003 Bohmeier Verlag) ausführlich beschrieben. Bei dieser Technik *sorgst du selbst dafür,* dass etwas sehr Ungewöhnliches, Merkwürdiges oder völlig aus dem Rahmen Fallendes passiert. Beispielsweise trägst du deine Hose linksherum oder fährst dein Küchengeschirr auf eine Spazierfahrt, oder redest jemand radikal anders als sonst an. Die andere Person wird denken „Wach ich oder träum ich?" Wenn du nun dasselbe „Reality-Breaking" in Träumen anwendest, erwachst du meistens sofort „in" einen luziden Traum, weil du eben bewusst ein Szenario auf für die Traumgestalten unerwartete Weise verändert hast. Dies ist vor allem sehr wirksam bei Alpträumen, in denen das Geschehen dich zu kontrollieren scheint. Plötzlich entscheidest du, dass etwas völlig anderes, was nicht zur Szene passt, geschieht, und die „Monster" verlieren die Kontrolle über das Traumgeschehen. Du hast gerade die Tatsache erkannt dass du alles jederzeit verändern kannst. Die Botschaft die du im Wachleben wie auch im Schlaf beim „Reality-Breaking" an das Bewusstsein sendest ist: *Realität ist nicht das, was sie bisher war. Realität ist das, was ich jetzt daraus mache.*

23. Falsches Erwachen Hinterfragen *

Falsches Erwachen: Dies passiert oft dann, wenn man bemerkt, dass man träumt. Es ist wie ein Backup-Programm des Unterbewusstseins, um dich erneut hereinzulegen, nachdem du erst ein bisschen bewusst geworden bist. Plötzlich denkst du, du bist aufgewacht und liegst schläfrig im Bett. In Wirklichkeit träumst du nur, dass du erwacht bist und fällst oft sehr schnell wieder zurück in einen wirren Traum, der vom Unterbewusstsein kontrolliert wird. Daher die folgende Technik: Beim Erwachen frage: Bin ich nun wirklich erwacht? Träum ich oder wach ich?

24. Wachrealität noch mehr in Frage stellen

Wenn du es auf die Spitze treiben möchtest, hängst du überall Schilder mit der Frage „Träum ich, oder wach ich?" auf.

25. MILD-Technik (Mnemonic Induction of Lucid Dreams) *

Die vom Traumforschungs-Pionier Stephen LaBerge erstellte und so benannte MILD-Technik funktioniert wie folgt: 1. Sei vollkommen überzeugt, dass du heute Nacht luzide träumen wirst. 2. Entspanne den gesamten Körper. 3. Autosuggestion: „Ich werde einen Klartraum erleben" (Wiederhole, Wiederhole, Wiederhole, Wiederhole, etc.). Es ist die *Verknüpfung* tiefer, wohliger Entspannung und überzeugter Affirmation, die hier Wunder wirken kann.

26. WILD-Technik (Wake Initiated Lucid Dreams) *

Überwiegend tritt der Wachtraum im Schlaf, während des Traumes ein. (DILD – Dream initiated lucid dreams, die du über „Realitäts-Tests" und „kritische Fragen" erreichst). Bei WILD wird versucht, den Zustand der Klarheit beim Einschlafen beizubehalten. Das kannst du z.B. dadurch erreichen, dass du dich in den Schlaf zählst, während du dabei versuchst, den Traum als Traum zu erkennen. „Eins, ich träume, zwei, ich träume, drei, ich träume, vier, ich träume. Beim Übergang in den Schlaf tauchen meist so genannte hypnagoge Bilder auf. Diese schnell wechselnden visuellen Eindrücke deuten den beginnenden Schlafzustand an. Oneironauten erkennen diesen Zustand und bewahren dabei die Klarheit. Besonders geeignet ist diese Technik für kurze Nachmittagsschläfchen oder Nickerchen.

27. Traumerinnerung an andere Träume **
An manche Träume kann man sich erst wieder erinnern, wenn man wieder träumt. Dies ähnelt dem Alkoholiker, der sich an den Abend zuvor erst wieder erinnert, wenn er im selben betrunkenen Zustand ist. Dieses Phänomen benutzt man auch für das so genannte „zustandorientierte Lernen". Folglich ist es eine intelligente Vorgehensweise zu versuchen, *dich während eines Traumes an viele andere Träume zu erinnern*. Eine überraschende Entdeckung: Du hast als Traum-Selbst einen völlig anderen Erinnerungsspeicher, eine andere Vergangenheit und „Traumgeschichte" als dein Alltags-Selbst. Zwar erfordert das Ausführen dieser Technik ein Mindestmaß an Luzidität, wird aber deine Traumbewusstheit derart fördern, dass künftige Klarträume leichter fallen.

28. Intensiv Realitätstest *
Hier ein interessantes Spiel, das ursprünglich von Stephen LaBerge stammt: Suche dir am Morgen nach dem Aufwachen im Voraus zehn Situationen aus, bei denen du einen Realitäts-Test durchführst (Träum ich oder wach ich?). Führe immer nur beim ersten Auftreten der ausgewählten Situation einen Realitätstest durch. Wenn du bemerkst, dass du es einmal vergessen hast, hast du den Test für diesen Tag nicht bestanden. Setze diese Gedächtnis trainierende Technik solange fort, bis du alle zehn Tests bestanden hast. Beispiel für meine Liste: 1. Während ich mich dusche. 2. Beim Blick in den Spiegel. 3. Sobald ich einen Arbeitskollegen sehe. 4. Sobald ich das erste Mal das Telefon klingeln höre. 5. Sobald ich ein blaues Auto sehe. 6. Sobald ich Essen sehe. 7. Sobald ich weiße Schuhe sehe. 8. Sobald ich meine Haustüre von außen aufmache. 9. Sobald ich nach Sonnenuntergang eine Uhr sehe. 10. Sobald ich mich ins Bett lege.

29. Suggestion während des Ereignisses **
Am besten funktionieren Befehle an dein Unterbewusstsein, während du in Kontakt mit deinem Unterbewusstsein bist. Einen Zustand kannst du am besten dann wieder herbeiführen, wenn du dies beabsichtigst, während du noch im gewünschten Zustand bist! Normalerweise werden Affirmationen, Autosuggestionen und Programmierungen vor dem Ereignis oder außerhalb des Zustandes, zu dem man hin möchte, gegeben. Wenn du aber den Befehl gibst, während du gerade einen Klartraum erlebst, geht es direkt, ohne Zensur oder Filter an dein Unterbewusstsein. Ein Beispiel für diese kraftvolle Methode: Während du träumst, wirst du dir deiner Gelegenheit bewusst und sagst: „*Immer wenn ich träume, so wie jetzt, werde ich erkennen, dass ich träume, so wie jetzt*". So eine Suggestion während des Bewusstseinszustandes, den du eigentlich dauerhafter erreichen möchtest, kann gute langfristige Fortschritte bewirken.

30. Das selbst erstellte Trainingsprogramm *
Was ebenfalls Wunder wirken kann, ist ein Plan, den du selbst erstellst. Nicht etwas, das du von anderen Personen übernimmst, sondern was du nach eigenem Ermessen, eigener Kreativität, und eigenem Zeitgefühl erstellt hast, fördert dein Engagement. Dabei kannst du gerne Techniken aus diesem Buch dazu tun, solange der Plan, die Reihenfolge oder

Mischung noch eine persönliche Note von dir hat. Ein klar definierter Zeitraum (z.B. 30 Tage) richtet dein Bewusstsein und Unterbewusstsein auf das Ziel aus. Eine Vorgabe, was du täglich (oder in welchem Rhythmus auch immer du vorgehen willst) tun wirst und dies dann auch tust, programmiert das Unterbewusstsein auf eine neue Gewohnheit ein.

31. Kreation *
Dies ist ein Beispiel für das Kopieren einer typischen Luzidtraumaktivität in der Wachrealität. Bei dieser Technik konzentrierst du dich vor dem Schlafengehen darauf, Dinge vor deinem geistigen Auge zu erschaffen, entstehen zu lassen, zu verändern und wieder verschwinden zu lassen. Bewusstes Denken. Die Gedanken sprudeln nicht automatisch und unbewusst durch den Geist, sondern werden von dir bewusst dort hingestellt. Wenn du dir z.b. eine Pyramide vorstellst, dann betrachte sie von allen Seiten, verändere ihre Farbe, verändere ihre Form, lasse sie rotieren, verändere ihre Größe, ihre Geschwindigkeit, etc. Dies übt dich darauf ein, Dinge zu kontrollieren, zu erschaffen und zu verändern. Wenn sich diese Gewohnheit auf den Traum überträgt, findest du dich natürlich in einem Klartraum wieder.

32. Den Geist schlafen lassen
Wenn es dir leicht fällt aufzuwachen und wieder einzuschlafen, wird dir diese Methode beim luziden Träumen helfen. Nach einem langen, arbeitsamen Tag in der Wachrealität kann es vorkommen, dass der Verstand seinen Schlaf *braucht*. Er ist erschöpft oder voll, und möchte sich etwas fallen lassen. Auf Versuche, luzide zu träumen wird er nicht reagieren. Erlaube dem Verstand in diesem Fall, sich auszuruhen, und gib ihm 4 bis 6 Stunden Schlaf. Nach diesen 4 bis 6 Stunden wachst du auf und konzentrierst dich auf deine Absicht, luzide zu träumen, oder benutzt eine der Techniken. Der Körper braucht etwa 8 Stunden Schlaf und wird nach wie vor müde sein, aber du wirst in den meisten Fällen feststellen, dass der Verstand ausgeruht und „bereit zu spielen" ist. Die meisten Leute welche diese Herangehensweise benutzen, berichten, dass es ihnen so viel leichter fällt, luzide zu träumen. Anstatt in einen tiefen Erholungsschlaf zu fallen, bleiben sie geistig wach während der Rest von ihnen einschläft.

33. Sinnesrausch *
Hier eine Technik, die einerseits die Qualität eines luziden Traumes erheblich verbessern kann, aber auch bereits an sich direkt in einen Luzidtraum führen kann. 1. Fokussiere einen deiner Sinne vollkommen auf eine Sache in der Wachrealität, während du über das Nachtträumen nachdenkst. Beispiel: Du fokussierst deinen gesamten Geschmackssinn auf Vanille-Eis, schmeckst Vanille-Eis, wie du Vanille-Eis noch nie zuvor geschmeckt hast, während du gleichzeitig darüber nachdenkst, genau diese Sinnesintensität in einem luziden Traum zu erleben. 2. Erinnere dich während des Einschlafens an diese Sinnesqualität, fokussiere die Aufmerksamkeit darauf und erlebe die Intensität mental wieder. Währenddessen beabsichtigst du, genau diesen Sinneseindruck heute Nacht zu träumen. Beispiel: Du stellst dir den Geschmack des Vanille-Eis intensiv vor, so intensiv, dass du es schmecken kannst. Gleichzeitig denkst du darüber nach, nachher von diesem Vanille-Eis zu träumen (Da dies ein Befehl ist, den du noch während des Wachzustandes ausführst, wird es dir leichter fallen, während des Traumes dich daran zu erinnern, dass es eine Wachrealität überhaupt gibt. Und damit erinnerst du dich daran, dass du gerade träumst. Und schon bist du luzide). Diese Technik verbindet gleich drei Wahrnehmungen des Vanille-Eis Ge-

schmacks: Die „echte", die mentale und die des Traumes. Probiere diese Übung mit verschiedenen Dingen und Sinnen (Sehen, Hören, Schmecken, Riechen, Fühlen).

34. Das geistige Auge
Während du im Bett liegst und bereit bist einzuschlafen, sieh deine physikalische Realität um dich herum, aber nicht mit offenen, sondern mit geschlossenen Augen. Sieh die Realität um dich herum, das Zimmer, die Möbel, die Details vor deinem geistigen Auge. Erforsche sanft deine innere Repräsentation der Realität. Behalte diesen Fokus während des Einschlafens bei.

35. Das sanfte Wecken *
Wache möglichst ohne einen Wecker auf. Das laute, unsanfte und plötzliche Erwachen durch einen Wecker kann zur „Traum-Amnesie" führen und verhindern, dass du dich an deine Träume erinnerst. Traum-Erinnerung ist jedoch eine Vorstufe zum luziden Träumen. Wenn du jedoch einen Wecker aus Termingründen oder Berufswegen brauchst, dann besorge dir bitte einen Wecker, der dich in einem sanfteren Ton weckt. Es gibt heute genug Wecker auf dem Markt mit alternativen Aufwachmöglichkeiten (Vogelzwitschern, Bachrauschen, Flöte, Klavier, nur um ein paar zu nennen).

36. Den Traum der letzten Nacht fortsetzen *
Was du vor und nach dem Schlafen tust, ist für die Entwicklung deiner Traumbewusstheit von größter Wichtigkeit. Beim Aufwachen ist es wichtig, dich an deine Träume zu erinnern. Beim Einschlafen kann es von Vorteil sein, das Träumen oder sogar den Trauminhalt zu beabsichtigen. Eine ebenfalls sehr raffinierte Technik ist, wenn du dich beim Einschlafen an den Traum erinnerst, den du letzte Nacht hattest. Du erinnerst dich hier also noch mal an den Traum, an den du dich am Morgen erinnert hast. Allemal fördert dies Traumbewusstheit, und kann sogar dazu führen, dass du die *Fortsetzung* deines letzten Traumes erlebst.

37. Lichtschalter und Spiegel
Ein etwas weiter verbreitete Realitäts-Test besteht darin, das Licht mehrmals ein und auszuschalten oder einfach in den Spiegel zu schauen. Übe das bereits tagsüber. Im Traum werden diese zwei Handlungen *etwas schwieriger sein*, was leicht zur Traumerkenntnis führen kann.

38. Selbstgespräch
Bei dieser Technik sprichst du mit dir selbst während du einschläfst. Wenn du den Punkt erreichst, dass du den Mund nicht mehr aufbekommst, weil der Körper schon eingeschlafen ist, dann führe das Selbstgespräch im Geiste weiter. Dies ist eines von vielen Methoden die „hypnagoge Phase" (siehe Kapitel „Die hypnagoge Schwelle") zu überlisten.

39. Wenn das hier ein Traum wäre
Wenn all das hier, was du momentan um dich herum siehst, ein Traum wäre, was würdest du dann daran *ändern*? Stelle dir kurz vor, was du verändern würdest. Erinnere dich dann vor dem Einschlafen an dieselbe Visualisation und die Veränderungen, die du durchführen würdest. Man geht davon aus, dass die Wahrscheinlichkeit steigt, dass du dieselbe Prozedur noch einmal während des Schlafes ausführst, nachdem du sie bereits im Wachsein und im Einschlafen getan hast.

40. 3-3 Technik *

Dies ist eine von einer Reihe von Übungen, die lediglich die Bewusstbleibung während des Einschlafens unterstützen. Fokussiere abwechselnd drei Punkte innerhalb deines Körpers und drei Punkte außerhalb deines Körpers, fortlaufend. Beispiel: Ich richte die Aufmerksamkeit kurz auf meinen linken Fuß, dann auf meinen rechten Fuß und dann auf meinen Kehlkopf. Ich richte die Aufmerksamkeit kurz auf den Balkon, dann auf das Bücherregal, dann auf ein Kissen neben mir.

Dies kann mit geschlossenen oder offenen Augen getan werden. Es kann getan werden, indem du entweder deinen Blick auf diese Stellen richtest oder indem du nur deine geistige Aufmerksamkeit darauf richtest. Weitere Beispiele: Nase, rechte Schulter, linke Schulter, Fußboden, Fernseher, Ball. Linke Pobacke, Wirbelsäule, Oberschenkel, Kaffeemaschine, Badezimmertür, Pullover.

41. Bewegungslosigkeit *

Diese Technik wird von manchen Oneironauten bis zum Eintritt in den luziden Traum fortgeführt. Liege bewegungslos. Das ist die Übung: nur bewegungsloses liegen. Du legst dich hin und verharrst völlig bewegungslos entspannt. Einzige Ausnahmen: um dich zu kratzen oder wenn dir eine Position unangenehm ist.

Führe dies zumindest so lange fort, bis es dir leicht fällt, bewegungslos zu bleiben. Beobachte, was nach einer Weile geschieht. In manchen Fällen wurde berichtet, dass dies zu einer Entspannung führt, in der der „Traumkörper" zu vibrieren beginnt, als wollte er sich vom Körper loslösen. In anderen Fällen wird berichtet, dass der Drang, sich zu bewegen, auf der Traumebene weitergeführt wird, was zu einem spontanen Traumerlebnis führen kann.

42. Tiefe Entspannung **

Totale Entspannung bedeutet nicht unbedingt Müdigkeit oder Einschlafen.

Die tiefe Entspannung bei gleichzeitiger Bewusstheit ist sogar ein gutes Transportmittel in die Klartraumwelt. Während du im Bett liegst, versetzt du dein Bewusstsein in den linken Fuß... spürst deinen linken Fuß... atmest in den linken Fuß... die Muskelanspannung löst sich... dann tust du das Gleiche mit dem rechten Fuß... und so machst du weiter mit jedem Teil deines Körpers, bis sich dein Körper vollkommen wohlig, entspannt und warm anfühlt.

Diese Übung kannst du ab und zu durchführen, sie trägt auch zu deinem gesundheitlichen Wohlbefinden bei. Möglicherweise versetzt sie dich unvermittelt in einen Zustand, in dem du ein leichtes Vibrieren im ganzen Körper wahrnimmst.

Entspannung des Körpers und des Geistes ist eine Voraussetzung für Konzentration. Konzentration ist eine Voraussetzung dafür, diese Übung zu machen. Wenn dir also noch alles Mögliche durch den Kopf geht, du dich von Sorgen belastet fühlst, wird es keinen Fokus und folglich auch keine Übung geben. Andererseits wirst du feststellen, dass fast alle Übungen in diesem Buch einen sehr entspannten Zustand fördern. Tiefe, langsame, und sanfte Bauchatmung, während du jegliche Muskelanspannung löst, ist eine der besten Methoden zur Entspannung, da du dabei gleichzeitig geistig wachsam und klar bleibst.

43. Affirmation der Absicht *

Affirmationen sind Aussagen, die du über Wünsche und Absichten machst, die du hast. Wenn sie mit genug Kraft, Absicht, Gefühl, Vorfreude, Erwartung und Glauben belegt sind, verwirklichen sie sich. Ihr Einfluss kann sehr stark sein. Wenn sie dagegen mit Wunschdenken, Angst und Zweifel belegt sind, verwirklichen sie sich nicht. Affirmationen sind stets so auszusprechen, als wäre etwas bereits so (also nicht „Ich wünsche", „Ich will" „Ich brauche" „Ich werde", sondern „Ich bin", „Ich habe" etc.), nicht als Wunsch oder Vorsatz, sondern als bereits getroffene *Entscheidung*. Deine Affirmation ist auch nicht als eine Bitte auszusprechen, sondern sozusagen als Befehl. Deine Affirmation ist nicht zwanghaft, kontrolliert, humorlos auszusprechen, sondern locker, heiter, als wäre es die gewöhnlichste Sache der Welt. Es genügt, wenn du sie ein einziges Mal mit fester Absicht aussprichst. Mache dir vorher kurz Gedanken über die Bedeutung der Affirmation und spreche sie dann aus. Wenn du möchtest, kannst du sie im Laufe der Tage ein paar Mal aussprechen. Ein Beispiel für eine Affirmation die ich gerne benutze: „Ich erlebe auf wundersame Weise heute einen luziden Traum"

44. Dankbarkeit *
Danke heute einige Male leise deinem Schöpfer, der höheren Quelle oder was auch immer für dich das Allerhöchste darstellt, dass dir Eintritt in das Reich des Klarträumens gewährt wird. Sende dabei das *Gefühl* der Dankbarkeit aus.

45. Sich des Moments, in dem man einschläft, bewusst werden *
Kannst du dir vorstellen, dir darüber bewusst zu sein, dass du gerade einschläfst? Diese Übung ist nicht sehr oft zu machen, da wir den Schlafrhythmus nicht allzu sehr stören wollen. Aber übe ab und zu damit, genau den Punkt zu erkennen, wo du einschläfst. Was geschieht da?
Die Kunst hier ist es, wach zu bleiben, während zur selben Zeit alles andere einschläft. Der Zustand zwischen Wachen und Schlafen, dieser kurze Moment, ist die Pforte zu einer sehr interessanten Erfahrung.

46. Ultrawelt Meditation *
In dieser Meditation beabsichtigst du, deine Vorstellungskraft und Aufmerksamkeit auf ein Maximum auszudehnen. Hier meditierst du über Vorstellungsbilder, Ideen, Eindrücke, Bilder, Landschaften, Orte, Wesen und Dinge, die in der, „Ultrawelt", wie ich sie nenne, liegen. Dies sind Dinge,
die nur schwer vorstellbar sind
die „unvorstellbar" sind
die wenig irdisch erscheinen
die sehr intensiv, andersartig oder faszinierend sind
absolut fantastische Visionen sind
überweltliche Assoziationen sind (Dinge verbinden oder in einen Bezug zueinander setzen, die eigentlich keinen Bezug zueinander haben).
Du arbeitest in dieser Meditation sozusagen als Science-Fiction-/Fantasy-Autor, der sich Dinge ausmalt, die bisher nicht publiziert oder verfilmt wurden. Die besten Science-Fiction- bzw. Fantasy-Geschichten und Märchen erscheinen dagegen wie langweilige 0815-Werke. Indem du bereits mit der Fantasie *Seltsamkeiten* berührst, verbindest du dich mit der Traumebene, deren hervorstechende Eigenschaft *Seltsamkeit ist*.

47. Gedanken kopieren **
Dies ist eine exzellente Meditation zur Beruhigung des Gedankenflusses. Ich persönlich praktiziere sie schon mein ganzes Leben. Ein ruhiger Geist ist nicht nur für das luzide

Träumen hilfreich, sondern für Hunderte anderer Dinge, die das Leben lebenswert machen. Um beispielsweise überhaupt viele der Übungen dieses Buches zu machen, bedarf es eines entspannten, klaren Geistes oder eines beruhigten Gedankenflusses. Andersherum haben die meisten hier dargestellten Übungen zum Nebeneffekt, dass sie den Verstand beruhigen, wovon die nachfolgende eine ganz besondere ist. Anleitung: Kopiere jeden Gedanken, der auftaucht! Dies bedeutet, dass du lediglich jeden Gedanken, den du bemerkst, *absichtlich noch einmal denkst.*

Beispiel: Jetzt mache ich diese Übung... Jetzt mache ich diese Übung... Na ja... Na ja... Rote Trikots der Fußballmannschaft... Rote Trikots der Fußballmannschaft... Ob Stefanie noch sauer ist?... Ob Stefanie noch sauer ist?... .Eigenartige Übung... Eigenartige Übung... Nun habe ich keine Gedanken mehr... Nun habe ich keine Gedanken mehr... Das war auch ein Gedanke... das war auch ein Gedanke... Wofür brauche ich eine AOL Card?... Wofür brauche ich eine AOL Card?... Hmm... Hmm... Vielleicht sollte ich mir einen Luzidtraum visualisieren... Vielleicht sollte ich mir einen Luzidtraum visualisieren... Stimme meines Vaters... Stimme meines Vaters...

Du kopierst lediglich ALLES, was auftaucht, so wie es auftauchte und in welcher Dimension auch immer (als Bild, Stimme, Gefühl, Eindruck, Vorstellung, Idee oder sonst etwas).

48. Atem-Affirmation *

Diese Übung kann unmittelbar zu einem Erfolg führen und darf einige Male in Zeitabständen, wiederholt werden.

Sprich die folgende Affirmation mit Entschlossenheit und Absicht aus (nicht zögern, nicht nuscheln, sondern mit kraftvoller, heiterer und absichtsvoller Stimme in die Welt hinein) „Ich erfahre JETZT einen luziden Traum".

Nach dem Aussprechen machst du einen langsamen, sanften und sehr tiefen Atemzug in die Bauchregion bis unter den Bauchnabel. Wenn du möchtest, halte den Atem kurz an. Dann atme noch langsamer wieder aus.

Wiederhole dies zehn Mal hintereinander. Nach zehnmaligem Aussprechen und Atmen legst du dich unverzüglich hin, und zwar so, dass Beine und Arme weder einander noch den Körper berühren, und verweilst regungslos.

49. Gehirn-Synchronisations-Töne *

Eine in den USA bekannte Vorgehensweise, um luzide Träume zu induzieren, ist die so genannte *Synchronicity Music.* Sie wird normalerweise für Meditationen und Veränderungen der Wahrnehmung benutzt, da sie „dich meditiert", indem sie die Gehirnströme verändert. Es gibt auf diesem Gebiet viele Anbieter, darunter Master Charles und das „Synchronicity Programm", Robert Monroe mit „Hemisync", Michael Hutchinson mit „Mega Brain."

Das qualitativ hochwertigste Programm, das mir bekannt ist, heißt „Holosync Technology" und wird von einem Bill Harris Research Institute angeboten. Die CDs sind zwar sehr teuer (da sie im Rahmen eines „Programms" verkauft werden) aber ich selbst habe bei deren Verwendung mehrmals luzide Träume und sogar außerkörperliche Erfahrungen gemacht. Informieren kannst du dich, indem du in eine Internet-Suchmaschine Stichworte wie „Synchronicity" oder „Hemi-Sync" eingibst, oder bei www.centerpointe.com nachsiehst.

50. Orte wo du nicht bist und nie warst

Richte die Fantasie oder die Aufmerksamkeit auf Orte, wo du nicht bist und nie warst, und verweile dort wenige Sekunden, ehe du zu einem nächsten Ort gehst.

Hier ist es wichtig, dass du mit deiner vollen Aufmerksamkeit und deinem ganzen Gefühl dort verweilst, aber schon nach ein paar Sekunden abbrichst und dich an einen neuen unbekannten Ort versetzt. Dieser schnelle Wechsel der Aufmerksamkeit auf Orte weit außerhalb deiner gewöhnlichen Erfahrung kann während des Einschlafens luzide Träume hervorrufen.

51. Der Logik-Test **

Der Logik Test ist sowohl für Anfänger als auch für fortgeschrittene Klarträumer hilfreich. Während eines Traumes benutzt, enthüllt er, dass du vielleicht nicht immer ganz so bewusst bist, wie du es dir einbildest. Der Logik-Test hilft dir, dich während eines Traumes oder vor dem Einschlafen in einen luziden Traumzustand zu katapultieren. Die Fragen des Logik-Tests können zum Beispiel sein:

Wie heiße ich?

Welches Datum haben wir?

Was ist meine Telefonnummer?

Was ist 5x5?

Hier eine empfohlene Prozedur dazu: Stelle dir im Wachzustand, im Bett liegend diese 4 Fragen ein paar Mal um sie im Gedächtnis zu verankern. Stelle dir diese Fragen noch mal während dein Körper schwer wird, du beginnst einzuschlafen und allmählich das Bewusstsein zu verlieren. Dann, nenne die Absicht, dir diese Fragen noch mal im Traum zu stellen. Nehme dir von ganzem Herzen vor, dich im Traum an diese Aufgabe zu erinnern. Wenn du dich im Traum erinnerst, dann stelle dir den Logik-Test. Der Logik-Test funktioniert und ist vor allem dann hilfreich, wenn du dich in einem halbluziden Zustand befindest und diese Luzidität verstärken möchtest. Entgegen weit verbreiteter Meinung ist das luzide Träumen nicht nur eine Domäne des kreativeren Teils von dir. Dein rationaler Verstand ist genauso wichtig. Schreibe dir am Morgen die Ergebnisse auf. Wenn nichts passiert ist, wiederhole, bis etwas passiert.

52. Entspannung im Traum *

Das Zentrieren und Entspannen ist nicht nur vor dem Schlafen hilfreich, sondern kann dir auch mitten im Traum zu stärkerer Klarheit verhelfen. Vielleicht benutzt du während des Traumes Atem- oder Meditationstechniken, die du bereits im Alltag benutzt oder hältst inne und verschaffst dir erst mal einen Überblick über deine Traumlandschaft und Situation. Einige Träumer berichten auch, dass es sich zentrierend, stabilisierend und beruhigend auswirkt, nach irgendetwas im Traum zu greifen und festzuhalten (eine Hand, ein Objekt, etc.)

53. Erforschung des Traumkörpers

Die „Erforschung des Traumkörpers" eignet sich für Leute, die bereits klarträumen, aber ihre Fähigkeit stabiler und häufiger gestalten wollen. Die Existenz oder Erschaffung eines Traumkörpers kann dich in der Traumrealität flexibler und sicherer machen. Der Traumkörper kann als „Modell, wie man sich selbst sieht", betrachtet werden. Er wird durch Gedanken erschaffen, reagiert auf das, was du über ihn denkst. Ich benutze manchmal einen Traumkörper als Fahrzeug, um leichter von hier nach da zu kommen. Ansonsten bin ich nur irgendein diffuser Bewusstseinspunkt ohne definierte Abgrenzungen. Eine Prozedur, wie du dir deines Traumkörpers bewusst werden kannst oder ihn erschaffen kannst: Während du im Klartraum bist, nimmst du dir vor, dein Gesicht zu berühren, deine Traumhände anzusehen und dich zu fühlen. Ziehe an deiner Nase, drücke die Wange, strecke die Finger aus. Untersuche diesen Körper spielerisch. Wie siehst du aus? Wie möchtest du aussehen? Hast du einen Tastsinn? Hat dein Traumkörper Beschaffenheit und Form? Kannst du diesen Körper verändern? Da dein Körper im Klartraum unzerstörbar ist, kannst du alles damit tun, was du willst. Habe Spaß an deiner Traum-Unsterblichkeit.

54. Weitere Traumzeichen
Hier eine Liste von Traumzeichen. Allein deren Erkennung während des Traumes kann Luzidität verursachen.

Neue Orte

Neue Gesichter

Frustrierende und unlösbare Aufgaben

Alles was anders, unerwartet und seltsam ist

Unbeständiger Zeit- und Ortsablauf

Beispiele:

Du lebst plötzlich nicht mehr allein.

Du lebst in einem neuen Haus.

Du hast einen anderen Beruf.

Du bist wieder in der Schule.

Du triffst Leute aus der Vergangenheit.

Du triffst Leute, die nicht in deiner Nachbarschaft wohnen.

Paranormale Aktivitäten finden statt.

Bedrohliche Situationen finden statt: Gefahr, Flucht, Kampf.

Besondere Reisestrapazen (sich verirrt haben, Fortbewegungsprobleme).

Du siehst anders aus.

Du kannst den Körper nicht mehr kontrollieren.

Überraschende sexuelle Aktivität.

Oftmals verlieren wir uns in einer Traumszenerie, ähnlich wie wir uns in ein gutes Buch oder einem Film verlieren. Da wir auch noch daran teilnehmen, ist es leicht zu vergessen, dass wir träumen. Eine etwas weniger emotionale und weniger anhaftende Haltung gegenüber positiven oder negativen Erlebnissen wird dir helfen, luzide zu werden. Deshalb eignet es sich, gerade in emotionalen, irrationalen oder unruhigen Momenten des Alltags, einen „Realitätscheck" durchzuführen. „Wach ich oder träum ich?" Diese Gewohnheit wird sich auf die Traumebene übertragen.

55. Bewusst aufwachen und wieder schlafen gehen
Hier ist eine Technik, auf die viele Oneironauten in Internet Newsgroups schwören. Der Ablauf funktioniert wie folgt: 1. Schlafe etwa 6 Stunden. 2. Wache auf. 3. Bleibe etwa eine Stunde außerhalb deines Bettes wach und tue irgendetwas. 4. Gehe zurück ins Bett und benutze eine beliebige Traumtechnik. Schlafe wieder ein.

56. Wie bin ich hier her gekommen? **
Nachdem sich dein Unterbewusstsein an die kritische Frage „Wach ich oder träum ich?" gewöhnt hat, kann es für manche passieren, dass das Unterbewusstsein nicht mehr darauf

reinfällt. Dann wird es Zeit für eine neue kritische Frage, und schon geht die Reise weiter. Eine sehr gute Frage lautet: „Wie bin ich hergekommen?" Oder „Wo war ich vorher?" Traumlandschaften neigen dazu, ohne Hinweg von einem Ort zum nächsten zu springen. Stelle dir diese Frage also tagsüber ein paar mal, und gehe geistig die Schritte durch, die dich zu dem Ort geführt haben, an dem du jetzt bist. Gewöhne ein paar Tage lang dein Bewusstsein daran, die Schritte nachzuvollziehen. Im Traum ist diese Nachvollziehbarkeit nicht vorhanden. Stellst du also hier dieselbe Frage, wirst du luzide.

57. Die Partner-Übung
Bei dieser Technik hast du einen Partner, der wach ist, während du schläfst. Im Verlauf deines Schlafes weckt dich dieser Partner durch Berührung *sanft*, und erinnert dich daran, dass du nur träumst. Einigt euch darauf, wie oft und auf welche Weise du geweckt werden sollst.

58. Dem Körper Liebe geben. *
Gib dir selbst vor dem Einschlafen eine Kopfmassage. Dann eine Gesichtsmassage. Dann reibe, streiche oder massiere mit deinen Händen über Bauch und Brust und alle anderen Regionen, die du bequem mit den Händen erreichst. Diese Art von Aufmerksamkeit dem eigenen Körper gegenüber führt zu einer Steigerung des Wohlbefindens und der Energie. Eine Vorraussetzung für das luzide Träumen ist es, genug Energie zum luzide Träumen zu haben

Auf die in diesem Kapitel enthaltenen Techniken kannst du immer wieder zurückkommen. Auch wenn dieses Buch schon seit Jahren in deinem Bücherregal steht, lohnt sich immer wieder mal ein Blick in dieses Kapitel. Du wirst sicherlich Dinge entdecken, die du beim ersten Durchlesen nicht so stark bemerkt hast. Wenn du nie oder selten Klarträume hast, helfen sie dir beim Einstieg. Wenn du bereits Oneironaut bist, helfen sie dir, deine Erfahrungen zu vertiefen. Es sind dies Basis-Techniken. Darüber hinaus gibt es noch spezielle Techniken zu den jeweiligen Traumarten, die du im Verlaufe des Buches kennen lernen wirst.

9. Parallelwelten Traum

Eine gute Bekannte von mir, die ich hier Penny nenne berichtete mir von einer intensiven Traumserie, in der sie in verschiedene Versionen ihrer Heimatstadt San Fransisco eintauchte. Zu jener Zeit wohnte sie dort und hatte über eine Phase von ganzen 4 Wochen (!) fast jede Nacht Träume, in denen ihr verschiedene Variationen ein und derselben Stadt präsentiert wurden. Anfänglich ging sie davon aus, dass es sich lediglich um Träume über San Fransisco handelte, vermischt mit den gewohnten Traumseltsamkeiten. Allmählich leuchtete ihr jedoch ein, dass sie sich in Parallelwelten befand - Welten, in denen der zeitgeschichtliche Verlauf der Stadt ein anderer als der ihr bekannte war.

In der unheimlichsten Version befand sie sich in einem San Fransisco, dessen Straßen, Gebäude und Infrastruktur völlig verwahrlost und heruntergekommen waren. Aufgrund eines halbluziden Zustandes wollte sie sich dort trotzdem ein wenig umschauen, aber verwildert und aggressiv aussehende Katzen und Hunde griffen sie an, jagten sie wieder nach Hause. Zuhause angekommen, sah sie aus dem Fenster auf diese düstere, seltsam schwermütige Stadt. In der Ferne Explosionen. Straßenbanden, die umherzogen. Der Himmel war von chemisch-aussehenden dunkelorangen Wolken bedeckt. Gewisse Merkmale dieser Stadt (Gebäude, Straßen, das Meer) wiesen diese Stadt durchaus als San Fransisco aus, aber sie war in einer Parallelwelt gelandet, in der es dieser Stadt nicht allzu gut ging.

In einer Folgenacht spazierte sie wieder durch San Fransisco, aber es schien zunächst eher die Stadt zu sein, die sie kannte. Ihr war nicht bewusst, dass sie sich in einem Traum befand, und sie beschloss, ein wenig einkaufen zu gehen. Das Problem tauchte auf, als man ihre Kreditkarte nicht akzeptieren wollte. Die Verkäuferin: „Und was ist das?". Evelyne erwiderte: „Ich möchte zahlen". Die Verkäuferin: „Manchen Sie Witze? Sie können damit nicht zahlen". Da Penny nur diese Kreditkarte dabei hatte, entfernte sie sich von der Kasse, um andere beim Zahlen zu beobachten. Andere Kunden zahlten weder mit Bargeld noch Kreditkarte, sondern legten ihren Daumen auf eine Glasfläche. Deren Daumenabdruck wurde gescannt und als Zahlungsmittel akzeptiert. Ein paar Momente kämpfte sie damit, zu verstehen, was hier eigentlich los war. Hatte sie irgendetwas verpasst? Hatte sie versäumt, darüber in der Zeitung zu lesen? Aber sie erkannte schon bald, dass sie sich doch wieder in einem Traum befindet. Man könnte es als „Zukunftstraum" sehen, aber Penny zufolge sah sie es weniger als Zukunft sondern vielmehr als weitere Parallelwelt, in der alles in der Stadt fast genauso war, wie sie es kannte. Nur ein paar interessante Kleinigkeiten waren anders, zum Beispiel die Zahlungsmethoden. Sie war nun inspiriert und fasziniert davon, herauszufinden, welche Unterschiede zu ihrer Welt sie noch finden konnte. So lief sie umher, aber fast alles schien wirklich genauso zu sein, wie sie es kannte. Glaubt man ihren Ausführungen, gab es in ihrem Traum weder Verzerrungen, offensichtliche Seltsamkeiten noch plötzliche Orts-Verschiebungen, wie es in gewöhnlichen Träumen und auch Luzidträumen oft der Fall ist. Und diese „Normalität" ist durchaus als Seltsamkeit festzuhalten: Dieser Ort erschien ihr als sehr stabil und die Leute dort als sehr real. Auf der Suche nach Bestätigung dafür, dass dies nicht ihre Stadt sondern eine Parallelwelt war, fand sie etwas, das gut zu einem klischeehaften Science-Fiction Film passen würde: Auf irgendeinem Bildschirm sprach der Präsident der USA, aber es war kein Präsident, den sie kannte. Das Datum war zwar am unteren Rand des Bildschirmes zu erkennen, aber sie konnte sich nicht daran erinnern, welches es war. Es würde mich nicht wundern, wenn das Datum mit der Zeit übereinstimmte, in der sie den Traum hatte.

5 weitere Erlebnisse mit Parallelrealitäten von San Fransisco folgten, aber das schönste war folgendes: Sie befand sich in einer Stadt, in der scheinbar die Hippie und Flower-Power Revolution der 60er Jahre einen anderen Weg gegangen war und sich mit moderner Kultur und wirtschaftlichem Erfolg vermischt hatte. San Fransisco hatte schon immer größere Tendenzen zur Hippie-Kultur gehabt, aber hier blühte das ganze Drumherum immer noch. Die Gebäude waren kreativ bemalt, sogar die Golden Gate Bridge war bunt. In der ganzen Stadt wuchs Grün. Sie erkannte einige ältere Gebäude ihrer Stadt, aber die neuen wurden nicht eckig sondern rundlich gebaut. Sie unterhielt sich hier mit anderen Leuten, was nicht weiter schwer war, da fast jeder sie begrüßte. Kontaktfreude schien hier der Lebensstil zu sein.

Auch ich hatte Träume, in denen ich mich auf Parallelen Zeitlinien befand, jedoch nie so exakt und strukturiert wie Penny Bei mir wie auch bei Evelyne war der Zugang zu diesen Ebenen rein „zufällig". Mir ist keine spezielle Technik bekannt, die das Parellelweltenreisen fördert, aber ich könnte mir die folgende Visualisation vor dem Schlafengehen als hilfreich vorstellen:

Wähle einen Ort, von dem du gerne eine Parallelweltversion erleben möchtest (Stadt, Land, Planet).

Erinnere dich an ein großes Ereignis (positiv oder negativ), das in deiner Zeitlinie hier stattfand. Wie entwickelten sich die Dinge aufgrund und seit diesem Ereignis?

Stelle dir vor, dieses Ereignis wäre nicht passiert. Wie hätten sich die Dinge stattdessen vermutlich entwickelt? Oder: Stelle dir vor, ein anderes damals wahrscheinliches Ereignis wäre passiert. Wie hätten sich die Dinge dann entwickelt?

Fokussiere die neue Version dieser Welt und schlafe ein.

Schlussbemerkung: Falls du als Leser zusätzliche Informationen und Hinweise zu diesem Thema hast, würde ich mich über Zuschriften freuen.

10. Die hypnagoge Schwelle

Zwei Wege zu einem Luzidtraum: In den Traum hinein einschlafen oder während des Traumes luzide werden. Wenn du die Methode benutzt, gleich von vorneherein luzide einzuschlafen, wirst du es mit dem zu tun bekommen, was ich „hypnagoge Schwelle" nenne. Die hypnagoge Schwelle ist gleichzeitig Hilfe und Hindernis zu den Klartraumregionen. Normalerweise verläuft die Einschlafprozedur so, dass wir im Bett liegen und uns im Wachbewusstsein befinden (Phase 1). Während wir Einschlafen produziert der Körper Müdigkeits-induzierende Chemikalien und unser Geist produziert Schlaf-induzierende „hypnagoge Bilder", wie sie in der Fachsprache der Schlaf- und Traumforschung genannt werden (Phase 2). Selten bewusst ist uns der Übergang zum Schlaf oder Traum an sich (Phase 3). Das Nächste, das uns bewusst wird, ist das Aufwachen (Phase 4).

Uns interessiert in diesem Kapitel ganz besonders, was eigentlich in Phase 2 passiert, und wie wir diese Einschlafphase dazu benutzen können, luzide Träume zu erschaffen. Die hypnagoge Phase brauchen wir einerseits, um überhaupt einzuschlafen, und andererseits hindert sie uns an der Luzidität und Bewusstbleibung. Der luzide Träumer sucht den Mittelweg: Er lässt die einschläfernden, unkontrollierten und müde machenden Eindrücke zu, lässt sich aber nicht vollkommen von ihnen überrollen. Ein Teil von ihm bleibt stets bewusst und beobachtend. Erst wenn es keinen Beobachter mehr gibt, wurde der Einschlafende von der hypnagogie eingelullt. Manchmal ist das Bewusstbleiben leichter gesagt als getan. „Unbewusst werden" empfinden wir nämlich als „Entspannung und Loslassen". Wenn wir gebeten werden, „bewusst zu bleiben", erwidert etwas in uns manchmal: „Och, ich möchte einfach mal abschalten und mich fallen lassen". Wie oft habe ich schon da gelegen und hatte mir fest vorgenommen, bewusst zu bleiben, nur um mich plötzlich am nächsten Morgen wieder zu finden und nicht die geringste Ahnung zu haben, was in der Nacht zuvor passiert war oder warum ich unbewusst eingeschlafen war. Während du beginnst einzuschlafen, schaltet sich der Geist allmählich vom Wachzustandsmuster (Beta) zu einem Entspannungsmuster (Alpha) in ein Schlafmuster (Theta). Die „Gehirnfrequenzen" verändern sich. Gehen diese „zu weit" nach unten, befindest du dich im „Delta-Zustand", der Tiefschlaf in dem wir meist überhaupt keine Träume haben. Luzidträumen findet im „Theta-Zustand" statt. Wenn du dir jedoch bewusst bist und das Träumen auch in Delta aufrecht erhältst, wirst du, nebenbei bemerkt, einige überraschende Klartraumerlebnisse haben. Delta ist die Ebene von Nahtodeserfahrungen, Astralebenen und den tiefsten Schichten des Unbewussten.

Man schläft also für gewöhnlich einfach ein und ist bereits unbewusst, bevor man sich überhaupt gefragt hat, was passiert ist. Deine Unbewusstheit beginnt schon damit, dass du dir nicht bewusst bist, wann genau du unbewusst wirst. Die verborgenen Faktoren der hypnagogen Phase enthüllen sich in dem Maße, in dem ein Teil von dir unbewusst wird und ein anderer Teil von dir im Verlauf dieser Wahrnehmungsverschiebungen wach bleiben kann.

Inzwischen habe ich gelernt, während der Einschlafphase willentlich bewusst zu bleiben (wenn ich das möchte) und exakte Beobachtungen über die kuriosen inneren Vorgänge zu machen. Das Resultat dieser Beobachtung sind neue Erkenntnisse und natürlich Luzidität. Das Erste, was in der hypnagogen Phase passiert, ist, dass sich die Sinne (Sehen, Hören,

Fühlen, Schmecken, Riechen) nach innen richten, *invertieren.* So haben diese Sinne ein Äquivalent, einen entsprechenden Sinn im hypnagogen Bereich und ein weiteres Äquivalent im Traumbereich. Es gibt das Sehen des Wachbewusstseins, das Sehen des hypnagogen-Bewusstseins und das Sehen des Traumbewusstseins, die sich alle durch spezifizierbare Merkmale unterscheiden. Die hypnagoge Phase (Einschlafphase) ist recht vage, unstrukturiert und chaotisch, ähnlich eines unbewussten Traumes, wohingegen der Klartraum glasklar, realitätsintensiv und höchst angenehm ist. Verwechsle die hypnagogen Bilder des Einschlafens nicht mit der Echtheit luzider Träume. Während sich also unsere Sinne „nach innen kehren", beginnen wir, Sehen, Hören, Fühlen und andere Wahrnehmungsmuster aus unserer Wachrealität in dieser nicht-physischen Realität zu replizieren. In dieser Phase wach zu bleiben bedeutet, durch die hypnagoge Phase hindurchzugehen und eventuell auch diverse psychologische Barrieren zu durchschreiten, die wir Aufgrund unserer Unbewusstheit normalerweise gar nicht bemerken.

Hypnagoge Bilder: Diese aufblitzenden „Flashs" oder Gedankenfetzen sind der Auftakt der Innenausrichtung deines Sehsinnes. Zunächst ist da nur die schwarze Leere deines „REM Bildschirms", dann tauchen visuelle „Stimuli" auf, vielleicht zunächst als farbige, nadelgroße, oft gelbe Pünktchen. Kommt dir das bekannt vor? Für viele ist es schon so gewohnt, dass sie es gar nicht mehr wahrnehmen. Bei genauerer Untersuchung ist dies jedoch genau das, was man hier wahrnimmt. Je tiefer man in diese Phase hinab gleitet, desto mehr beginnt der Geist auf „Automatik" zu schalten, umherzuwandern und diverse zusammenhanglose Bilder und Farbmuster zu produzieren, so als würde er irgendwelchen Verarbeitungsmechanismen folgen. Wer mal bewusst darauf achtet, wird ein interessantes Schauspiel miterleben. Die zunächst vagen, vernebelten Eindrücke gewinnen zusehends an Intensität und Realismus. Hast du zuvor ein Videospiel gespielt oder Fernsehen geschaut, kann es sein, dass jene Eindrücke sofort präsent sind, sobald du die Augen schließt. Dann bestehen die Bilder deiner hypnagogen Phase eben aus Filmcharaktere oder herumrennenden Figürchen des Videospiels. Je länger deine Aufmerksamkeit nach innen gerichtet ist, und je länger diese Phase andauert, desto realer erscheinen die Bilder. Die Inversion der Sinne nimmt immer mehr Gestalt an. Je realer sie dir erscheinen, desto mehr näherst du dich dem Traumzustand. Die meisten von uns sind bis dahin jedoch längst eingeschlafen. Sie bleiben nicht bewusst, sondern lassen sich vom Schauspiel (oder der Abwesenheit davon) hypnotisieren. Für die wenigen, die tatsächlich „ohne Vollnarkose" einschlafen, also hier noch bewusst Mitbeobachten, beginnt sich Faszinierendes zu eröffnen: Die Bilder gewinnen an Tiefe und Dimension. Aus statischen, vernebelten und irrealen Eindrücken, werden fließende Bewegungen und Formen. Hier und da huschen vielleicht geisterartige Gestalten an dir vorbei. Vielleicht formt sich eine Straße... und nur ein paar Augenblicke später befindest du dich im Traum auf dieser Straße. Dieser Übergangsbereich von Phase 2 zu 3 ist hoch interessant. Du befindest dich hier an der Schwelle zu einem Traum und hast die Chance eines Luzidtraumes. Der Übergang vom hypnagogen Zustand zu intensiveren Bildern ist durchaus normal und nötig für den Zugang zur Traumwelt. Was hier aber manche noch nicht erfahrene Traumarbeiter machen, ist zu erschrecken, sich zu verschließen und damit in Unbewusstheit zu fallen oder aufzuwachen. Habe keine Angst vor echt aussehenden dreidimensionalen Szenarien. Das ist doch genau das, worauf du gewartet hast. Das ist das, was man macht, wenn man in einen Klartraum hinein einschläft. Anstatt also zu erschrecken, „Hey! Das ist ja realer als real!!!!", entspanne dich und gleite hinein. Jetzt, wo du darüber gelesen hast, bist du darauf eingestellt und wirst vermutlich weniger erschrocken darauf reagieren.

Hypnagoge Töne: Vielleicht erinnerst du dich daran mit einem Ohrwurm eingeschlafen zu sein und während du schläfriger geworden bist, ist das Lied plötzlich von ganz allein lauter geworden. Was ist hier los? Hat mein Nachbar die Stereoanlage aufgedreht? Nein. Das ist einfach das, was passiert, wenn sich der Hörsinn nach innen richtet. Dies geschieht langsam, Stück für Stück. Von der Totenstille des Verstandes zum ersten Aufflackern verbaler Gedanken und vager Stimmen. Manchmal bilden wir uns ein, eine Stimme draußen oder beim Nachbarn vernommen zu haben, aber das sind oft unsere eigenen hypnagogen Töne. Wie bei den Bildern trägt dieser langsame Prozess uns ebenfalls direkt in den luziden Traum, sofern wir bewusst bleiben. Was vielleicht als leises Flüstern beginnt, kann sich zu einem lauten Knall oder einem ganzen Orchester entwickeln. Manche bemerken, wie ihr Denken zu diesem Ton wird oder wie sie mit ihrem Denken diesen Ton selbst erschaffen können (selbst im Geist Musik zu machen funktioniert übrigens ziemlich gut für das Induzieren luzider Träume). Erschrecken und Ängste vor lauten, plötzlichen Tönen können auch hier verursachen, dass wir das Geschehen von uns weisen und entweder aufwachen oder ganz einschlafen. Da wir es nicht gewohnt sind, laute, klare Töne im „inneren Universum" zu hören, verschließen wir uns vor der Erfahrung. Und das ist nur eines von vielen Beispielen, bei denen wir die Türen zur Erfahrung des Luzidtraumes zu machen. Wenn du Musik, Stimmen, ploppende Geräusche, Klopfen, Hupen oder sogar Explosionen hörst, erschrecke nicht, sondern bleibe dir gewahr, dass dies „dazugehört". Wenn es sich um besonders überraschende oder laute Töne handelt, befindest du dich nicht mehr in der anfänglichen hypnagogen Phase, sondern im bereits fortgeschrittenen Stadium der „Phase 2", an der Schwelle zur Traumwelt. In diesem Stadium fließen Töne direkt aus dem Traumbewusstsein oder der „Phase 3" in die „Phase 2" hinein. Du kannst sie als Sprungbrett nutzen, als Wellen Reiten, um dahin zu kommen, wohin du hinkommen willst.

Hypnagoges Fühlen: Von der Wachrealität aus beginnt sich unser Tast- und Fühlsinn in die magische Welt der Träume nach innen zu richten. Unser gesamter Körper ist an diesem Prozess beteiligt. Hypnagoge Tast- und Fühlsinne haben einen Realismus, der sich kaum von denen in der Wachrealität unterscheidet. Vielleicht hängt dies damit zusammen, dass visuelle und auditive Sinne mehr dem Intellekt oder Verstand zugehörig sind, dessen Aktivität beim Schlafen eingeschränkter ist, als die des Körpers. Ich weiß es nicht. Die Empfindungen sind selten schmerzhaft, sie sind jedoch oftmals elektrisch. Ein Vibrieren, eine Taubheit, Juckreize, „elektrisches Kitzeln" sind alles weit verbreitete Indikatoren für diese Phase der Hypnagogie. Während du in den Traum hinab gleitest, Formen genau diese Faktoren den luziden Traum. Das meine ich, wenn ich sage, dass der hypnagoge Zustand einerseits ein Hindernis andererseits ein Tor zum Klartraum ist. Ein Hindernis, weil es dich einschläfert und unbewusst macht, eine Hilfe, weil es die Vorstufe zum Klartraum ist. Ein Hindernis, weil der Übergang manchmal wie ein Schock daherkommt, eine Chance, weil dieser Schock, wenn du ihm entspannt begegnest, dich in einen superluziden Traum katapultieren kann. Die elektrische Vibrationsenergie kann sich manchmal ins Unglaubliche steigern. Manchmal fühle ich mich, als würde ich von 1000 Volt Energie elektrisiert, wenn auch die Energie harmlos ist. Aber ich genieße es. Manchmal schüttelt sich mein Körper. Aber ich betrachte es mit Faszination. Manchmal tritt eine Schlafparalyse ein (die Muskeln sind eingeschlafen und man kann sich nicht mehr bewegen). Aber ich reagiere nicht mit Panik darauf.

Hypnagoger Geschmack und Geruch: Auch diese Sinne können sich nach innen richten, auch diese Sinne haben ein Äquivalent in der mentalen Welt und in der Traumwelt, treten jedoch seltener auf. So seltsam es klingt, man kann manchmal „Bilder schmecken", „Musik riechen", „Töne sehen", „Bilder hören", was eine durchaus freudige Vermischung von Sinnesreizen sein kann.

Als „Schritt-für-Schritt" Trainingsprozedur zum „Umgang" mit der hypnagogen Phase wäre z.B. der folgende Verlauf empfehlenswert: In der Anfangsphase deines Trainings wäre es erlaubt, auf ganz normale Weise einzuschlafen. In einer zweiten Phase wäre die Hingabe an die Müdigkeit ebenfalls erlaubt, aber inzwischen beobachtest du die Vorgänge bewusster. In der dritten Phase würdest du beginnen, dich zu disziplinieren, indem du körperlich aber nicht geistig einschläfst. Hier müsstest du einerseits den hypnagogen Vorgängen erlauben, die Prozesse zu übernehmen, aber nicht so sehr, dass du dabei einschläfst. Dies ist eine Gratwanderung zwischen Kontrolle und „passieren lassen". Benutze beispielsweise die Sinneskonzentration (dich auf ein Bild, einen Ton, ein Geruch oder ein Gefühl konzentrieren) um ein wenig bewusst zu bleiben. Das, was du bewusst tust, hilft dir, bewusst zu bleiben. Sobald diese Sinneskonzentrationen von alleine, ohne dein bewusstes Zutun, stärker werden, stehst du direkt an der Schwelle zu einem intensiven Luzidtraum. Herzlichen Glückwunsch. Hier kann ein plötzlicher Umschwung deines Energiezustandes erfolgen. Wie schon gesagt: Lass dich davon nicht wieder in die Unbewusstheit „hineinschockieren", sondern genieße. Vor den bewusst induzierten Luzidtraum und AK-Erfahrungen, die ich hatte, waren dies unglaublich energetische Verschiebungen. Solche elektrischen Schwingungen und Körperzucken werden mit der Zeit sanfter. Für manche kann das „hypnagoge-Surfen" oder der Weg zum Klartraum über das Einschlafen eine harte Fahrt zum Erfolg sein. Hier helfen die Dinge, die auch in allen anderen Bereichen des Lebens helfen: Liebe. Entspannung. Achtsamkeit. In extremsten Situationen kann es passieren, dass du die so genannte „Schlafparalyse" (dein Körper wird starr, du kannst ihn nicht mehr bewegen) oder unerklärliche Druckempfindungen spürst. (Das Thema „Paralyse" wird im Kapitel „Schlafprobleme" näher besprochen). Auch hier gilt: Keine Panik. Dies weist lediglich darauf hin, dass dein Körper bereits sehr fest eingeschlafen ist. Kontrolliere hier weder die Atmung noch Augenbewegungen oder sonstige Vorgänge, sondern überlasse sie den Automatismen. Indem du jetzt Panik bekommst oder versuchst, übermäßige Kontrolle auszuüben, hältst du dich zu wach, um zu Träumen. Wenn es jedoch alles zu unheimlich oder anstrengend wird oder du „zu sehr versuchst", dann brich am besten einfach alles ab und genieße deine Nachtruhe. Ich habe noch nie davon gehört, dass jemand einen Luzidtraum erzwingen wollte und damit Erfolg hatte.

11. Der Heilungstraum

Die Heilung von geistigen und körperlichen Leiden im Schlaf, von denen manche Traumarbeiter berichten, haben vielleicht etwas mit dem Träumen, und sehr wahrscheinlich mit einem der folgenden natürlichen Phänomene zu tun:

Glaubenskraft (medizinisch: „Der Placebo-Effekt") - Die Selbstheilungskräfte des Körpers

Es ist in der Wissenschaft kein Geheimnis mehr, dass die *Mehrheit* der Heilungserfolge von Medikamenten, Therapien und Selbsthilfekursen nicht auf diese Dinge *an sich* zurückzuführen sind, sondern auf die Hoffnung und den Glauben, den ein Patient mit diesen Dingen assoziiert. Die medizinischen und psychologischen Rituale, die Investition von Zeit und Geld, Zuwendung, Liebe und Aufmerksamkeit von Ärzten und Therapeuten erschaffen einen Rahmen, in welchem der „Placebo-Effekt" wirken kann, einen Rahmen, in dem der Patient *bereit ist zu glauben*. Die Dinge, die ganz unabhängig vom „Placebo-Effekt", unabhängig vom Glauben und Willen des Patienten funktionieren, sind schwindend gering. (Für mehr Informationen dazu empfehle ich das Buch „Lexikon der Psycho-Irrtümer", Piper Verlag oder „Instant Healing" Lüchow Verlag. So verwundert es auch nicht, dass man fast jede beliebige Methode benutzen kann, solange man daran glaubt, funktioniert es. Für den Rest der Heilung scheint ein natürlicher Prozess der Selbstregenerierung im Körper verantwortlich zu sein. „Die Zeit heilt alle Wunden". Folglich konzentrieren sich viele wissenschaftliche aber auch fernöstliche Heilmethoden darauf, damit aufzuhören, den Selbstheilungsprozess zu stören und den „Energiefluss des Körpers wieder in Harmonie zu bringen".

Nichtsdestotrotz ist dieses Buch nicht der richtige Platz, um Heilungen oder Wunder zu versprechen. Es gibt genug andere Bücher und Verfahren, um konstruktive Arbeit mit Heilungsthemen zu ermöglichen. Es wäre vermessen, in diesem frühen Stadium der Traumforschung bereits von möglichen Heilungsprozessen zu sprechen. Stattdessen gebe ich einfach ein paar Erfahrungsberichte von Heilungserfolgen wieder. Dabei werde ich mich ausschließlich auf Berichte aus erster Hand - also eigene oder aus meiner unmittelbaren Umgebung - stützen, anstatt etwas vom Hörensagen nachzuplappern. Es sind zwar noch keine „Wunderheilungen" dabei, aber, wie es mir scheint, einige Schritte in eine gute Richtung.

Erfahrungsbericht 1

Ich erinnere mich, als Kind einmal eine Grippe und sehr hohes Fieber gehabt zu haben. Ein Arzt prognostizierte, dass ich etwa eine Woche im Bett sein würde. In der zweiten Nacht meiner Grippe begegnete ich im Traum einer Schlange. Ich wusste, dass sie mein Fieber symbolisierte. Ich floh in Angst und Schrecken vor ihr, und sie verfolgte mich durch ein ganzes Krankenhaus. Plötzlich wurde ich jedoch, ohne mein bewusstes Dazutun, luzide. Und als mir der Gedanke kam, dass ich eigentlich träume, beendete ich die Flucht und stellte mich der Schlange. Sie verlangsamte ihr Tempo, als wäre sie verwundert, behielt jedoch immer noch einen hasserfüllten Blick bei. Sie schlängelte sich weiter an mich heran. „Was willst du?", fragte ich sie. Sie hisste mich gehässig an. „OK, was brauchst du?", fragte ich nun. „Kann ich dir etwas geben?" Mit diesen Worten wich sie plötzlich zurück und ihre Augen verwandelten sich von Hass in einen sehr traurigen, einsamen Ausdruck. Über die plötzliche Wende und was ich nun in ihren Augen erkannte, war ich schockiert. Ich erkannte einen Teil von mir selbst! Es war, als wäre die Schlange ein verstoßener Teil von mir selbst, der um Aufmerksamkeit geheischt hatte, und nun sehr traurig ist, dass nicht einmal ihr Hass meine Aufmerksamkeit gewann. Ich erkannte plötzlich meinen Fehler. „Es tut mir leid", sagte ich. Eine warme Welle von Liebe floss von mir zu ihr. Die Schlange verwandelte sich in einen einsamen und verängstigten Jungen. Ich nahm den Jungen in den Arm und hielt ihn, bis ich wieder in den normalen Schlafmodus zurückkehrte. Am nächsten Morgen wachte ich auf. Ich hatte kein Fieber mehr. Meine Grippe war am Abklingen und verschwand im Laufe des Tages ganz.

Erfahrungsbericht 2

Es war zu einer Zeit, in der ich mich nicht mehr als „ich selbst" fühlte. Ich lebte seit Wochen so vor mich hin, lachte wenig, empfand selten Freude und rauchte zu viele Zigaretten. Beim Schlafengehen wurde mir bewusst, wie ich die letzten Wochen verbracht hatte… unbewusst und lieblos, mir selbst und anderen gegenüber. Während des Einschlafens weinte ich ein paar Tränen. Diese Entladung tat gut, aber nach einigen Minuten stoppte ich sie, damit aus einer emotionalen Entladung kein Selbstmitleid würde. Ich fasste den Entschluss, mir die Sache während eines Traumes anzuschauen. „Ich werde meinen Traum dazu benutzen, jede Art von Stress, Abwehr, und Misstrauen dem Leben gegenüber zu erforschen und loszulassen. Ich werde unerwünschte Themen konfrontieren und handhaben. Und es wird Spaßmachen. Ich werde mir des Traumes bewusst sein, wenn ich aufwache". Ich schlief ein, gab aber ein bisschen acht darauf, was passiert, während ich die Treppen zur Unbewusstheit hinunter glitt. Ich rutschte jedoch in dieser Nacht so weit nach unten, dass keine Bewusstheit und auch keine Traumerinnerung mehr erreicht wurde. Am nächsten Morgen erwachte ich schlapp und lustlos. In der darauf folgenden Nacht stellte ich noch mal dieselbe Absicht, die diesmal auch *erfolg*te. Zusätzlich schickte ich die folgende Affirmation ab, die in Vergangenheit schon sehr kraftvoll für mich gewirkt hatte: „Danke, dass du mir zeigst, dass das Ganze bereits gelöst ist". Ich schlief mit einem Gefühl von innerem Frieden ein. Das Gefühl inneren Friedens oder ein meditativer Zustand scheint die Arbeit mit emotionalen Themen um vieles leichter zu machen. In dieser Nacht erlebte ich einen Alptraum. In meinem halb luziden Zustand wertete ich dies als gutes Zeichen, dass mein Unterbewusstsein „am Arbeiten" war. Ich befand mich in einer Situation, von der mir klar war, dass ich „durchgehen musste", um weiterzukommen. „Der Weg hinaus ist der Weg hindurch". Ich wurde während dieses Alptraums, in dem es um irgendwelche monströsen Gestalten ging, die ihre Tentakeln nach mir ausstreckten, nie ganz luzide, nutze aber meine Halbluzidität, um einen Wiederholungstraum zu programmieren. Ich war luzide genug um zu sagen: „Ich werde diesen Traum morgen Nacht fortsetzen und weiterverfolgen". Und wie es mit Programmierungen, die während eines Traumes gemacht werden normalerweise geschieht, träumte ich den gleichen Traum auch in der nächsten Nacht. Und ich träumte präziser und genauer. Die Tentakel-Wesen waren zwar immer noch da und trachteten nach meiner Seele, aber ich nahm auch den Rest der Umgebung wahr, und wurde schließlich vollkommen luzide. Plötzlich leuchtete mir ein, dass dies ohnehin ein Wiederholungstraum war, den ich in verschiedenen Varianten seit meiner Kindheit träume. Und es wurde mir bewusst, dass ich diesen Traum weiterhin solange in verschiedenen Variationen träumen würde, bis ich das Thema, was auch immer es war, gelöst hatte. „Schon diesmal löse ich es!", war mein Gedanke, und plötzlich entwickelte sich ein starker Sog, der mich auf einer Rutschbahn irgendwo nach unten zog. Es war grauenerregend, aber ich war immer noch luzide. Die Rutschbahn führte mich „ins Innere der Erde", wie es mir schien. Und ich spürte, dass das, was mich „da unten" erwartete, nichts Angenehmes war. Ich kam mit einem schon vorher befürchteten, harten Aufschlag unten an. Wieder waren es seltsame und unheimliche Wesen, die ich hier nicht näher beschreiben werde. Jedenfalls durchlebte ich einige relativ grausame Prozesse und Kämpfe, jedoch immer im Bewusstsein, dass dies endlich meine lang ersehnte Traumarbeit mit diesem Thema ist. Ich weiß bis heute nicht, wie diese Kämpfe und Monsterwesen mit meinem Problem in Zusammenhang standen, ja ich weiß nicht mal, was genau das Problem war. Ich weiß nur, dass ich dasselbe Lebensgefühl der Unlust und Apathie seitdem nicht wieder hatte. Ich hatte sicherlich schon andere Negativ-Gefühle, aber seit jenem Morgens nach dem Aufwachen, war etwas Undefinierbares, aber bis dahin Belastendes einfach verschwunden, als hätte es nie existiert. Und das einfach nur dadurch, dass ich eine unangenehme Szenerie bereitwillig akzeptierte.

Erfahrungsbericht 3

Zu dieser Zeit hatte ich an einem Workshop teilgenommen, an dem es ohnehin um die Heilung emotionaler und mentaler Themen ging. Die Erfolge des Tages schwappten auf die Traumwelt der Nacht über. Oder symbolisierte der Traum die Themen, die ich bereits tagsüber gelöst hatte? Ich weiß es nicht. Jedenfalls flog ich an Hunderten von Ballons vorbei, in denen unerfreuliche Erlebnisse und Themen enthalten waren. Mit einer großen Nadel ließ ich der Reihe nach, jeden dieser Ballons platzen. Es machte wahnsinnig viel Spaß, dahin zu fliegen und alles einfach platzen zu lassen. Das Interessante jedoch, als ich morgens aufwachte und in den Spiegel sah, war: Mein Gesicht hatte sich verändert. Meine Haut hatte mehr Farbe bekommen. Angedeutete Augenringe waren verschwunden. Meine Augen leuchteten. Ich sah zum ersten Mal seit Wochen strahlend gesund aus.

Erfahrungsbericht 4

Ich hatte seit geraumer Zeit Zahnprobleme. Eines Abends hatte ich starke Zahnschmerzen, aber keine Zahnschmerztabletten mehr im Haus. In dieser Woche hatte ich mehr Zahnschmerztabletten konsumiert als mein ganzes Leben zuvor. Ich wollte zum Zahnarzt, aber ein Seminar, das ich in jener Woche hielt, verhinderte das. Im Bett liegend, spürte ich, wie sich der Zahnschmerz verstärkte, bzw. wie ich mir des Brennpunktes bewusster wurde. Ich erklärte sanft und ganz neutral meinem Bewusstsein Folgendes: „OK, ich werde nächste Woche zum Zahnarzt gehen, OK? Aber bis dahin möchte ich gerne ruhig schlafen und auch ein ruhiges Seminar halten. Ich möchte, dass wir das Problem bis nächste Woche parken. Ich bin mir bewusst, dass ich eine Zahnbehandlung brauche. Morgen, wenn ich aufwache, wird der Schmerz verschwunden sein. Danke." Tatsächlich hatte ich hierauf einen Klartraum, bei dem ich mich in zahnärztlicher Behandlung befand. Kurioserweise hatte ich auch keine Schmerzen mehr bis zur nächsten Woche, und zwar an dem Tag an dem ich sowieso einen Termin beim Zahnarzt hatte.

Erfahrungsbericht 5

Ein mir nahe stehende Freundin berichtete mir, dass sie über einige Monate an einem Erschöpfungssyndrom litt, bei dem sie auch tagsüber Anfälle von Müdigkeit, Energielosigkeit und Antriebslosigkeit fühlte. Weder Medikamente noch Selbsthilfe-Bücher hatten ihr bisher geholfen. Ich berichtete ihr, dass ich Erschöpfung durch Entspannung, inspirierenden Lebenszielen und Atemübungen vorbeuge, aber sie erzählte mir, dass sie ihr Problem im Traum bewältigt hatte. Diesen Bericht gab sie mir zu einer Zeit, in der sie nicht wusste, dass ich mich mit dem Klarträumen beschäftige. In einem Wiederholungstraum wurde sie immer wieder von einer Dampfwalze überrollt. Eine Befragung meinerseits ergab, dass sie in diesen Träumen halbluzide war. Den Begriff kannte sie zwar nicht, aber sie meinte, sie könne einige Sachen in Träumen steuern. So versuchte sie verschiedene Strategien, um der Dampfwalze zu entkommen. Einmal wich sie aus, einmal versuchte sie drüber zu steigen, einmal kämpfte sie gegen den rollenden Ballast an, einmal rannte sie davon, manchmal sogar jede dieser Strategien in einem einzigen Traum. Sie musste darüber schmunzeln als sie es mir erzählte. Am Ende des Traumes holte sie die Walze immer wieder ein. Im letzten Traum dieser Art war sie neugierig geworden, und probierte eine Strategie, die sie bisher nicht versucht hatte. Besser gesagt, sie versuchte gar nichts mehr, sie verfolgte eine Nicht-Strategie. „Was würde passieren, wenn ich mich ergebe und mich Plattwalzen lasse? Der Traum besteht immer darin, dass ich Dutzend verschiedene Fluchtarten ausprobiere und er endet immer damit, dass mich die Dampfwalze erfasst. Ich würde zu gerne wissen was eigentlich danach passiert. Also beschloss ich, mich total darauf einzulassen." Offensichtlich hatte sie mitbekommen, dass sie mit dem Schrecken, dass sie wieder mal eingeholt wurde, ihre Bewusstheit ausschaltete und besiegt in den Schlaf flüchtete. „Ich ließ mich überrollen, blieb aber geistig bei der Sache. Es tat zwar irgendwie ein bisschen weh, aber die Walze rollte über mich, und das war´s. Ich stand wieder auf und war genauso gesund und normal wie vorher. Also ließ ich mich noch mal überrollen und diesmal hat es sogar Spaß gemacht. Ich träumte dann, dass ich mich noch ein paar Mal überrollen ließ, und dass es der Walze aber begann, langweilig zu werden. Sie begann davon zu rollen. Ich rannte der Walze hinterher, versuchte sie einzufangen. Die Rollen waren nun vertauscht. Ich war nicht mehr die gejagte sondern der Jäger". Diesen Traum brachte sie mit einer Wende in ihrer Gesundheit in Zusammenhang. Sie erklärte mir, wie sie im Morgen danach mit mehr Energie aufwachte als sie seit Jahren gespürt hatte. „An meine Erschöpfung denke ich seither nicht mehr. Ich spüre sie nicht mehr". Denkt sie nicht mehr daran, weil sie es nicht mehr spürt, oder spürt sie es nicht mehr, weil sie nicht mehr daran denkt? Vielleicht beides. Wie dem auch sei: Luzide Heilungsträume können auch den Leuten passieren, die nicht einmal Wissen, was das ist.

Erfahrungsbericht 6
Ich interviewte einen Freund von mir für dieses Buch. Er erklärte mir dass er seine Spinnenphobie im Traum gelöst hatte.
Fred: Du hast also deine Spinnenphobie im Traum gelöst?
Mike: Ja.
Fred: Wie ist das passiert?
Mike: Ich habe Spinnen zu mir in den Traum eingeladen. Ich habe das bewusst so programmiert. Dann habe ich im Traum mit den Spinnen gespielt, bis sie mir vertraut waren wie Haustiere.
Fred: Wie hast du das programmiert?

Mike: Ich habe mich während des Einschlafens einfach auf Spinnen und meine schreckliche Angst davor konzentriert. Einmal wurde ich sogar so überzeugt davon, dass mein Bett voller Spinnen ist, dass ich das Licht einschaltete um nachzuschauen. Es waren natürlich keine Spinnen da, aber meine Haut kribbelte trotzdem unangenehm, als wären Spinnen da. Soviel zur Macht des Geistes. Ich schaltete das Licht aus, konzentrierte mich weiter und schlief irgendwann ein. Es war höchst unangenehm, sich darauf zu konzentrieren, alles in mir spannte sich an, aber ich wollte wirklich wissen was passiert, wenn ich das versuche. Im Traum tauchten dann tatsächlich etliche Spinnen auf, krabbelten überall herum, spielten sich als unheimlich und ekelerregend auf.

Fred: Wurdest du luzide?

Mike: Ich erkannte schon, dass dies der Traum war, den ich hervorgerufen hatte. Da ich ihn bestellt hatte, wusste ich dass ich träume.

Fred: Hast du von Anfang an mit den Spinnen gespielt?

Mike: Nein, es begann als Alptraum, als Horrorfilm. Aber ich wusste, dass es nun irgendwie darauf ankommt mit der Situation klarzukommen. Ich tastete mich langsam heran, ließ eine Spinne über meinen Körper krabbeln. Es war am Anfang entsetzlich. Hinter meinem Kopf krabbelte eine, eine andere kam neu dazu, eine weitere krabbelte die Wand entlang, die andere auf meinem Körper. Sie waren überall, genauso wie ich es mir in meinen schlimmsten Fantasien vorgestellt hatte. Sie waren alle überdimensional groß, hatten lange Beine und waren sehr, sehr schnell. Hier fand ich eines meiner tiefsten Ängste vor. Ich beobachtete das treiben eine Weile, und irgendwann beschloss ich, die Sache anders zu sehen. Ich versuchte mich mit den Spinnen anzufreunden, zu spielen. Dies schien ganz gut zu funktionieren, bis mich eines der Spinnen einfach in die Hand biss... oder stach, ich weiß es nicht. Auf jeden fall tat es höllisch weh und war wie die Höhe des Vertrauensmissbrauchs. Ich reichte den Spinnen meine Hand und sie bissen hinein! Ich zog meine Hand zurück und fragte, aufgebracht: „Was soll das?" Ich fühlte mich traurig, wütend und desillusioniert gleichzeitig. Aber trotzdem war es auf seltsame Weise nicht annähernd so schrecklich wie vorher. Irgendwas hatte sich jetzt schon verändert. Ich ließ die Spinnen weiterkrabbeln, spielte weiter mit ihnen. Irgendwann schlief ich ein.

Fred: Wie hast du früher reagiert, wenn du Spinnen gesehen hast?

Mike: Ich habe sogar die kleinsten Spinnen sofort getötet oder bin sofort aufgesprungen, wenn ich eine sah.

Fred: Und jetzt?

Mike: Jetzt stören sie mich nicht mehr besonders. Ich habe zwar noch eine gewisse Skepsis dagegen, welche über meinem Bett hängen zu sehen, aber ansonsten ist alles okay. Kleine Spinnen hebe ich sogar auf und setze sie an die frische Luft. Andere lasse ich einfach in der Wohnung hängen.

Fred: Danke für dieses Interview.

Heilungserfahrungen im Traum werfen häufig die Frage auf, ob die Träume die Ursache der Heilung sind, oder den bereits stattfindenden Heilungsprozess nur begleiten und symbolisieren. Ich denke dass beides der Fall ist. Wobei ich aber überzeugt davon bin, dass luzide Träume das eingreifen in und beschleunigen der Heilung dienen. Gewöhnliche Träume mögen den Prozess der Heilung begleiten und eine Verarbeitung der damit Zusammenhängenden Glaubenssätze und muskulären Anspannungen darstellen. Der luzide Träumer kann jedoch, aufgrund seiner Bewusstheit, das Verhalten seiner Ängste, Glaubenssätze und Emotionen selbst beeinflussen und ändern. Eine Veränderung unbewusster, halbbewusster und unbewusster Glaubenssätze verursacht jedoch immer eine Veränderung des körperlichen und geistigen Zustandes. Folgt man den Traumberichten in der Fachliteratur gibt es sogar einen Superluziden Zustand (7 und 8 der Skala) in denen der Träumende sogar konkrete Anweisungen und Tipps für die Behandlung seines Heilungsthemas bekommt.

12. Luzides Träumen allgemein

„Träume sind Bilder zum Buch, dass deine Seele für dich schreibt "

Marsha Norman

Warum hast du eigentlich je aufgehört, Klarträumer zu sein? Wir sprechen hier nicht über etwas, das du neu lernen musst, wie z.B. eine Sportart oder Fremdsprache, sondern von einer Gabe, die du schon hattest und hier lediglich wiedererlernst. Als Kind warst du ein Schamane, ein Oneironaut und hast regelmäßig luzide geträumt. Es gibt interessante Studien der Psychologie, Gehirnforschung und Traumforschung, die darauf hinweisen, dass du als Kind noch viel weniger zwischen „realer Welt" und „Traumwelt" unterschieden hast. Du erkanntest sie zwar als zwei verschiedene Realitäten (sonst könnte kaum von „Luzidtraum" die Rede sein), hast aber beiden Welten etwa gleich viel Realität bzw. *Wichtigkeit* beigemessen. Erinnerst du dich?

Auch ältere Kulturen, allen voran die Griechen und Römer mit ihren speziell für diesen „Volkssport" errichteten „Traumtempeln" hatten noch mehr Zugang zu diesem anderen Teil der Realität als wir. Manche eingeborenen Völker messen der Traumwelt immer noch genauso viel Wichtigkeit wie der Wachwelt bei. Die Fähigkeit verkümmert nur deshalb, weil man sie in unserer Zeit und Gesellschaft nicht ernst nimmt, nicht *wahr* nimmt. Es ist doch „nur" Fantasie. Nur? Fantasie erschafft Realität. Jede Erfindung, die der Mensch hervorgebracht hat, existierte zuerst in der Fantasie. Aus einer Fantasie wird ein Glaube. Aus einem Glauben wird eine Handlung. Aus einer Handlung wird eine manifeste Realität. Wer keine Fantasie mehr hat, wird zur Wirkung seiner Realität, statt deren Ursache. Und das Klarträumen ist sogar noch mehr als das, was wir in der Wachwelt „Fantasie" nennen, es ist mehr als die bruchstückhaften Bilderfetzen im Geist. Wie vor allem im Buchkapitel „Co-Träume" offenbar wird, ist das Träumen ein Modus der Kommunikation oder Hyperkommunikation, die genauso wirksam und noch wirksamer sein kann als jede andere Kommunikationsform, die wir nutzen, seien es E-Mails oder Mobiltelefone. Wie wir noch sehen werden, erlaubt das Luzidträumen eine Form müheloser Telepathie. Die Mentalität, die sagt „Es ist doch nur ein Traum" lädt uns dazu ein, diese höheren Persönlichkeitsanteile zu vernachlässigen, den Kommunikationsweg mit diesen aufzugeben und schließlich ganz zu vergessen, bis hin zur Spitze der Unbewusstheit und Dummheit: „So etwas existiert nicht". Dabei wäre es möglich gewesen Ressourcen, Ideen, konkrete Informationen und Interaktionen mit anderen aus völlig neuen Quellen zu holen. Von der Einübung sportlicher Fertigkeiten bis hin zur Benutzung von Alpträumen als eine Methode ignorierte und verneinte Anteile des Selbst zu heilen. Je stärker diese Teile deines Selbst verneint werden, desto aufdringlicher werden übrigens die Alpträume. Sie scheinen zu rufen: „Schau her, wie intensiv und real das hier werden kann! Glaubst du nun endlich, dass wir existieren?" Und damit kein Missverständnis auftritt: Diese Arbeit ist etwas, das *Spaß* macht. Das gilt auch für die Arbeit mit Alpträumen. Das Leben ist nicht so ernst, wie allgemein vermutet wird.

Nachdem du die ersten Schritte getan hast und aus eigener Kraft ein paar Wachträume induziert hast, kannst du beginnen, mit diesen Erfahrungen zu spielen. Je öfter, desto leichter wird es. Es wird der Tag kommen, an dem allein der bloße Entschluss dazu einen Klartraum hervorruft. Aber auch umgekehrt wirst du immer beschließen können, wieder etwas unbewusster zu werden und in gewöhnliche Traumwelten zurückzufallen. Es stimmt nicht dass es „keinen Weg zurück" gibt. Meine eigenen Träume und Traumzustände scheinen immer meinen derzeitigen Bewusstseinszustand wiederzuspiegeln, und der verläuft nicht linear nach oben, sondern eher in Wellen, nach oben und wieder nach unten, dann wieder nach oben und so fort. Es gab Zeiten da hatte ich fast jede Nacht einen fantastischen Offenbarungstraum nach dem anderen, und dann kam wieder eine Zeit, da wusste ich nicht einmal, ob ich überhaupt richtig geschlafen hatte. Es gab Phasen, da fühlte ich mich morgens wie knisternd mit Energie und Visionen einer luziden Nacht, dann kamen wieder Phasen, da wachte ich auf und war so erschöpft und missgelaunt, dass ich mich am liebsten verstecken wollte. Wellen und Phasen. Und nicht immer geraten meine Klartraumaktivitäten deshalb in den Hintergrund, weil ich Unbewusst werde. Manchmal reduziert sich die Häufigkeit meiner Klarträume deshalb, weil ich mich während der Nacht einfach mit anderen Dingen beschäftige oder an anderen „Projekten der Nacht" experimentiere. Luzides Träumen ist nicht die einzige Nachtaktivität die Spaß macht oder Zugang zu neuen Bewusstseinsebenen erlaubt. So interessiert mich unter anderem auch die mit dem Klarträumen verwandte AKE (außerkörperliche Erfahrung), zu der ich ebenfalls ein Buch verfasst habe (siehe Anhang). Ein anderes Interessensgebiet liegt im so genannten „Delta-Zustand". Die Beta-, Alpha-, Theta-, Delta Zustände des Gehirns wurden bereits in vielen anderen Büchern ausführlich erklärt. Hier nur soviel: Der Beta-Zustand entspricht dem normalen Wachzustand. Alpha ist der Zustand der Entspannung und des Einschlafens. Theta ist der Zustand der Tiefenentspannung, Tiefenmeditation, des Schlafens und auch des luziden und nicht-luziden Träumens. Der Delta-Zustand liegt noch eine Ebene tiefer als Theta und berührt Zustände wie Tiefschlaf, Koma und Nahtodeserfahrungen. So experimentiere ich beispielsweise damit, im Delta-Zustand bewusst zu bleiben, eine noch viel schwerere Aufgabe als im Theta-Zustand bewusst zu bleiben. Bleibe ich im Alpha-Zustand bewusst, erfahre ich Wohlbefinden, Entspannung, Geistesklarheit und Kreativität. Bleibe ich im Theta-Zustand bewusst, erfahre ich im Wachzustand erweiterte Wahrnehmungszustände und im Schlafzustand luzide Träume. Bleibe ich im Delta-Zustand bewusst erfahre ich…? Genau diese Frage erforsche ich eben seit kurzer Zeit. Hier dient sie mir als Beispiel dafür, dass es nicht immer der Klartraum sein muss, und dass es noch einige andere Ebenen zu erforschen gibt. Noch einmal anders ausgedrückt: Dass du nicht luzide träumst bedeutet nicht immer, dass du unbewusst lebst. Es könnte auch bedeuten, dass du momentan andere Themen erforschst.

Natürlich sind exotischere Formen des Klarträumens, wie z.B. das Zeitreisen, gute Motivatoren, um mit dem Traumtraining zu beginnen. Aber so wie du zuerst das Krabbeln lernst, bevor du läufst, ist es für Anfänger hilfreich, sich überhaupt erst einmal in der Traumwelt zu orientieren. Themen wie „Gruppenträume", „Erleuchtungsträume", „Zeitreisen" sind für die zweite Zielgruppe des Buches, die keine Lust haben wieder nur eines von dutzenden „Anfängerbücher", die es auf dem Markt gibt, zu lesen. Nachdem die Frage „Wie erreiche ich Klarträume" hinlänglich beantwortet ist, ist es an der Zeit, dich auf diese Reisen zu begeben. Und bis dahin orientierst du dich. Siehst dich um. Induziere luzide Träume und führe dein Traumjournal, bevor du dich unter Druck setzt, indem du dir einbildest, alle möglichen Wundertaten vollbringen zu müssen. Begib dich bewusst in Paradiese, die dich faszinieren. Es gibt da draußen unfassbare Schönheit und eine reiche Auswahl an Hochgefühle verschiedenster Art zu entdecken. Wenn du auf andere Wesen triffst, unterhalte dich mit ihnen. Frage, wer sie sind. Versuche festzustellen, ob sie von dir projiziert werden (eigene Persönlichkeitsanteile) oder unabhängig von dir existieren (eine Frage welche auch in Zukunft die Bewusstseinsforschung noch lange beschäftigen wird). Durch das Trainieren deiner Aufmerksamkeit und Konzentration im Alltag trainierst du auch deine Fähigkeit, mit Klartraumszenarien umzugehen. Ganz am Anfang kann es häufig passieren, dass der Klartraum noch schwer zu kontrollieren ist. Szenarien wechseln schnell, das Unterbewusstsein versucht dich wieder in die Nebelwelt einzuziehen. Viele Klarträume gehen wieder in Normalträume über, wenn man keine Kontrolle über seine Absichten hat. Dies kann wiederum zur Folge haben, dass aus dem Normaltraum ein traumloser Schlaf wird und du dich am nächsten Morgen überhaupt nicht mehr daran erinnerst, einen luziden Traum gehabt zu haben. In anderen Fällen erinnerst du dich zwar an den Traum, zweifelst aber daran, ob es überhaupt ein luzider Traum war. Eine Erfahrung, die ich oft gemacht habe, ist, dass es mir im Nachhinein so erschien, als war ich nur ein paar Bruchteile einer Sekunde luzide, d.h. mir leicht bewusst war, dass ich träumte. Ich bildete mir oft ein, „nur eine ganz kurze Zeit die Realität des Traumes hinterfragt zu haben". Später stellte ich fest, dass dies quasi *falsche Erinnerungen* sind, und ich tatsächlich viel intensiver träumte als ich mich erinnern konnte. Das sind so die möglicherweise demotivierenden Fallstricken beim luziden Träumen: Vergessen und Anzweifeln, bzw. ein Anzweifeln, das durch das Vergessen entsteht. Konzentrationsfähigkeit während eines Wachtraumes wird den luziden Zustand nicht nur Aufrechterhalten und Verlängern, sondern die ganze Erfahrung sogar erstaunlicher und schöner machen, als du es dir je erträumt hast. Hier drei Aufmerksamkeitszustände und deren Auswirkungen in Klarträumen: 1. unkontrollierte Aufmerksamkeit. Resultat: Klartraum geht bald wieder in einen Normaltraum über. 2. Kontrollierte aber weiche, schnell wechselnde Aufmerksamkeit. Resultat: Traumszenario wird aufrechterhalten und kontrolliert. 3. Fixierte Aufmerksamkeit: Traumszenario ändert sich, oder du wachst auf. Die beste Form der Aufmerksamkeit ist also die zweite, wo dein Blick, relativ schnell, durch die Gegend schweift, aber trotzdem von dir kontrolliert wird. Bei der ersten Variante schweift dein Blick auch in der Gegend herum, wird aber nicht von dir kontrolliert. Die dritte Variante ist immer noch besser als die erste. Zuviel von der dritten Variante kann jedoch zum Aufwachen führen. Willst du jedoch unbedingt aufwachen, dann merke dir nur, dass du dafür etwas Beliebiges konzentriert fixierst.

Die offensichtlichste und von langjährigen Oneironauten meist genannte Methode zur Induktion des Wachtraums besteht „einfach" darin, bewusst zu bleiben. Mit anderen Worten: Die Aufmerksamkeit unter der Kontrolle des eigenen Willens zu behalten. Der Widerspruch dieser Vorgehensweise liegt darin, dass diese Aufmerksamkeitskontrolle dich aber genauso am Einschlafen hindern kann. Daher kann man sagen, dass die Ausgewogenheit zwischen dem „sich in den Schlaf fallen lassen" und „Kontrolle behalten" wohl der goldene Schlüssel zum Supertraum ist. Wie ich meine, sind Übungen der Aufmerksamkeits-Kontrolle, wie sie von so vielen empfohlen werden, am besten dann auszuführen, wenn man tatsächlich bereit ist zu schlafen oder sich schon etwas müde fühlt. Meine Versuche der Aufmerksamkeits-Kontrolle führten fast immer dazu, dass ich dabei immer wacher statt schläfriger geworden bin. Wenn ich das fokussieren der Aufmerksamkeit oder das bewusste Beobachten jedoch kurz vor dem Wegnicken praktiziere, ist der Übergang in den Supertraum meistens geradezu mühelos.

Die meistgenannte Übung zum luziden Traum besteht darin, beständig eine einzige Sache zu fokussieren. Man richtet beispielsweise die Aufmerksamkeit auf ein geistiges Bild und hält sie dort. Sollte die Aufmerksamkeit abschweifen, führt man sie zu dem geistigen Objekt zurück. Dies ist eher „sanft" und „weich" zu machen, statt „hart" konzentriert. Nun berichten mir jedoch einige Oneironauten und angehende Oneironauten, dass ihnen diese Übung „zu langweilig" ist. Ich habe daher einige Alternative Aufmerksamkeits-Kontroll-Techniken entworfen, die für den praktizierenden Oneironauten Abwechslung bieten dürften. Suche dir eine der Techniken nach Belieben aus und führe sie anstelle der üblichen „Aufmerksamkeit auf einen einzigen Gegenstand fokussieren" – Technik aus. Nebenbei bemerkt: Die Fähigkeit zur Aufmerksamkeitskontrolle ist auch außerhalb dieses Rahmens eine nützliche Bewusstseinserweiterungspraktik. Aufmerksamkeit erschafft deine Wahrnehmung von Realität (siehe mein Buch „Reality Creation"). Für manche ist es schon eine Riesen-Erkenntnis, dass sie selbst kontrollieren können, worauf sie ihre Aufmerksamkeit richten. Vielleicht fällt dir auf, dass deine Aufmerksamkeit größtenteils fremdgelenkt ist, obwohl du durchaus den freien Willen hättest, sie selbst zu lenken.

13. Aufmerksamkeitsübungen für die Einschlafphase

Entscheiden und Fokussieren

Entscheide, wohin du deine Aufmerksamkeit richten wirst, dann fokussiere sie dorthin. Springe so mit der Aufmerksamkeit von Ort zu Ort, von Person zu Person, von Ereignis zu Ereignis. Beispiel: Ich treffe geistig die Entscheidung, die Aufmerksamkeit auf mein Wohnzimmer zu richten. Dann fokussiere ich meine Aufmerksamkeit im Geiste dorthin, untersuche und überfliege das Wohnzimmer. Entscheidung: Auf die Alpen. Aufmerksamkeit: Auf die Alpen. Entscheidung: Auf meine Geliebte. Aufmerksamkeit: Auf meine Geliebte. Entscheidung: Auf meinen rechten Zeh. Aufmerksamkeit: Auf meinen rechten Zeh. Entscheidung: Auf den Planeten Mars. Aufmerksamkeit: Zum Planeten Mars. Entscheidung: Auf meine Toilette. Aufmerksamkeit: Auf die Toilette. Entscheidung: Auf Donald Duck. Aufmerksamkeit: Auf Donald Duck. Etc. Wie viel Zeit du mit der jeweiligen Sache verbringst, obliegt dir, Hauptsache, jeder Aufmerksamkeitsfokus ging einer Entscheidung von dir voraus. Um etwas müder zu werden, kannst du auch versuchen, die Aufmerksamkeit ab und zu in Richtungen zu lenken, die dir missfallen. Noch müder wirst du, wenn du den Fokus etwas abschwächst und die Dinge nur vage „überfliegst". Wacher (bewusster) wirst du, wenn du stärker fokussierst. Es ist entscheidend, festzustellen, wie du müder und wacher wirst. Wenn du beide Pole unter deiner bewussten Kontrolle hast, ist der luzide Traum nicht fern.

Gedankenfluss beobachten

Beobachte den Gedankenfluss. Gedanken kommen und gehen. Bleibe dir jedoch stets des Beobachters dieser Gedanken gewahr. Da ist jemand, der all das beobachtet. Da ist jemand, der sich dieser Gedanken bewusst ist. Dieser jemand ist auch derjenige, der später luzide Träumen wird.

Hypnagoge Eindrücke verlangsamen

Warte, bis die so genannten „hypnagogen Bilder" auftauchen. Das sind die unkontrollierten und sehr schnell vorbeiflitzenden Bilder, die du kurz vor dem Einschlafen hast. Diese tauchen auf, wenn du schon sehr müde und nur noch halbbewusst bist. Versuche diese nun, mittels deiner Aufmerksamkeit, zu verlangsamen, damit du sie klarer wahrnimmst. Beginne diese zu fokussieren. Wenn du es in diesem Stadium noch mal schaffst zu fokussieren, kann es gut sein, dass du in einen luziden Traum hineinfällst.

Schlaffokus

Erlaube dir, ruhig einzuschlafen Erinnere dich lediglich daran, dass du, sobald du schläfst, die Aufmerksamkeit auf eine Sache fokussieren willst. Fokussiere also während des Einschlafens den Gedanken, dass du dich daran erinnern wirst, zu fokussieren. Sobald du während des Schlafes die Aufmerksamkeit auf irgendetwas fokussierst, wirst du luzide, weil du einem Befehl aus der Wachwelt folgst.

Schönheits-Fokus

Fokussiere vor dem Schlafengehen bewusst Dinge, die dir gefallen. Faszinierende Orte, sexuelle Fantasien, angenehme Ereignisse. Etwas, dass wiederum zu angenehmen emotionalen Reaktionen führt. In einem Zustand emotionaler Anregung ist es wahrscheinlicher, dass ein Teil von dir wach und interessiert bleibt. (Solltest du dich jedoch für sexuelle Fantasien entschieden haben, gib nicht der Versuchung zur sexuellen Befriedigung nach. Schließlich willst du nicht, dass diese Gefühle verpuffen, sondern dich in das Land der Klarträume tragen. Lass auch die Emotion nicht zu stark werden, sonst ist Schlaflosigkeit das Resultat).

14. Schlaf- und Traumprobleme

Probleme mit dem luziden Träumen oder Schlafen? Okay, kann vorkommen. Hier mein Beitrag zur Lösung dieser Probleme.

Schlaflosigkeit

Einige Leute, die das luzide Träumen üben, meckern darüber, dass ihre Unternehmungen nicht zu Klarträumen sondern zu Nächten der Schlaflosigkeit geführt haben. In kaum einem Buch wird erwähnt, was man tun kann, wenn man in diesen unangenehmen Kreislauf eintritt. Dies jedoch nicht, weil die Bücher unvollständig sind, sondern weil Schlafstörungen Ursachen haben, die weniger in der Schlafwelt, sondern mehr in der Wachwelt liegen. Mit den nachfolgenden Hinweisen findest du wieder in den Schlaf, wenn du gerne Schlafen möchtest.

Diese Tipps führen meines Wissens nicht zum luziden Träumen, aber du bekommst zumindest wieder die Kontrolle darüber, einzuschlafen, wenn du gerne einschlafen willst.

Wir machen uns manchmal verrückt, weil wir denken, wir würden nicht genug „Erholung" oder „Regeneration" kriegen, wenn wir nicht lange genug schlafen. Es ist wahr, dass wir eine gewisse Schlafzeit brauchen, damit sich Körper und Geist wieder regenerieren. Es ist jedoch anzuzweifeln, dass wir soviel Schlaf brauchen, wie wir vermuten. Manche schlafen 10 Stunden täglich und fühlen sich danach trotzdem nicht „erholt". Andere kennen den so genannten „12 Minuten Schlaf", bei dem sie sich danach fühlen, als hätten sie in einem Kraftwerk Energie getankt. Wie „erholt" du dich fühlst, hängt oft damit zusammen, wie gut du dich „fallen lassen" kannst, innere Widerstände und Blockaden loslassen kannst, Zwänge erkennen und auflösen kannst. Eine ungesunde Lebensführung, zu wenig Bewegung, zuviel Grübeln, emotionale Verletzungen, beruflicher Druck und ein schlechtes Gewissen - das sind eher Auslöser für Schlafprobleme als das Üben von luziden Träumen. Angenommen du glaubst, du bräuchtest 8 Stunden Schlaf, wenn in Wirklichkeit 5 Stunden für dich ausreichen würden. Deine Überzeugung, dass du unbedingt 8 Stunden brauchst, wird dazu führen, dass du dich am nächsten Tag beim Aufwachen und vielleicht sogar für den Rest des Tages müde und erschöpft fühlen wirst. Würdest du diese fixe Vorstellung aufgeben, vor dem Einschlafen etwas anderes denken als „ich werde erschöpft sein" und dir stattdessen vornehmen, trotz der nur 5 Stunden Schlaf fit und Energie geladen zu sein, würdest du dich am nächsten Morgen anders fühlen. Denke darüber nach, wenn du dich das nächste Mal quälst, weil du nicht schlafen kannst aber „SOLLTEST". Es ist dieses „Sollte", das dich quält.

Ist dir schon mal in den Sinn gekommen, dass du nicht schlafen kannst, weil du ganz einfach keinen Schlaf brauchst? Nur dann zu schlafen, wenn du wirklich müde bist, ist ein weiterer Tipp aus der Abteilung „Offensichtlich". Wenn du wirklich nicht schlafen kannst, dann schlafe nicht, sondern stehe auf und tue etwas. Lies ein Buch, schaue dir einen Film an, oder sei kreativ. Anstatt dich in deinem Bett hin und her zu wälzen kannst du die Zeit sinnvoller nutzen. Und wenn du deshalb am nächsten Tag wirklich müde bist, dann kannst du dir vorstellen wie leicht es dir in der nächsten Nacht fallen wird zu schlafen. Der Körper meldet sich schon, wenn er wirklich schlafen will.

Sollte es nun wirklich vorkommen, dass du Schlaf *brauchst* (wenn du tagsüber überdurchschnittlich gefordert bist, kann es schon zutreffen, dass du den Schlaf nun *brauchst*) aber aus irgendwelchen anderen Gründen nicht einschlafen kannst, dann tun dir Hilfsmittel wie Tee, Baldrian oder ein Glas Wein sehr gut. Ein Glas Kräutertee kann hier Wunder bewirken.

Inneren Widerstand aufgeben: Während du da im Dunkeln im Bett liegst, bemerke einen inneren Widerstand im Körper und atme dieses Gefühl tief ein. Nimm es an, atme es ein. Halte den Atem kurz an, während du immer noch auf das Gefühl konzentriert bist. Beim laaaaaangsamen Ausatmen, lasse dieses Gefühl ziehen, lasse von diesem Gefühl los. Wiederhole diese Übung mit allen unangenehmen Empfindungen im Körper. Sollte eine unangenehme Körperempfindung nicht verschwinden, dann wiederhole die Atemtechnik mit dieser, solange bis das Gefühl wirklich, kraft deiner liebevollen Atmung, geheilt ist. AA: Atmung und Aufmerksamkeit steuern Energie. Deine Atmung sei sanft, tief, langsam, vorzugsweise in den Bauch. Ausatmung sei länger als die Einatmung. Du wirst hier entweder einen sehr erholsamen Schlaf haben, oder es wird dich gar nicht mehr interessieren, ob du schläfst oder nicht.

Eine Positiv-Affirmation, an die du eigentlich nicht glaubst. Was dich sehr schnell sehr müde machen kann, ist, eine Positiv-Affirmation vor dir herzusagen, an die du eigentlich nicht so recht glaubst. Was nicht passieren wird ist, dass sich die Positiv-Affirmation realisieren wird. Was stattdessen passieren wird ist, dass die inneren Gegenreaktionen, die auftauchen, dich ermüden werden und du einschläfst. Dies ist zwar etwas zynisch, aber es funktioniert gut. „Ich bin Millionär" oder „Ich bin erleuchtet" können hier als Affirmationen vielleicht gut wirken.

Erinnere dich an Zeiten, in denen du extrem müde und schlafbedürftig warst. Oder: Erinnere dich an langweilige Szenen des Tages.

Stelle dir vor, dass es völlig egal ist, ob du schläfst oder nicht. Vergegenwärtige dir kurz die angeblichen „negativen Konsequenzen", die es haben wird, wenn du nicht schläfst (diese sind der Grund, warum du nicht einschlafen kannst), und dann visualisiere, dass es völlig egal ist, ob diese Dinge am nächsten Tag eintreten oder nicht. Oder visualisiere, wie stattdessen etwas anderes eintritt.

Und natürlich: Solltest du wirklich, auch nach all diesen Tipps, Schlafprobleme haben, dann höre einige Zeit mit dem Vorhaben luzide zu Träumen auf. Opfere nicht dein Wohlsein für das luzide Träumen. Das Klarträumen ist dazu da, zu deinem Wohlsein beizutragen, nicht davon abzulenken.

Ich wünsche dir einen guten Schlaf.

Träumer Amnesie

Das häufigste Hindernis zum luziden Träumen sind nicht die Ängste oder Schlafprobleme, sondern einfach die Vergesslichkeit, eine Schwester der Unbewusstheit. Gleichzeitig ist dieses „größte Problem" auch am allerleichtesten zu überwinden. Lediglich das Interesse an Traumarbeit und vor allem das Führen eines Traumjournals direkt nach dem Aufwachen, löst dieses Problem ziemlich schnell auf. Das Traumjournal sollte auch dann, oder gerade dann geführt werden, wenn nichts passiert ist oder du dich eben nicht erinnern kannst. Das Aufschreiben dessen, was vor dem Schlafen, während des Schlafes und beim

Aufwachen passiert ist, ist der Prozess der Bewusstwerdung. Und wenn du Traumamnesie hattest, dann schreibe genau das auf. Und wenn du dich am nächsten Morgen immer noch nicht erinnern kannst, schreibe wieder auf, dass du dich nicht erinnern kannst oder dass nichts passiert ist. Schon alleine die Beobachtung (Beleuchtung!) dessen, was passiert ist, lässt nach und nach im Dunklen Verborgenes auftauchen. Und außerdem kommt es nicht vor, das „nichts" passiert ist. „Vergessen" ist auch ein „etwas". Und vor dem Einschlafen hast du auch etwas Bestimmtes gedacht, gesagt oder getan, nicht wahr? Und wenn dir nur bewusst wird, dass das, was du gedacht oder getan hast, nicht zu den erwünschten Ergebnissen geführt hat, dann ist das auch schon wertvolle Information. Deine Notizen am Morgen bestehen also aus: Was passierte vor dem Schlafen, was passierte im Schlaf und was passierte nach dem Schlaf. Das ist die einzige wirkliche Arbeit eines professionellen Oneironauten.

Hypnagoge Hypnose

In manchen spirituellen und esoterischen Übungssystemen wird der rationale, analytische, logische Verstand als Hindernis betrachtet. Manche behaupten auch, dass die „rechte Gehirnhälfte" (Kreativität) für das Träumen wichtiger ist als die „linke Gehirnhälfte". Das kann ich leider nicht bestätigen. Meiner Erfahrung nach ist der analytische Verstand oder „die linke Gehirnhälfte" nützlich und wichtig für das luzide Träumen. Luzide geträumt wird mit dem ganzen Bewusstsein, nicht nur mit der Hälfte davon. Während wir dabei sind, die Schlacht mit den hypnagogen Bildern zu verlieren und immer mehr in Unbewusstheit abdriften und die Bilder an analytischer Schärfe und Klarheit verlieren, können wir selbst bemerken, dass wir den logischen, klaren Teil von uns womöglich vernachlässigt haben. Wenn du zu bemerken beginnst, dass die Gedanken chaotischer und unlogischer werden, ist es an der Zeit, die kristallene Klarheit des rationalen Verstandes neu zu starten. Außerdem beginnt der Gedankenfluss auf hypnagoge Stimulation zu reagieren, mit ihr zu interagieren. Beispielsweise beginnst du ein Zwiegespräch mit deinem kommenden Traum, ohne zu bemerken, dass du eigentlich auf die hypnagogen Eindrücke reagierst. Ist das der Fall, stehst du kurz davor, deine Bewusstheit zu verlieren. Abstrakte Gedanken zeigen dir lediglich, dass dein natürliches Schlafmuster, wo das logische und klare nach und nach ausgeschaltet wird, noch gewohnheitsmäßig vorhanden ist. Abstrakte Gedanken sind zwar ein nötiger und unterhaltsamer Teil der Traumwelt, aber sie müssen nicht auf Kosten von Logik und Vernunft heruntergefahren werden. Das Entfernen dieses Aspektes ist einer der Gründe, warum wir so selten die Kontrolle über Träume haben. Es geht also darum, dass dir auffällt, dass du dich verändert hast, um dich der hypnagogen Phase anzupassen, anstatt die hypnagoge Phase zu verändern, um sie dir anzupassen. Der Verstand wandert und wird immer unfokussierter. Mal ist er hier, mal denkt er das. Bevor du es bemerkst, beginnst du zu träumen und bist dir nicht einmal bewusst, dass du träumst. Bald ist sogar meine Traumprogrammierung verloren gegangen und schon sind 8 Stunden Schlaf vergangen. Die hypnagoge Phase muss sich dir anpassen, nicht umgekehrt. Hörst du Beispielsweise hypnagoge Musik, ist das schön und nett. Hörst du aber zu lange zu, ohne selbst kontrolliert ein wenig Musik zu produzieren, oder dir Realitäts- und Logikfragen zu stellen, lässt du dich davon hypnotisieren und bist bald weg. Den hypnagogen Zustand kannst du als Fahrzeug benutzen. Du kannst mit ihm direkt in einen luziden Traum hineinfahren. Effizient, sicher und mit Spaß. Wenn dich die hypnagogen Eindrücke jedoch ändern, anstatt du sie, wirst du unbewusst. Dann ist die einzige Möglichkeit noch, während des Traumes wieder aufzuwachen.

Glaubenssätze

Dein Glaube und der Gewissheitsgrad, mit der du etwas glaubst, filtern all deine Erfahrungen in der Wach- und in der Schlafrealität. Meinungen, Vorstellungen, Aussagen, Einstellungen, Überzeugungen sind alles verschiedene Grade von Glaubensfiltern. Ein paar Beispiele für Ansichten, die jede Chance auf einen Klartraum von vorneherein eliminieren: „Man kann nicht bewusst träumen". „Träume sind nicht wichtig". „Träume sind Schlafstörungen" (Sigmund Freud). „Luzides Träumen ist gefährlich". „Wer im Schlaf stirbt, stirbt auch in Wirklichkeit". Wenn du solche oder andere Gedankenformen in dir bemerkst, dann beobachte und hinterfrage diese. Allein schon die intensive Wahrnehmung und Beobachtung solcher Gedanken entkräften diese. Ich habe hier eine Frage an dich: Was wird mit absoluter Sicherheit in den nächsten 10 Minuten passieren? Also ich habe hier die absolute Gewissheit, dass ich noch atmen werde, dass die Sonne noch scheinen wird, dass ich noch hier sitzen und schreiben werde, unter anderem. Wenn du genau dieses Sicherheits- oder Gewissheitsgefühl auf „Ich werde Klarträumen" übertragen kannst, wird genau das eintreten.

Angst

Angstreaktionen auf hypnagoge Eindrücke. Sonderbare Glaubenssätze. Kindheitserinnerungen. Aber hier eine Frage an dich: Hat dich der Schlaf oder Traum wirklich jemals physisch verletzt? Ich bezweifle es. Falls du wirklich der tiefen und festen Meinung bist dass Schlafen oder Träumen gefährlich ist, dann empfehle ich, das Thema Klarträumen eine weile Ruhen zu lassen. Solche fixen Einbildungen sind kein Zustand, aus dem heraus man überhaupt damit arbeiten sollte. Ich habe schon Leute gehört, die mir sagten, dass manche Leute während des Schlafens sterben. Diese Aussage wird dann als Einwand gegen das Klarträumen benutzt. Aber: Tod während des Schlafes geschieht wegen Krankheiten, nicht wegen luzider Träume. Ähnlich abstrus ist der Glaubenssatz, dass man, wenn man in Träumen stirbt, dann auch wirklich stirbt. Ich bin in Träumen erschossen, vergiftet, verstümmelt, zerhackt, gegessen, aufgehängt, zerdrückt worden. Wie seltsam, dass ich immer noch hier sitze und schreibe, oder? Interessanterweise bin ich jedoch noch nie in *luziden* Träumen gestorben. Seitdem ich klarträume, sind meine Alpträume auf ein Minimum zurückgegangen. Klarträume und Alpträume passen auch nicht richtig gut zusammen: Die Charakteristika von Alpträumen ist ja gerade die, dass man keine Kontrolle über etwas hat, während Klarträume deswegen Klarträume sind, weil man die Kontrolle hat. Und, wenn ich mal Alpträume habe, dann möchte ich sie, ehrlich gesagt, nicht wegdrücken, ausschalten, schnell loswerden. Das sind seltene Gelegenheiten, die mir das Unterbewusstsein gibt, etwas Schmerzhaftes aufzuarbeiten. Damit erspart mir das Unterbewusstsein, die Sache im nüchternen Wachzustand konfrontieren zu müssen. Ich begrüße die Gelegenheit des Alptraumes und verwandle ihn in eine therapeutisch heilsame Sitzung zu meinem Vorteil. Ich weiß nicht, woher das Gerücht kommt, Alpträume seien etwas Schlechtes, Verachtenswertes. Auf deiner Oneironautischen Forschungsreise ist es sogar wahrscheinlich, dass in den frühen Phasen der eine oder andere Alptraum auftaucht. Wenn du beispielsweise ein Stück Traum-Amnesie entfernst, werden weitere vergessene Träume und Traumerinnerungen enthüllt. Ich vermute, dass sich der Mensch Traum-Amnesie zulegt, um Angst-Träume zu überdecken. Eine vorübergehende Zudeckung der Angst kann ich nachvollziehen. Aber damit verschiebt man nur die Konfrontation auf später. Was ich nicht nachvollziehen kann, ist, wie viele Leute immer mehr unterdrücken, immer ängstlicher werden und in einem immer engeren Rahmen operieren. Dieser Mechanismus ist mir persönlich fremd. Ich erinnere mich, wie ich als Kind nicht in das Schwimmbecken springen wollte. Ich hatte Angst. Aber ich bin trotzdem gesprungen! Warum? Weil es Spaß macht! Ja, es macht Angst, weil es neu ist, aber es macht gleichzeitig auch Spaß. Es setzt neue Energien frei. Es ist doch fantastisch, mutig zu sein und sich der Angst zu stellen. Doch je älter so mancher wird, desto seltener ist Spaß ein Motivator, desto seltener möchte man stärker aus einer Erfahrung hervorgehen. Man baut ab, ist um „Sicherheit" bedacht. Wir haben so viele Dinge angesammelt, dass wir etwas zu verlieren haben. Dabei könnte das neugierige Erforschen der Ängste geradezu einen Verjüngungsprozess in Gang setzen. Das nur als ein kleiner Tipp am Rande. Ich für mich habe beschlossen, dass ich nicht lebe um Sicherheit anzusammeln. Ich lebe unter anderem, um zu erfahren. Um mich meinen Ängsten zu stellen und sie durch Wissen zu ersetzen. Wissen darüber, wie ich mich in bestimmten Situationen besser Verhalten kann. Wenn Alpträume der Grund dafür sind, dass du Träume ausblockierst, dann solltest du wissen, dass Alpträume seltener werden, je luzider du träumst. Du begibst dich damit in Richtung Bewusstheit und weg von Unterdrückung. Dein Lebensgefühl wird sich ändern. Frühe Kindheitserlebnisse können die Fähigkeit zur Traumerinnerung auf Lebenszeit beenden. Das wäre traurig. Die neue Freiheit, wo du Meister des Traumes bist, kann meiner Ansicht nach alle anderen unnatürlichen Ängste auflösen. Und das wiederum kann sehr viel Spaß machen.

Außer der Todesangst gibt es noch die Angst, den Verstand zu verlieren, geisteskrank oder wahnsinnig zu werden. Kein Forscher, Klarträumer, Wissenschaftler oder Esoteriker hat meines Wissens jemals behauptet, dass man durch Klarträumen den Verstand verlieren kann oder in der Klappsmühle landet. Ganz im Gegenteil: Von Klarträumen wird berichtet, dass es die geistige Gesundheit *fördert*. Und trotzdem ist dieser Verdacht weit verbreitet. Das hängt augenscheinlich damit zusammen, dass wir das, was wir nicht einordnen können, uns an unserer geistigen Gesundheit zweifeln lässt. Der Grund, warum wir es nicht einordnen können, ist, weil wir vom Schule-Religions-Gesellschaftssystem nicht richtig trainiert werden zu träumen. Dabei ist Klarträumen ein natürliches Talent, das jeder von uns hat. Angst und Aberglaube werden mit der Zeit verschwinden und die Menschheit wird wieder diesen Teil ihrer selbst zu etwas Alltäglichem machen. Diese Ressource des Bewusstseins muss nicht mehr unterdrückt werden. Natürlich bemerken wir in der Traumarbeit viel mehr, als wir sonst je bemerkt hätten. Vielleicht wird das auch mal „zuviel für uns", was heißt, dass wir mehr bemerken, als wir momentan verarbeiten können. In diesem Fall, mache es so wie ich: Lege eine schöpferische Pause ein. Träume ein paar Wochen nicht luzide. Ein anderes Gerücht besagt, dass „wenn man einmal Klarträumen beherrscht, kann man nicht mehr damit aufhören". Das ist Unsinn. Wenn man mit etwas anfangen kann, kann man auch damit aufhören. Wenn man etwas aufhören kann, kann man auch damit anfangen. Umarme deine Erfahrungen anstatt sie wegzudrücken. Lächele und entspanne dich.

Plötzliches Erwachen

Kennst du die Situation, dass du den allerschönsten Traum hattest, und plötzlich unbeabsichtigt daraus aufwachst? Die Ursachen dafür können viele sein. Laute Geräusche aus der Wachwelt oder eine plötzliche Schutzfunktion des Unterbewusstseins. Anstatt jedoch dem Traum nachzuweinen, kannst du ihn aufschreiben. Oder du kannst die Gelegenheit nutzen, die Augen schließen und versuchen, wieder in den gleichen Traum einzusteigen.

Frustration und Erfolglosigkeit

Es wird nicht allzu viele Angst-Menschen oder Schlafproblem-Menschen geben, die zu diesem Buch gegriffen haben. Unter den Lesern wird es jedoch einige von denen geben, die sich den Klartraum-Erfolg so sehr wünschen, dass sie gerade dadurch die Erfahrung blockieren. Das sind die Leute die schon jedes Buch gelesen haben, jede Technik probiert haben und immer noch keinen Erfolg haben. Falls du in diese Gruppe fällst: Du bist nicht alleine. Klarträumen entsteht nicht durch Aggression, gewaltsam oder mit Zwang, genauso wenig wie man sich Entspannung „befehlen" kann. Entspannung geschieht eben nicht durch das TUN, sondern durch NICHT-TUN, durch Loslassen von Tun. Auf die gleiche Weise ist es ratsam, zuerst das Klarträumen fest zu beabsichtigen, und dann von der Absicht ein Stück loszulassen, „es passieren zu lassen". Das ist eine Art „Erlauben", ohne den natürlichen Lauf der Dinge zu blockieren. Ein bisschen Kontrolle brauchst du, um nicht unbewusst zu werden. Aber übertreibe es nicht. Manche von euch sind vielleicht schon so weit, dass sie gar nicht mehr luzide werden, weil sie sich in Zeiten der Frustration Glaubenssätze angeeignet haben, die das nun verhindern. Das luzide Träumen ist jedoch so schwer nicht zu erreichen. Was ist denn der Unterschied zwischen „eine Erfahrung erlauben" und „eine Erfahrung versuchen"? Entspannung und geistige Einstellung kannst du bereits während des Wachseins üben. Dieselben Probleme, die du tagsüber hast, wirst du auch nachts haben. Wenn du frustriert bist, weil der Erfolg ausbleibt, empfehle ich dir konkret Folgendes: Lies dieses Buch! Das ist alles. Ich habe bereits viele Anker, Suggestionen und Tricks für die speziellen Leute eingebaut, bei denen es „immer noch nicht klappt". Ich habe bereits damit gerechnet, dass ihr hier ankommt, und deshalb eure Probleme in den Techniken und Übungen vorweggenommen. Ich halte es, ehrlich gesagt, für sehr unwahrscheinlich, dass ihr, nachdem ihr das hier alles gelesen und manches davon probiert habt, immer noch keine Klarträume erlebt.

Schlafparalyse

Fast jeder Oneironaut hat diesen gelegentlich auftauchenden Zustand schon mal erfahren. Er wird von fast jedem einhellig als unangenehm beschrieben. Schlafparalyse bezeichnet eine unbewegliche Starre des Körpers bei der du keinerlei Kontrolle mehr über deine Bewegungen zu haben scheinst. Was ist hier passiert? Folgendes: Du hast die natürliche Schlafphase erreicht, bei der deine Muskeln „außer Betrieb" sind. Kurioserweise erlebst du diesen Zustand, der jede Nacht bei jedem Menschen auftritt, mit deinem Wachbewusstsein! Unser erster Impuls ist es, dagegen anzukämpfen, den Zustand loszuwerden oder sogar in Panik zu verfallen. In Einzelfällen wird die Paralyse von seltsame Halluzinationen oder unerwünschten Wahrnehmungen begleitet (Schatten, geisterartige Formen, unheimliche Töne). Abhilfe des Profis: Der professionelle Oneironaut gibt sich diesem Zustand hin, akzeptiert ihn voll und ganz, lässt sich dadurch nicht ablenken. Er folgt weiterhin dem Prozess des Einschlafens. Abhilfe für normal Sterbliche: Kämpfe nicht dagegen an, es nützt nichts. Stattdessen werde wacher und bewusster. Betrachte deinen Körper, deinen Atem. Versuche irgendetwas zu bewegen. Je wacher du wirst, desto wacher wird dein Körper. Bald wird er sich wieder bewegen können. Sobald das der Fall ist, stehe auf, bewege dich und breche für heute jede Art von Übung ab.

Alpträume

Wenn ein Alptraum auftaucht, kannst du dir sicher sein, dass dieser einen Zweck hat und richtig für dich ist. Viele neigen dazu, Alpträume „heilen" oder „loswerden" zu wollen, und bemerken nicht, dass es gerade die Alpträume sind, die zur Heilung beitragen. Vor allem Wiederholungsträume sind dazu da, dir zu zeigen, dass du die Gelegenheit hast, ein Thema aufzuarbeiten. Für den Traumarbeiter gibt es zwei Optionen: „Es geschehen lassen" und interessiert mitbeobachten oder daraus luzide hervorgehen. Der Schlüssel zur Nutzung von Normalträumen und Alpträumen zum hervorbringen angenehmerer luzider Träume ist: Was du verändern kannst. Wenn du auch nur eine Kleinigkeit innerhalb des Traumes selbst verändern kannst, hast du einen großen Schritt in Richtung Luzidität gemacht. Ein weiterer Schlüssel ist natürlich, den Traum als Traum zu erkennen. Die folgende Liste „universeller Alptraumthemen" (Alpträume die jeder Mensch weltweit kennt) hilft dir darüber Bewusstheit zu erlangen:

- Von Menschen, Wesen oder Tieren angegriffen werden
- Von Menschen, Wesen oder Tieren verfolgt werden
- Sich verletzten oder verletzt werden
- Sterben
- Ermorden
- Fallen und Aufschlagen
- Ertrinken oder erstricken
- Maschine oder Gerät funktioniert nicht
- Transport oder Fortbewegungsmittel fehlt
- Dir nahe stehende Personen fehlen
- Probleme mit der Führung und Bedienung von Fahrzeugen
- Schaden an Haus, Besitz, Objekte oder Kleidung
- Verlust von Besitz oder wertvollen Gegenständen
- In einem brennenden Haus gefangen sein
- Schlechte Prüfungsleistungen oder Prüfungsstress
- Schamgefühle in Zusammenhang mit Nacktheit oder Sex
- Unpassend gekleidet sein
- Naturkatastrophen
- Von Menschen gemachte Katastrophen (Flugzeugabstürze, Kriege)
- Sich verlaufen haben oder verloren sein
- Gefangen oder paralysiert sein
- Von Toten oder unheimlichen Wesen bedrängt werden

Luzides Träumen ist jedoch in gewisser Weise das Gegenteil vom Alptraum. Je mehr du deine luziden Fähigkeit steigerst, desto seltener treten Alpträume auf. Und wenn sie dennoch auftreten, nutze sie als Chance zur Heilung oder als Stufe zur Luzidität.

15. Ein eigenes Trainingsprogramm erstellen

„Du siehst aus wie ein Mensch, der das, was er sieht, hinnimmt, weil er damit rechnet, dass er wieder aufwacht. Ironischerweise ist das nah an der Wahrheit."

Morpheus im Film „The Matrix"

Ehrlich gesagt war ich etwas frustriert darüber, dass ich ausgerechnet in den Wochen, in denen ich dieses Buch schrieb, so gut wie keine luziden Träume erlebte. Vieles vom geschriebenen stammte aus meiner Erinnerung an frühere luzide Träume. Die Ausnahme war der eingangs beschriebene luzide Traum, der gleich zu Beginn des Buchschreibens einsetzte, sozusagen „den Weg einleitete". Irgendwie war mir nicht danach, das Buch an einen Verleger zu schicken, ohne selbst regelmäßig wunderschöne luzide Träume zu erleben. Das wäre so, als würde ich der Leserschaft etwas vormachen. Hier behaupte ich, jeder könne mühelos so viele luzide Träume haben, wie er wolle, und selber erlebte ich in 3 Monaten überhaupt keinen einzigen, auch wenn ich mich darum bemühte! Diesen Zustand führte ich darauf zurück, dass es zu dieser Zeit einige Themen im Alltag gab, mit denen ich nicht ganz bewusst umging. Themen, die ich vor mir her schob, Themen, bei denen ich das Bewusstsein ausschaltete. Wer im Alltag sein Bewusstsein ausschaltet, wird sich keine Hoffnungen machen müssen, in der Schlafwelt plötzlich glänzend und brillant bewusst zu werden. Aus Liebe zur Leserschaft und aus Liebe zu diesem Buch stellte ich mir die Aufgabe, das Buch erst an einen Verleger zu schicken, nachdem ich meine *ursprünglichen* Fähigkeiten zu luziden Träumen wieder aufgefrischt hatte. Und, ich wollte diese nicht nur Auffrischen, ich wollte eine ganze *Serie* von Luzidträumen erzeugen, bevor ich wirklich sagen konnte: „Hey, ich bin hier ein Experte und das ist mein Buch". Ich hatte gehofft, dass das Schreiben dieses Buches meine Fähigkeiten wieder auffrischen würde, aber dem war offensichtlich nicht so. So griff ich auf ein Muster zurück, dass mir immer dann half, wenn ich vor einem zu lösenden Problem stand: Das eigenständige Entwerfen eines Trainingsprogramms. Die Trainingsprogramme, die ich selbst entworfen habe, aus eigener Intuition und meinem gesunden Menschenverstand, hatten mir schon immer mehr weitergeholfen als Bücher oder Ratschläge anderer. Zwar stammt so manche Technik von anderen, aber die Zusammenstellung, Umstellung und kreative Interpretation ist allein meine. Ich erstellte ein „Programm zur Wiedererlangung von Traumluzidität". Das Programm funktionierte nicht nur, es übertraf alle meine Erwartungen. Aber dies hat meines Erachtens weniger mit den Techniken zu tun, sondern damit, dass ich mit dem Programm die Tugenden Regelmäßigkeit, Ritual, Routine, Absicht auf das Thema „luzides Träumen" richtete und dass das Programm von mir selbst stammte. Wer weiß schon besser als ich selbst, was für mich gut ist? Nachfolgend zeige ich dir detailliert mein privates Trainingsprogramm. Dies jedoch nicht mit der Absicht, dass du dieses Programm kopierst. Das kannst du zwar tun, wenn du möchtest - vielleicht funktioniert es sogar für dich. Aber ich sagte gerade, dass es um das geht, was *von dir selbst erschaffen wurde*, um die Eigenkreation. Ich gebe dir mein Trainingsprogramm, damit du siehst, wie so ein Trainingsprogramm erstellt werden kann, und als Inspiration, dein Programm zu erstellen. Dabei wünsche ich dir viel Spaß!

Freds persönliches Programm zur Wiedererlangung der Klartraumfähigkeit

Mein Trainingsplan:
Tag 1-7: Traumjournal Eintragungen jeden Morgen.
Tag 8-20: Traumtechniken während des Einschlafens
Tag 21-30: Traumtechniken während des Träumens

Was in Wirklichkeit passierte:

Tag 1

Ich schlief im Wissen ein, dass ich nun jeden Morgen diszipliniert mein Traumjournal führen würde. Mir war bewusst, dass ich dies für mich und meine Leser tun würde und dass dies ein gutes Experiment war. Denn momentan fühlte ich mich genauso unbewusst wie viele andere Ungeübte. Ich schlief unbewusst ein, erwachte am nächsten Morgen. Zunächst erinnerte ich mich nicht einmal daran, dass ich überhaupt Traumjournal führen wollte. Ich fühlte mich so müde, dass ich mich nicht einmal daran erinnerte, dass ich überhaupt ein Buch zum Thema schreibe! Dann sah ich neben meinem Bett das Journal liegen, und machte genau diese Eintragung: So unbewusst dass ich sogar meine Traumjournal-Absicht vergessen habe.

Tag 2

Vor dem Schlafengehen erinnere ich mich an meine Absicht, luzide zu träumen. Ich bin sehr müde, spreche aber trotzdem Affirmationen aus: „Ich habe heute Nacht einen luziden Traum". Plötzlich steigt eine Alptraum-Angst in mir auf, etwas für mich eher Seltenes. Also verbessere ich mich: „Ich erlebe in dieser Nacht einen *wunderschönen* luziden Traum". Während ich das sage, schlafe ich ein. Am nächsten Morgen erinnere ich mich wieder an überhaupt nichts. Ich notiere in mein Traumjournal, dass ich mich an nichts erinnere, dass ich jedoch mit dem Einschlafen eine Affirmation wiederholte.

Tag 3

Traumtechniken stehen zwar nicht bis Tag 8 in meinem Plan, aber ich möchte trotzdem bereits welche benutzen. Zunächst benutze ich eine Atemübung zur Tiefenentspannung des Körpers. Ich atme einen Körperteil tief, sanft und langsam ein, und atme noch langsamer aus. Mein Körper entspannt sich. Ich spüre jedoch noch einen Druck in der Brust. So fokussiere ich sanft meine Brust, atme die Schwere ein, und atme langsam aus. Der Druck vergrößert sich. Wieder begebe ich mich mit meinem ganzen Bewusstsein in meine Brust hinein, löse jeden Widerstand dagegen, und atme das unangenehme Gefühl voll ein. Ich halte den Atem an, halte das Gefühl etwas und atme dann ganz langsam aus. Ich wiederhole das einige Male. Das löst den Druck und ich fühle mich sehr gut und leicht. Ich habe jedoch bereits vergessen, dass ich nun eine Traumtechnik ausführen wollte und schlafe kurz darauf ein. Am nächsten Morgen trage ich in mein Traumjournal ein, dass die Entspannungsübung gemacht habe. Und ich trage auch ein paar einzelne Fetzen eines Traumes ein, an den ich mich erinnere. Ich befand mich im Traum auf irgendeiner Behörde. Dann befand ich mich im Gespräch mit einem Arbeitskollegen. An mehr erinnere ich mich nicht.

Tag 4

Ich liege im Bett und beobachte wie so oft meinen Gedankenfluss mit großen Interesse. Die Maschinerie des Verstandes ist eine faszinierende Sache. Blablablablabla. Alle Ereignisse des Tages laufen ab. Zwischengedanken laufen ab. Wünsche laufen ab. Widerstände laufen ab. Schließlich gehe ich dazu über, eine Aufmerksamkeits-Fokus-Technik zu benützen. Es ist zwar keine spezielle Traumtechnik, aber eine meiner Lieblings-Meditationen, wenn es darum geht, den Gedankenfluss zu beruhigen. Die Technik: 1. „Entscheide auf welchen Gedanken du die Aufmerksamkeit als nächstes fokussieren wirst." 2. „Sobald du entschieden hast, fokussiere die Aufmerksamkeit auf diesen Gedanken". Bewusstes denken beruhigt den Gedankenfluss ungemein. Fokus auf das Zimmer, in dem ich liege. Fokus auf eine Erinnerung aus der Kindheit. Fokus auf das Gesicht meiner Freundin. Plötzlich kommt der unbeabsichtigte Gedanke meiner Steuererklärung dazwischen. Also entscheide ich bewusst: Fokus auf Steuererklärung. Unlustgefühle tauchen als Reaktion dazu auf. Fokus auf einen Strand. Fokus wieder auf die Steuererklärung. Fokus auf einen fernen Planeten. Fokus auf meinen Kühlschrank. Fokus auf meinen Kurs nächste Woche. Fokus auf Las Vegas. Fokus auf kanadische Wälder. Fokus auf meinen letzten luziden Traum vor einiger Zeit. Fokus auf die Nase meiner Großmutter. Es macht wie immer sehr viel Spaß und ich fühle mich sehr bewusst. Ich schlafe ein und habe zwar keinen luziden Traum, aber erstmals seit Beginn meines Programms einen richtig intensiven Traum. Nicht dass die Handlung besonders intensiv wäre, sondern das dazugehörende Gefühl und die Erinnerung am nächsten Morgen. Ich befinde mich, kurioserweise im Filmstudio des Star Wars Produzenten George Lucas (Fragen Sie mich bitte nicht, wie ich hierher komme oder warum ich hier bin. Es hat vermutlich jedoch damit zu tun, dass ich im Rahmen eines Seminars einen Star Wars Film inzwischen dutzende Male gesehen habe). Genauer gesagt befinde ich mich im Büro eines Computergrafikers für den Film Star Wars. Der Computergrafiker sagt, er möchte mir etwas zeigen. Ich folge ihm auf einer Holztreppe nach oben. In einem anderen Büro angekommen, setzt er sich an seinen Schreibtisch und beginnt im Computer verschiedene Grafiken abzurufen, die er mir zeigen möchte. Mein Interesse ist jedoch woanders. Ich untersuche seine Bücherregale, die voller okkulter und magischer Bücher sind. Das waren keine normalen esoterischen Bücher, sondern so richtige Schinken in Richtung Hermetik und okkulte Magie. Am nächsten Morgen wache ich auf, freue mich über meine intensive Traumerinnerung und schreibe den Traum auf.

Tag 5

Inspiriert durch meinen Erfolg der Vornacht, praktiziere ich nun während des Einschlafens eine offizielle Traumtechnik. Ich produziere im Geist Musik. Dies ist eine Technik, die ich bereits als Kind entdeckt habe, mit der ich bereits als Kind Erfolge hatte. Manchmal erfüllt sie mich mit Wehmut, da ich teilweise so schöne Musik produziere und mir nicht vorstellen kann, wie man diese Töne wohl in auf die Instrumente und elektronischen Geräte der Wachrealität produzieren könne. Die Musik wird vielschichtiger und intensiver. Dies verursacht ein Phänomen, das ich mir bis heute nicht erklären kann. Ich kann es nur so umschreiben: In meinem Geist macht es „Plopp!" oder bestimmte starke Wellenbewegungen entstehen in meinem Kopf. Das fühlt sich immer so an, als wäre ich auf eine erweiterte Wahrnehmungsebene gelangt. Trotz dieses phänomenalen Gefühls schlafe ich irgendwann ein und träume auch nicht. Am nächsten Morgen mache ich mir, meinem Trainingsprogramm entsprechend, die Notizen des geschehenen.

Tag 6
Ich übernachte hier bei meiner Freundin. Das ist zwar schön, aber im Sinne meines Trainingsprogramms eher eine Ablenkung. Ich schlafe unbewusst ein, und wache unbewusst auf. Außerdem habe ich vergessen, mein Traumjournal mitzunehmen. Sobald ich wieder Zuhause bin werde ich entsprechende Eintragungen machen.

Tag 7
Ich übernachte wieder bei meiner Freundin. Diesmal lasse ich sie jedoch zuerst einschlafen, während ich bewusst wach bleibe. Schließlich schläft sie, und ich kann mich den Experimenten der Nacht widmen. Ich fokussiere mich auf ein einziges Bild, mit dem ich vorhabe einzuschlafen. Nach einer Weile und einigen ablenkenden Gedanken kann ich das Bild tatsächlich halten. Manchmal verändert es sich als Reaktion auf hypnagoge Einflüsse. Schließlich überwiegen die hypnagogen Einflüsse und ich schlafe unbewusst ein. Am nächsten Morgen jedoch, wache ich sehr früh mit dem Gefühl auf, dass ich nun träumen könne. Also schließe ich wieder die Augen und falle in einen Halbschlaf. Die interessantesten und abstraktesten Traumbilder tauchen auf. Schließlich träume ich. Und: Ich bin halbluzide. Ich weiß zwar dass ich träume, fühle mich aber unfähig auf das Traumgeschehen einzugreifen. Daher genieße ich nur. Ich bin von hohen Gebäuden im Stile des 19 Jahrhundertsumgeben. Doch der Ort, in dem ich mich befinde ist vollkommen leer. Das scheint mich irgendwie zu faszinieren und ich sehe mich um. Plötzlich befinde ich mich auf einer Rutschbahn. Dann befinde ich mich auf einem Snowboard. Die Piste ist ruhig und wieder menschenleer. Der Himmel ist wolkenlos und blau. Ich kann die Bäume riechen. Und, das Allerschönste: Ich bin immerhin halbluzide. Ich werde von meiner Freundin unsanft mit einem Ruf über Kaffee und Frühstück geweckt. Ich schreibe mir die Traumerfahrung auf ein normales Blatt Papier für eine spätere Nachtragung ins Traumjournal auf. Ich schreibe dazu, dass das Übernachten bei meiner Partnerin doch kein Hindernis ist.

Tag 8
Dies ist der Tag, an dem ich meinem Plan zufolge mit den ersten Traumtechniken beginnen sollte. Ich bin wieder bei mir Zuhause, alleine. Ich nehme mir vor, Traumtechniken zu benutzen. Es gibt da aber ein paar Mücken, die umhersummen. Sie stören mich. Ich schalte das Licht ein und erledige zwei davon. Ich schalte das Licht aus und es ist ruhig. 5 Minuten später summen wieder welche herbei. Ich schalte das Licht ein und suche nach Paral-Plättchen gegen Mücken. Sie sind mir leider ausgegangen. Ich lege mich hin und schlafe einfach ein. Traumerinnerung: Null. Eintragung: *Kampf gegen Mücken und keine Traumerinnerung.*

Tag 9
Im Supermarkt hatte ich mir Aloe-Vera-Anti-Mücken-Körperspray gekauft, falls diese Mücken wieder auftauchen würden, aber es tauchten keine auf. Das Musizieren im Geist hatte letztes Mal nicht funktioniert, aber ich wollte es noch mal versuchen, weil es Spaß machte. So musizierte ich mit verschiedenen Tönen, Melodien und Rhythmen. Ich schlief

unbewusst ein, hatte jedoch in den Morgenstunden einen weiteren intensiven Traum. Dafür dass ich mehrere Monate überhaupt keine intensiven Träume hatte, war dies für mich bereits große Erfolge. Es war einer meiner Flugträume. Ich flog an seltsam steilen Grashügeln vorbei auf denen lustig aussehende Häuser gebaut waren. Aus den Fenstern und von den Türeingängen riefen und winkten Menschen, die ich kannte, mir zu. Ich landete irgendwo in einer Stadt aus meiner Teenager Zeit und traf dort in irgendeinem Kiosk auch eine Bekannte aus meiner Teenagerzeit an. Mich wunderte, dass ich sie traf, weil ich damals nicht besonders viel mit ihr zu tun gehabt hatte. Diese für viele meiner Träume typischen Logik-Fragen weisen auf eine gewisse Viertel-Luzidität hin. Ich sprach sie an: „Sylvia?" Sie lächelte mich verliebt an: „Ja, ich bin's". Ich fragte mich, ob sie damals vielleicht verliebt gewesen sei und ich nichts davon bemerkt hatte. Ich kam mir albern vor, weil ich sie damals und auch hier kaum kannte. „Hallo Sylvia" sagte ich. Sie lächelte, drehte sich um und ging ihren Weg. Ich flog zu einer Sprachschule, für die ich früher mal Englischkurse gegeben hatte. Auf eifersüchtige Weise versuchte ich im Flug durch die Fenster zu schauen, wer denn nun Englischlehrer war. Obwohl ich schon lange nichts mit dieser Sprachschule zu tun hatte, ärgerte ich mich darüber, dass diesen Lehrern Aufträge gegeben wurden und mir nicht. Plötzlich erschien einer meiner aktuellen Seminarauftraggeber zum Rauchen auf dem Balkon. Er hatte mich beim Spionieren erwischt. Dieser aktuelle Auftraggeber schien aber in diesem Traum der Chef der Schule zu sein. Er machte schnell eine der Jalousien zu, als ob um zu verhindern, dass ich sehen konnte, wen er jetzt einstellte. Ich versuchte zu rechtfertigen, was ich hier tue. „Ich kenne hier sehr viele Leute. Ich kenne die gesamte Nachbarschaft. Deshalb komme ich öfters mal her!" Er lächelte. Ich legte nach: „Kennst du Sylvia?" Er: „Ja, ich kenne Sylvia". Er begann zu grinsen und paffte genüsslich an seiner Zigarette. Ich jedoch akzeptierte die Situation. Am nächsten Morgen schrieb ich den Traum auf. Er gründete auf lang vergessene Existenzängste, die ich vor vielen Jahren gehabt hatte. Scheinbar war da noch eine Kleinigkeit aufzuarbeiten gewesen. Ich fühlte mich jedoch am Morgen außergewöhnlich frisch und wohl, als ob eine unbemerkte Last von mir abgefallen war.

Tag 10

Ich versuchte etwas nachzuhelfen, indem ich ein Melatonin/Vitamin B6 Präparat zu mir nahm. Es verursachte keinen luziden Traum, sondern dass ich bereits nach kurzer Zeit „völlig weg" war. Am nächsten Morgen erwachte ich in einer Liegeposition, in der ich noch nie zuvor erwacht war. Mein Kopf war nicht am Ende sondern an der Seite des Bettes. Ich fühlte mich frisch und klar und machte mir meine Notizen. Das was mir meine Liegeposition zeigte, war, dass irgendetwas Neuartiges während des Schlafes passiert sein muss.

Tag 11

Ich begann etwas ungeduldig zu werden, da ich im Grunde genommen immer noch keinen wirklichen Klartraum („wie in alten Zeiten") hatte. Was sollte ich meinen Lesern erzählen? Aber ich wusste, dass ich noch einen Klartraum haben würde, etwas anderes würde ich nicht akzeptieren. Übrigens führe ich den Klartraum, den ich dann schließlich haben würde, nicht auf eine einzelne Technik zurück, sondern auf den Gesamtprozess, der täglichen Wiederholung meiner Absicht. Das nur zur Klärung. Jedenfalls probierte ich es heute mit einer Körper-Bewusstseinsübung, die ich auf einem Seminar gelernt hatte. Die Übung führte zu einer Dissoziation meines Ich-Bewusstseins von meinem Körper. Ich fühlte mich extrem leicht und schwebend. Der Körper begann zu vibrieren. Mein „Energiekörper" begann zu schweben, ich schwebte oberhalb meines Körpers. Es war eine außerkörperliche Erfahrung! Es war zwar kein luzider Traum, aber es war eine Original AKE. Auch diese hatte ich seit einiger Zeit nicht erlebt. Aus irgendwelchen unerforschten Gründen zügelte ich die Erfahrung und begab mich wieder in den Körper. Kurz danach schlief ich ein.

Tag 12
Ich begab mich ins Internet, um nach irgendeiner neuen Traumtechnik zu suchen, die ich noch nicht kannte. Ich wollte etwas Neues ausprobieren. Schließlich fand ich etwas und passte es meinem Geschmack an. Vor dem Schlafengehen stellte ich mich am Rande meines Bettes. Ich nahm mehrere sanfte, tiefe und langsame Atemzüge, und bereitete mich mental auf das Träumen vor. Ich entwickelte im Geiste die feste Absicht, einen Klartraum zu erleben. Immer noch im Stehen sagte ich gedanklich: „Ich gehe ins Bett, um zu träumen. Ich weiß, dass ich träume und ich werde bei voller Bewusstheit und mit voller Bereitwilligkeit träumen. Es ist meine Absicht, luzide zu träumen". Dasselbe wiederholte ich verbal. Ich rief mir ins Bewusstsein, dass ich bald einschlafen werde. Dann erzeugte ich eine starke Bewusstheit darüber, wie ich mich fühle, wenn ich hellwach bin. Der Technik zufolge sollte ich das Gefühl oder den Gedanken der Wachbewusstheit im Geist erschaffen. Ich dachte darüber nach, wie ich heiße, wo ich wohne, und wie meine Wohnung aussieht. Dann sprach ich aus: „Ich werde im Traum so sein, wie jetzt in der Wachrealität, mit meinen ganzen mentalen Fähigkeiten zur Beobachtung und zur Aufzeichnung meiner Erfahrungen, an die ich mich so klar erinnern werde wie jetzt". Dann ging ich ins Bett, nahm abermals ein paar tiefe Atemzüge und dachte in freudiger Erwartung darüber nach, dass ich heute Klarträumen würde. Das Gefühl der Vorfreude und des Enthusiasmus hatte bei meinen bisherigen Versuchen völlig gefehlt. Wie ich bald (noch nicht in dieser Nacht) bemerken sollte, haben diese Gefühle einen weitaus größeren Anteil an der Erschaffung der Erfahrung als sogar ich vermutete. Hier in diesem Stadium wiederholte ich all das, was ich im Bettrand getan hatte. Ich dachte über meine Fähigkeit nach, klare und logische Informationen abzurufen, zu analysieren und zu erinnern. Das sind grundlegende Dinge die mich als „Wachbewusstsein" ausmachen. Ich sprach gedanklich dann verbal aus: „Ich bin klar, wach und vollkommen bewusst. Es ist meine Absicht, einen Klartraum zu haben, an den ich mich am Morgen erinnere. Wenn ich aufwache, werde ich mich an alles Geträumte erinnern. Ich liege gerade im Bett und bin dabei einzuschlafen. Ich weiß, dass ich träumen werde." Danach ließ ich, der Anleitung entsprechend, den gewöhnlichen Einschlafprozess beginnen. Dabei beobachtete ich den Prozess des Einschlafens etwas genauer. Was geschieht da eigentlich genau? Was ist da los? Was sind die genauen Veränderungen, die stattfinden, während ich schläfriger und schläfriger werde? Was passiert, kurz bevor ich mein Bewusstsein verliere? Welche Phasen durchlaufe ich? Kann ich so gut beobachten, dass ich die Phasen sogar am nächsten Morgen aufschreiben könnte? Nach all diesen vorbereitenden Maßnahmen schlafe ich ein... und es passiert nichts. Der Leser mag vielleicht lachen, aber es passierte wirklich nichts. Ich war weit entfernt davon, einen Klartraum zu haben. Ich erinnerte mich nicht mal an einen gewöhnlichen Traum. Aber, entsprechend meines Zieles, notierte ich alles, was ich getan und erfahren hatte in mein

Journal. Ich führe meinen Misserfolg nicht auf die benutzte Technik zurück. Ich hatte oftmals schon Ähnliches mit großen Erfolgen ausprobiert. Mir geht es hier nur darum, so authentisch und realitätsecht wiederzugeben, was tatsächlich während meiner Versuche passiert ist. Erst, wenn wir Realität unverblümt als das annehmen, was sie ist, erheben wir uns in eine Position, in der wir die Realität verändern können. Etwas, über das wir keine Klarheit haben, können wir nicht verändern. Es würde niemanden etwas nützen, wenn ich Erlebnisse vorgaukle.

Tag 13

Diesmal verließ ich mich jedoch nicht auf eine Traumtechnik aus dem Internet, sondern auf meine Eigenkreationen. Ich bin ein großer Anhänger selbsterschaffener Dinge. Wie ich meine, wirkt dass, was von dir selbst kommst, an dir selbst am besten. Ich legte mich hin und erinnerte mich an meine früheren Traumerfolge. Dies veränderte meine Einstellung maßgeblich. Hier veränderte ich meinen Glauben nicht durch Affirmationen aus zweiter Hand, sondern aus eigener mentaler Kraft. Mir kam die folgende Affirmation in den Sinn: „Ich fühle mein ursprüngliches Selbst". Ich sprach es aus, gefolgt von einem tieferen Atemzug. Das wiederholte ich ein paar Mal und fühlte mich nach dieser Selbstsuggestion schon blendend. Die Vorfreude auf den luziden Traum erwachte. Ich sagte mir gedanklich Dinge wie: „Du kannst das alles doch schon. Warum täuschst du vor Schwierigkeiten damit zu haben? Du kannst das schon seit Tausenden von Jahren. Erinnere dich an deine ursprüngliche Energie und Fähigkeit". Und ich besann mich dieser. Und diesmal spürte ich bereits vorher, dass ich heute tatsächlich meinen ersten vollluziden Traum seit langem haben würde. Und den hatte ich schließlich auch. Allerdings schlief ich nicht in ihn hinein. Zunächst wurde ich unbewusst und schlief ein. Ich überließ meinem Sein den Prozess im Vertrauen, dass es klappen würde. Ich träumte eine Weile vor mich hin, bis ich mich urplötzlich an all meine Traumforschungsarbeit, meine Affirmationen, dieses Buch und meine Absicht erinnerte. Augenblicklich wurde ich luzide und vollkommen präsent. „Ich träume! Genau!" Der Traum handelte von irgendeinem Palast und Menschenmengen. Aber sobald ich luzide wurde, durchfuhr mich ein Strahl der Glückseligkeit. Anders kann ich es nicht beschreiben. Ein Gefühl wie dieses hatte ich seit Monaten nicht mehr gespürt. Ich hatte ganz vergessen, wie fantastisch es sein konnte. Plötzlich hatte ich die Kontrolle über meine Umgebung. Ich befand die Umgebung als Belanglos und machte mich auf und davon, etwas anderes zu erforschen. Es war kein Realitätstest, kein Logiktest, kein Klartraumtest, erforderlich. Ich war *sehr* luzide. Das Erste, was mich interessierte, war, ob ich zu meiner Wohnung fliegen könnte und mich selbst beim Schlafen beobachten konnte. Ich betrat meine Wohnung wie in einer Astralreise. Vielleicht gab es hier auch keinen Unterschied zu einer Astralreise, ich weiß es nicht. Ich sah mich um und befand meine Wohnung als verbesserungswürdig. Ich dachte kurz über einen Umzug nach, dann betrachtete ich mich im Bett liegen. Eine Welle der Liebe zu „jener Person da" überkam mich. Ich flüsterte „ihm" zu: „Alles klar, du hast es wieder geschafft. Das hier ist es." Nun war ich fasziniert von der Möglichkeit, einfach in irgendeine Wohnung einfliegen zu können, und so tat ich dasselbe bei meinen Nachbarn. Deren Kind schlief, die beiden saßen vor dem Fernseher. Zu diesem frühen Zeitpunkt meines Selbst-Trainings hatte ich noch nicht den Gedanken, mir irgendetwas anzuschauen, was ich am nächsten Tag überprüfen und verifizieren konnte. Das würde später folgen. In der Wohnung der Nachbarn ließ meine Luzidität etwas nach. Das erkannte ich daran, dass willkürliche Dinge passierten, die ich nicht „bestellt" hatte. Ich war aber luzide genug, zu erkennen, dass ich umso mehr an Luzidität verlieren würde, je mehr ich mich auf diese Schauspiele einließ. Als wäre ich auf irgendeinem Drogentrip, begann sich der Teppichboden in Nachbars Wohnung zu verwandeln und verschiedene Muster aufzuzeigen. Ich verließ die Wohnung und flog über die Landschaft. Das Gefühl des Fliegens empfand ich als intensiver als jeden Flug der Wachrealität. Interessanterweise war es dunkel, als würde ich in „Echtzeit", nachts über die Landschaft fliegen. Die Temperatur war mild und in der Ferne leuchteten die Lichter der Stadt. „Nur nicht zu lange fokussieren" fiel mir ein. Dies war eine Erkenntnis aus lang vergangenen Traumtagen. Fokussiere ich zu stark, wache ich auf. So wanderte mein Blick umher und genoss seinen Flug der Nacht. Irgendwann überließ ich freiwillig meinen Traum den Autopiloten. Er verwandelte sich in einen normalen Traum, bei dem andere Aktivitäten passierten. Unter anderem traf ich verschiedene Leute an, und befand mich kurioserweise irgendwann wieder in jenem Palast, bei dem meine Traumreise begonnen hatte. Das Wiedererkennen des Palastes verursachte beinahe ein Wiederaufflackern meiner Luzidität. Aber nur beinah. Ich wachte am nächsten Morgen auf und schrieb meine Erlebnisse mit einem breiten Lächeln im Gesicht auf.

Tag 14
Eine positive, beschwingte Laune begleitet mich schon den ganzen Tag. Dies sind die bereits bekannten Nebeneffekte bewusstseinsverändernder Träume. In dieser Nacht habe ich jedoch (zu meiner leichten Überraschung) keinen luziden Traum.

Tag 15
Ich erinnere mich an meinen Traum von Tag 13, und schlafe in einen weiteren Traum hinein ein. Es ist ein sexueller Traum. In diesem Traum versucht eine mir unbekannte Frau mich zu verführen. Ich gehe bereitwillig darauf ein, werde aber nur halbluzide. Ich weiß also ansatzweise, dass ich träume, mache aber nichts daraus, sondern folge dem Verlauf halbbewusst. Das Traumjournal wird nach wie vor täglich geführt.

Tag 16
Ohne irgendeine spezielle Technik benutzt zu haben, entsteht in dieser Nacht ein weiterer Traum. Dieser Traum handelt von allerlei Leuten, Freunden und Kollegen und belanglosen Gesprächen. Danach träumte ich, dass ich kämpfte, luzide zu werden. Dabei nahm ich einen Beobachter des Traumes wahr, der luzide war. Dieser Beobachter beobachtete einen Teil von mir, der nicht luzide war und scheinbar nicht luzide werden konnte. Es gab also den unluziden Teil, den Beobachter des unluziden Teils und mich, den Beobachter des Beobachters. Irgendwie war es letztlich ein Traum über drei Teile die in irgendeinem Clinch zum Thema „luzide Träumen" lagen *und keineswegs ein luzider Traum*. Und das ist das Lustigste: Das ein Traum über das luzide Träumen unluzide sein kann! Wäre ich wirklich luzide gewesen, hätte ich die Situation verändern können, stattdessen war ich in einer komplexen Streitsituation gefangen, in der ein Beobachter unfähig war, jemand anders von Luzidität zu überzeugen.

Tag 17
Ich schlief ein und „erwachte" erst wieder im Traum, wobei ich diesmal von Anfang an wusste, dass dies ein Traum ist. Ich befand mich auf einer luxuriösen im Hotelambiente eingerichteten Raumstation, die um die Erde kreiste. Die Raumstation enthielt Sportplät-

ze, Restaurants, einen Wellness Bereich und auch jeden anderen Komfort, den man sich als „Weltraumtourist" wünscht. Und überall war man umgeben vom Ausblick auf Sterne. Im Traum erinnerte ich mich, dass dies nicht das erste Mal war, dass ich mich an diesem Ort befand. Ich war schon ein paar Mal hier gewesen, luzide und unluzide. Ich erinnerte mich daran, hier auch schon mal einen Alptraum gehabt zu haben, bei dem ich von Sicherheitsleuten der Anlage verfolgt worden war. Aber dies war kein Alptraum, sondern etwas sehr Angenehmes. Ich spazierte frei umher und sah mir die verschiedenen Orte an. Ich sprach interessante Menschen an. Dann fiel mir ein, dass ich doch mal Näheres über diesen Ort erfahren wollte. „Welches Jahr haben wir?", fragte ich jemand im Sternenrestaurant. Ich erhoffte mir die Information, dass ich mich in einem „Zeitreise-Traum" befand und dass mein Gegenüber gleich sagen würde: „Wir schreiben das Jahr 2100". Aber er sagte nur: „Hier draußen ticken die Uhren anders. Entspanne dich". Ich begab mich in den Wellness-Bereich und fragte jemand: „Wo bekomme ich einen Ausblick zur Erde?" Eine nackte Person wies mir den Weg zu einer Aussichtsstation. In dieser Aussichtsstation, die ich durch verwinkelte Gänge und eine Art Aufzug erreicht hatte, war niemand anders. Aber ich konnte die Erde sehen. Beim Anblick überkam mich ein Gefühl der Liebe, stärker als ich sie jemals in Wirklichkeit für diesen Planeten empfunden hatte. Ehrlich gesagt konnte ich mich nicht entsinnen jemals das Gefühl tiefer Zuneigung zur Erde empfunden zu haben. Aber hier stand ich, voller Erstaunen und Wertschätzung über den mir so vertrauten Planeten. Irgendwann verwandelte sich der Traum in einen Tiefschlaf und ich erwachte am nächsten Morgen und hielt meine Erfahrung schriftlich fest.

Tag 18

Nun hatte ich inzwischen wiederholt die Luzidtraum Erfahrung geschafft und hätte meine Versuche beenden können. Aber diese Versuche waren der Beginn einer wieder belebten „Affäre" mit dem Klarträumen und auch der Bewusstseinsarbeit. Ich träumte fortan zwar nicht mehr jeden Tag luzide, aber mindestens ein bis zweimal die Woche. Ich steigerte die Aufgabenstellung mehr und mehr, erforschte wieder Begegnungsträume, Gruppenträume, präkognitive Träume, telepathische Träume und Zeitreisen. Der Ball war ins Rollen gebracht. Diese Arbeit beeinflusste natürlich auch mein Wachbewusstsein und meine Lebensqualität im Gesamten. Tagsüber begann ich wieder häufiger zu meditieren. Im Job fühlte ich mich ausgeglichener und kraftvoller. Meine Augen hatten viel gesehen und leuchteten. All das war ein riesiges Erfolgserlebnis. Eine seltsame Eigenart des menschlichen Verstandes scheint es zu sein, spirituelle Erfahrungen nach und nach zu vergessen oder zu relativieren. Gepaart mit der Skepsis und tristen Lebensanschauung herkömmlicher Informationsquellen kann es durchaus vorkommen, dass man noch so viel erlebt haben kann, und trotzdem irgendwann aufhört, Praktiken wie diese fortzusetzen. Ich hatte, vor Tag 1 meiner Experimente sogar begonnen, daran zu zweifeln, dass das Klarträumen überhaupt besonders praktisch oder wichtig war! Und nun war es wie früher auch immer: „Wie konnte ich all das nur vergessen haben?"

16. Traumzeichen in „Vanilla Sky"

„Every passing minute is another chance to turn it all around"
(Jede Minute die vergeht, ist eine weitere Chance alles zu verändern).

- Einer der Schlüsselsätze aus „Vanilla Sky"

Der 2002 erschienene Film *Vanilly Sky* vom Regisseur Cameron Crowe mit den Hauptdarstellern Tom Cruise und Penelope Cruz habe ich bereits mit Kapitel über Traumtechniken kurz erwähnt. Für den angehenden Klarträumer lohnt es sich jedoch, diesen Film näher zu betrachten, nicht nur weil der Film vom luziden Träumen handelt, sondern weil er von der Schwierigkeit handelt, den Traum als Traum zu erkennen. Damit *ist* dieser Film ein *Training zur Traumbewusstheit!* Genau wie in echten Träumen bietet *Vanilla Sky* mehrere Hundert verborgene „Traumzeichen" während des Films. Die Aufgabe des Zuschauers ist es, herauszufinden, welche Szenen der Hauptdarsteller nur träumt und welche er in der Wachrealität erlebt. Wie im wirklichen Leben bemerken es jedoch die wenigsten Zuschauer. Ich habe den Film im Rahmen von Seminaren mit vielen Dutzenden Leuten angesehen, ohne dass die meisten im Publikum irgendwelche nennenswerten Besonderheiten bemerkten und schon gar nicht wussten, wann der Hauptdarsteller im Film „träumt" und wann nicht. Die am stärksten unbewussten Zuschauer sprachen sogar davon, den Film überhaupt nicht verstanden zu haben, oder dass der Film einfach nur verwirrend und schlecht sei. Je bewusster der Zuschauer, desto besser fiel die Beurteilung des Werkes aus. Der Zweck des ganzen Filmes ist es also, herauszufinden, wann Tom Cruise (im Film David Ames), träumt und wann er wacht. Durch verschiedene Traumzeichen im Film, wird der Zuschauer eingeladen, während des Schauens luzide zu werden. Bemerkst du keines der Traumzeichen im Film, führst du keinerlei Realitätstests oder „kritische Fragen" durch, ist es mit deiner Bewusstheit nicht weit her. Bewusstheit in der Wachrealität und Bewusstheit in der Schlafrealität gehen Hand in Hand. Hier die Resultate meiner Filmvorführungen vor insgesamt etwa 60 Leuten:

- 10% wussten nach dem Film nicht einmal, dass der Film von luziden Träumen handelt. Für sie war es irgendeine verworrene Geschichte um Liebe und Eifersucht.
- 40% wussten, dass der Film von Träumen handelte, konnten die Puzzlestücke jedoch nicht zusammensetzen.
- 30% verstanden, dass manche Szenen Traum und manche der Wachrealität entsprachen, waren sich aber nicht ganz sicher welche.
- 15% erkannten die versteckten und halbversteckten Traumhinweise während des Filmes.
- 5% Verstanden den Film als das, was er war: Ein luzides Traumtraining.

Beim zweiten und dritten Ansehen des Filmes verbesserte sich das Filmverständnis der Zuschauer erheblich.

Es ist ohnehin bereits eines meiner liebsten privaten Hobbys, in Filmen nach verborgenen, geheimen, unbemerkten, subliminalen, esoterischen, hintergründigen und tieferen Ebenen Ausschau zu halten. In meinem Buch „Reality Creation" habe ich bereits die tieferen kabbalistischen und alchemistischen Botschaften der alten „Star Wars" Filme aus den 70er Jahren entschlüsselt, und dabei klar aufgezeigt, dass es in manchen Hollywood-Filmen eine zweite Handlungsebene gibt, die 95% der Kinogänger gar nicht bemerken. Meiner Tradition folgend möchte ich nachfolgend mit den verborgenen Botschaften von „Vanilla Sky" fortsetzen. Ich würde empfehlen, den folgenden Abschnitt nur dann zu lesen, wenn du den Film schon gesehen hast Schon jetzt, wo es dir gesagt wurde, wirst du mehr als andere sehen. Versuche die Traumhinweise selber zu finden, und lese dann erst den Abschnitt. Danach schaue dir den Film, wenn du willst, ein zweites Mal an. Du wirst völlig andere Dinge bemerken. Die Merkmale, die ich gleich aufzähle, würden dir den Film verderben, wenn du nach ihnen suchst, ohne überhaupt die normale „erste Handlungsebene" zu kennen. Manche dieser Punkte habe ich nicht einmal nach dem 5ten Anschauen bemerkt. Bereits nach dem ersten Ansehen wusste ich, dass hier etwas Besonderes im Gange war. Nach dem zweiten Durchgang habe ich die Handlung an sich einigermaßen verstanden (während andere schon nach dem ersten Durchgang meckerten: „Was für ein Blödsinn! Total unverständlich! Den schaue ich mir nicht noch mal an!" – aus solchen Leuten werden keine professionellen Oneironauten mehr). Nach dem dritten Sehen habe ich die verschiedenen Erklärungsmöglichkeiten des Filmes erkannt, und erst im fünften Durchgang habe dann allmählich auf kleinere Details geachtet. Auf noch tiefere Details bin ich erst aufmerksam geworden, als ich den Film mit einem DVD-Pausenknopf seziert habe. Inzwischen konnte ich meine Informationen mit anderen Info-Stückchen aus dem Internet ergänzen. Und plötzlich fallen dir Dinge auf, die darauf hinweisen, dass alles nur ein Traum ist...

Drei verschiedene Theorien über die Handlung des Filmes:

Es ist alles so passiert, wie es die Figur „Tech Support" gegen Ende des Films beschreibt: In der Nacht in der Disco zieht sich David, verletzt durch Sofias abweisende Haltung, zurück. Wenige Wochen später begeht er Selbstmord und wird von L.E. (Life Extension) eingefroren und mit Träumen versorgt. Der „Splice", also das Ende seines regulären Lebens und der Beginn seines Traumes, beginnt, als er am Morgen nach der Disco von Sofia auf der Straße liegend aufgefunden und geweckt wird. Im weiteren Verlauf des Filmes durchlebt David eine Mischung aus Traum, Alptraum, Luzidtraum und Rückblenden auf sein früheres Leben. Anzeichen dafür, dass genau hier der Traum beginnt: Die seltsamen Hintergrundsgeräusche (das sind die Geräusche der L.E. Traumüberwachungszentrale), die „Boo!", Zwischenschaltung von Julie Gianni, der Vanille-farbene Himmel, als David und Sofia wegspazieren, und die gesamte Atmosphäre, die nach dem „Schnitt" merklich verträumter wird.

Alles bis zum Autounfall findet real statt und der Rest des Filmes ist ein Traum, den David hatte, während er im Koma lag. Am Ende des Filmes wacht er schließlich auf.

Das Ganze, während des gesamten Filmes, ist ein Traum auf verschiedenen Ebenen.

Traumsignale

Der Film enthält etliche Hinweise darüber, dass David seine Realität selbst erschafft oder dass er die volle Kontrolle über seine Realität ausüben könnte. Diese Aussagen wirken wie Ausrufe an ihn, endlich luzide zu werden. Hier nur ein paar davon: „Don´t feel bad for him. This man is your creation. It´s in his nature to fight for his existence." (Sei ihm nicht böse. Dieser Mann ist deine Schöpfung. Es liegt in seiner Natur, um seine Existenz zu kämpfen"). „You are God" (Du bist Gott). „What if God was one of us?" (Was ist wenn Gott einer von uns ist?). „It´s all your creation" (Es ist alles deine Kreation). „You can take control of your life, just like you are controlling that glas" (Du kannst Kontrolle über dein Leben übernehmen, genauso wie du das Glas da kontrollierst). „I choose this scenario, didn´t I?" (Ich habe dieses Szenario ausgewählt, nicht wahr?).

Am Anfang des Films sagt eine Stimme „Open your eyes". In der Traumsequenz spricht der spanische Akzent von Sofia und erst danach die Stimme von Julie. Entweder stützt dies die Theorie, dass der gesamte Film Traum ist, oder es handelt sich um einen Hinweis auf präkognitives Träumen.

In Julias ersten Szene des Films klingelt das Handy in der Melodie des Liedes „Row your boat". Der Refrain dieses Liedes geht so: „Row, Row, Row your boat, gently down the stream. Merrily, Merrily, Merrily, Merrily, life is but a dream" (Rudere dein Boot sanft den Strom hinab, heiter und fröhlich, *das Leben ist nur ein Traum*).

Im Gefängnis trägt David für ein paar Sekunden ein Namensschild mit der Aufschrift „Frozen Guy" (er war 150 Jahre lang eingefroren, was aber der Zuschauer zu diesem Zeitpunkt des Filmes noch nicht weiß).

Auf dem Cryonisation-Tank ist die folgende „Patienten-Nummer" eingraviert: PL515NT 4R51MS. Wenn du die Zahlen mit den alphabetisch korrespondierenden Buchstaben ersetzt, bekommst du „Pleasant Dreams" (angenehme Träume). Ein ähnliches Code-Zahlen-Wortspiel ist auf dem Häftlingsfoto von David zu sehen. Wenn man den Code entziffert, heißt es: „When has your dream turned into a nightmare?" (Wann hat sich dein Traum in einen Alptraum verwandelt?").

Der Film beginnt mit dem Lied „Everything in it´s right place" von Radiohead. Der Refrain dieses Liedes: „Yesterday I woke up sucking on a lemon". Dies korrespondiert mit dem „Sweet and Sour" Thema des Filmes. Eine der Hauptaussagen des Filmes, die von mehreren Personen ausgesprochen wird, ist: „The sweet is never as sweet without the sour" (Übertragen: „Das Süße schmeckt niemals so süß, wenn man nicht auch das Saure kennt").

Die metaphorischen Parallelen zu christlichen Themen (Leser, die sich mit christlichen Dingen beschäftigen, werden diese Symbole wieder erkennen): Beide Damen des L.E. Institutes für Luzide (Luzifer) Träume haben rote Haare. Als McCabe und David dort sind, fragt McCabe mehrmals: „Hast du einen Vertrag mit diesen Leuten unterschrieben?". Hinter der rothaarigen L.E. Dame am Anfang der Sequenz ist heiße, rote Soße zu sehen. Die Dame ist verführerisch und sexy und versucht David zu etwas zu überreden. David stirbt mit 33 Jahren, genau wie Jesus. Sein Vater schrieb „DAS BUCH", namens „Defending the Kingdom" (Verteidigung des Königreiches). Seine Zeitschrift hieß „Rise" (Wiederauferstehung). Auf Sofias T-Shirt in der Disco ist die Aufschrift „St. Rose" zu sehen.

Gleichzeitig ruft David in der Disco des öfteren „Patron!" (in Anspielung auf einen Tequila gleichen Namens). Zusammen ergibt das „Patron St. Rose", die Mutter der Eitelkeit (das wiederum genau das Thema war, um das es in der Disko ging). Der Ort, an dem David eingefroren wird, und auch der Ort, wo David angeblich ein neues Gesicht bekommt, heißt „Beth Israel Hospital".

Auf der Windschutzscheibe seines Ferraris und seines Mustangs ist das Registrierungsdatum 30. Februar 2001 zu sehen. Dieses Datum gibt es nicht, was darauf hinweist, dass auch dies ein Traum sein könnte.

Sofia und David liegen im Bett und reden verliebt aufeinander ein. Als sie ihn fragt, ob dies ein Traum sei, antwortet David: „Absolutely!"

Das Buch, das kaum sichtbar im Gefängnis auf dem Tisch liegt, ist „Memories, Dreams & Reflections" von Carl Gustav Jung.

In der letzten Szene im Gefängnis ist auf dem Schwarzbrett im Hintergrund das Wort SMAERD zu sehen. Rückwärts geschrieben: DREAMS. (Mit anderen Worten: Die Szene ist geträumt).

Die Zahl 9 kommt überdurchschnittlich häufig vor. Beispiele: Das Polizeifoto von Julie Gianni ist 1999999999. David hat die Uhrzeit 9:09. Auf dem T-Shirt eines Jungen steht die 9. Auf dem Schwarzbrett steht die 9.

Zwei Lieder der Popgruppe R.E.M. werden im Film abgespielt. R.E.M. steht für „Rapid Eye Movement", der Zustand eines Träumenden.

Das Haus am Anfang des Films ist dasselbe, in dem John Lennon wohnte.

Lust auf mehr? Ich könnte durchaus noch eine Seite mit Traumsignalen aus diesem Film weitermachen. Das könnte ich mit etwa jedem 5ten Film machen, den ich sehe. In manchen Filmen gibt es versteckte Seltsamkeiten die *fast unmöglich* aufzudecken sind, zumindest nicht in unserem gewöhnlichen „Unterhaltungsbewusstseins-Modus". Ein gutes Beispiel dafür ist der Film „Mullholland Drive" von David Lynch. Ich spürte, dass irgendetwas an diesem Film sonderbar ist, aber ich war mir nicht sicher, was genau, so wie ich manchmal träume und spüre, dass irgendetwas sonderbar ist, aber nicht genau weiß, was (prä-luzide). Also vertiefte ich meine Aufmerksamkeit etwas. Und schon hatte ich einige Dinge bemerkt, die so schnell und unscheinbar vonstatten gingen, dass sie niemand auch nur annähernd registrierte. Beispiel: In einer Szene dieses seltsamen Filmes sitzen zwei Leute in einem Cafe namens „Winkies". Sie trinken aus braunen Kaffeetassen. Schließlich verlassen sie das Cafe. Normalerweise ist die Aufmerksamkeit der Zuschauer auf die beiden Sprechenden fokussiert, die das Cafe verlassen. Würdest du die Aufmerksamkeit jedoch nicht auf den Brennpunkt des Geschehens, sondern auf den Tisch richten, wo die beiden saßen, würdest du entdecken, dass die Kaffeetassen, aus denen die beiden soeben getrunken haben, auf dem Kopf stehen! Und um dies zu bemerken hättest du etwa 2 Sekunden Zeit. Ein Traumsignal inmitten eines Filmes. Wie wundervoll. Das ist, als würde der Regisseur des Filmes eine Kommunikation mit einem anderen Teil von dir führen, mit deinem Unterbewusstsein statt deines bewussten Verstandes. Das Unterbewusstsein bemerkt alles, was deiner bewussten Wahrnehmung entgeht.

Hier habe ich gerade mal eine zweite Ebene von Filmen angesprochen. Man könnte jedoch durchaus noch mit dritten und vierten Ebenen (!) weitermachen, aber ich möchte den

Rahmen dieses Kapitels nicht sprengen. Die Botschaft hier lautet lediglich: Wach auf! Öffne die Augen und *bemerke*. *Bemerke*. Das gilt für alles, nicht nur für Filme. Es gilt für Nachtträume (bemerke beispielsweise, wie du im Traum Hunderte von Antworten auf die Fragen bekommst, die dich während des Tages quälen), dein tägliches Leben (dass du in Bewusstheit statt Halb-Hypnose verbringen kannst), es gilt für alles. Ich bin davon überzeugt dass dir schon allein dein Alltag genug „Zeichen und Symbole" schickt, die dich an deine höhere Realität erinnern sollen oder dazu dienen würden, dir zu helfen. Das Problem ist nicht, dass Wunder nicht existieren, dass Problem ist, dass wir sie nicht bemerken. Vielleicht bemerken wir sie nicht, weil wir zu beschäftigt sind, da nach Wundern zu suchen, wo wir meinen, sie finden zu müssen.

Während ich diese Zeilen schreibe, sitze ich in einem Hotelzimmer. Die Nacht bevor ich in diesem Hotel ankam, träumte ich von einem Ozean. In diesem Hotelzimmer direkt vor meinem Bett das Bild eines Ozeans. Vorhin rief mich meine Freundin an und erzählte mir, dass sie für mich einen Ozean malt. Das ist kein Witz, dass sind so genannte „Wellen der Synchronizität".

17. Der Sporttraum

Erfolgssportler lieben den „Flow-Zustand", bei dem sie scheinbar von einer höheren Macht ergriffen worden zu sein, und alles „wie von alleine" fließt. Diese berauschende Erfolgstrance ist meist die Folge von extremer und dauerhafter Aufmerksamkeitskonzentration. Nachdem der Sportler alles in seiner eigenen Macht liegende Getan hat, kommt eine noch höhere Macht zu Hilfe. Bewegungen und Manöver beginnen für den Zuschauer wie Magie auszusehen. Und es sieht plötzlich alles mühelos aus. Phasen wie diese sieht man manchmal bei Weltklasse-Sportlern. Oftmals muss man sich mehrere Turniere oder Spiele anschauen, bis man Ansätze des Flow-Zustandes sieht. Dieser Zustand ähnelt sehr stark dem Zustand des luziden Traumes. Auch im luziden Traum scheint alles von einer zauberhaften Leichtigkeit getragen zu sein. Das bewusste Denken ist nicht mehr involviert, die genau richtigen Manöver geschehen von ganz alleine.

Als Sporttraum wird hier die Möglichkeit bezeichnet, sportliche Bewegungsabläufe während des Schlafes einzuüben und im Wachzustand sich der Resultate dieser Übungen zu erfreuen. Das klingt in manche Ohren noch fantastischer als das bisher Gesagte, wird aber immer wieder von Oneironauten aus aller Welt bestätigt. Der luzide Sporttraum enthält den konkretesten Beweis dafür, dass die Aktivitäten im Klartraum eine direkte Auswirkungen auf die Erlebnisse in der Wachrealität haben. Aus dem Buch „Schöpferisch Träumen" des deutschen Traumforschers Paul Tholey, stammt folgendes gute Beispiel:

Es handelt sich um einen Kampfsportler der ein Schüler Tholeys war. Nach vielen Jahren des Trainings so genannter „harter Systeme" (Karate, Taekwondo, Ju-Jutsu), entschloss er sich zum Erlernen eines „weichen Systems" (Aikido). Nach zweijährigem Training glaubte er an die Grenzen seiner Fähigkeiten gelangt zu sein. Seine Muskulatur entsprach immer noch nicht den fließende Bewegungen des neuen Systems, und die alten „harten", tief eingeschliffenen Automatismen seiner Körper- und Kampfmotorik überlagerten immer wieder die eigentlich zu erlernenden neuen Bewegungsformen. Er war drauf und dran, alles aufzugeben, als er das Klarträumen erlernte. Den folgenden Traumbericht wertet er selbst als Schlüsselerlebnis, das ihn auf den „richtigen" Weg brachte.

„An diesem Abend, nachdem ich im freien Training immer noch nicht in der Lage war, den Stockangreifer ohne Kontakt leer laufen und „zu Fall bringen", zu lassen, wie mein Trainer immer zu sagen pflegte, ging ich sehr mutlos zu Bett. Während des Einschlafens hatte ich immer wieder die Situation vor Augen, die während der Abwehr die eigentlich richtige Ausweichbewegung mit meinem inneren Impuls zu einem harten Abwehrblock kollidierte, so dass ich letztlich immer wieder völlig ungeschützt und wie ein Fragezeichen dastand. Eine lächerliche und unwürdige Situation für einen Schwarzgurtträger. Während des Traumes in dieser Nacht fiel ich einmal zu Boden und schlug hart auf, statt mich abzurollen. In dieser Situation, so hatte ich mir vorgenommen, wollte ich mir immer die kritische Frage stellen; das hatte ich während des Wachens schon oft eingeübt. Ich war sofort klar! Ohne lange nachzudenken, wusste ich sofort, was ich nun tun musste. Ich ging sofort zu meinem Dojo, wo ich mit einem Traumpartner ein freies Training von Stockabwehrtechniken begann. Immer und immer wieder übte ich den Ablauf locker und anstrengungslos durch. Es ging mit jedem Mal besser. Am nächsten Abend ging ich voller Erwartung zu Bett, erreichte auch wieder den Klartraumstatus und übte weiter. So ging es die ganze Woche, bis ich wieder zum Mittwochstraining kam. Obwohl ich ganz gespannt und aufgeregt war, verblüffte ich meinen Trainer mit einer fast perfekten Stockabwehr, und obwohl wir die Angriffsgeschwindigkeit immer weiter steigerten, bis zur realistischen Schnelligkeit und Impulsabgabe, machte ich keinen gravierenden Fehler mehr. Von da an lernte ich sehr schnell, und nach einem weiteren Jahr hatte ich selbst die Trainerlizens erworben."

Der Traumforscher Paul Tholey ist selbst ein gutes Beispiel für den Erfolg von Traumsport. Er hatte es aufgrund seiner Fähigkeit zum bewusst herbeigeführten Klartraumtraining in den verschiedensten so genannten Risikosportarten (Skirennlauf, Skiakrobatik, Skateboard und Einradfahren) zur Meisterschaft gebracht. In diesen Sportarten, in denen es hauptsächlich um Balance geht, erfuhr er eine unüblich hohe Entwicklungsgeschwindigkeit. Er stieg beispielsweise im relativ hohen Alter von 38 Jahren in das Skateboardfahren ein und hatte bereits mit 39 Jahren einen Spitzenplatz bei den offenen Europameisterschaften. Im gleichen Jahr begann er mit der Skiakrobatik, ein halbes Jahr später schaffte er bereits Salti und Helikoptersprünge von der Schanze auf der Buckelpiste.

Inzwischen enthalten die Forschungsarchive der Klartraumforscher Berichte von jeder Sportart, die es gibt. Die Vorraussetzung zum Sporttraumtraining ist lediglich Luzidität und die Trainingsabsicht, die vor oder während des Traumes programmiert wird. Das was im Traum zu tun ist, weiß der träumende Sportler selbst am besten.

Tatsächlich sind körperliches Training und eingeübte Technik Hauptfaktoren des sportlichen Erfolgs. Aber in Disziplinen, bei denen die Konkurrenz körperlich und technisch alle auf fast identischem Niveau sind, entscheidet der mentale und emotionale Zustand der Spieler über die letzten Prozent zum Erfolg. Trainierbar sind in dieser Hinsicht:

Der Bewusstseinszustand des Spielers. Aus der Kineosologie wissen wir, dass bestimmte Emotionen und Zustände sich tatsächlich muskelschwächend und konzentrationsstörend auswirken (siehe dazu „Bewusstseinsskala" im letzten Buchkapitel). Zu solchen erfolgssabotierenden Zuständen gehören: Angst, Überheblichkeit, Wut, Scham, Trauer, Gleichgültigkeit und viele andere. Diese Zustände sind weder zu unterdrücken noch auszuleben, sondern sanft auf mentaler Basis oder in heilenden Träumen aufzulösen. Nützliche Zustände zur Förderung der Leistung sind: Mut, Enthusiasmus, Begeisterung, Bereitwilligkeit, Aktionsfreude, Konzentration, Spaß, Humor, Akzeptanz, Freude, Liebe, Entspannung und viele andere. Solche Zustände sind ebenfalls nicht zu erzwingen, sondern sanft durch mentale Prozesse oder Traumarbeit herbeizuführen.

Automatisierte, unbewusste und halbbewusste Verhaltensweisen und Bewegungsabläufe. In sportlicher Hinsicht gibt es etliche Bewegungs- und Verhaltensautomatismen, die hilfreich sind und zu bewährten Erfolgs-Manövern geführt haben. Aber nicht alle automatisierten Aktionen sind hilfreich und manche blockieren sogar die Kreativität des Sportlers. Sie verhindern, dass der Spieler neue Techniken oder Bewegungen dazulernt oder etwa im Teamsport für Überraschungseffekte sorgt. Für den Zuschauer ist offensichtlich, wie so mancher Spieler immer wieder dieselben Tricks, Manöver und Bewegungen vollführt, und sie auch weiter fortsetzt, auch wenn sie seit etlichen Spielen keinerlei Erfolg bringen. Das Auflösen unerwünschter Automatismen und das Einüben neuer Automatismen ist durch fokussierte mentale Arbeit und durch Klarträume möglich.

Weitere im Traum oder mental trainierbare Fähigkeiten, die dem Sportler nützen: Das gezielte Einsetzen und Abwechseln von Entspannung und Anspannung. Die Visualisation von Zielen. Das Setzen mentaler „Anker" in Momenten großer Erfolge zur späteren Nutzung. Konzentration, Aufmerksamkeit, Fokus und Übersicht. Intuition und erweiterte Wahrnehmungen. Teamfähigkeit und die emotionale und gedankliche Verbindung zu anderen Spielern oder Teampartnern. Motivation und Spielfreude. Die mentale Beschleunigung der Heilung von Verletzungen.

18. Der Genusstraum

„Hattest du schon mal einen Traum, Neo, der dir vollkommen real schien? Was wäre, wenn du aus diesem Traum nicht mehr aufwachst? Woher würdest du wissen, was Traum ist und was Realität."

Morpheus im Film „The Matrix"

Verzicht beginnt nicht damit, dass wir unseren wahren Wünschen nicht folgen, er beginnt damit, dass wir diese nicht einmal zugeben. In der Traumwelt ist aber alles erlaubt. Behandle dich in deinen Träumen gut, verwöhne dich selbst. Wir tendieren alle etwas dazu, im Verzicht zu leben, um uns gesellschaftlichen Normen, Regeln und Erwartungen anzupassen. Werden unsere innersten Wünsche und Triebe aber zu lange zu stark unterdrückt, kann genau das dazu führen, dass wir sie auf unkonstruktive, schädliche oder kriminelle Weise ausleben. Träume ermöglichen es uns, diese Dinge auszuleben. Danach können wir immer noch entscheiden, ob wir diese im Wachleben ausleben möchten oder bis zu welchem Grad wir sie ausleben möchten.

Um extreme Beispiele zu nennen: Aktuellere empirisch-wissenschaftliche Studien zeigen immer wieder auf, dass beispielsweise die Pornographie oder gewalttätige Computerspiele eben nicht zu mehr Vergewaltigung und Morde führen, sondern dass sich die Menschen gerade hier abreagieren können und dadurch ihren Mitmenschen solche Übertretungen ersparen. Nach dem neusten Wissenstand ist die Behauptung „Gewaltfilme führen zu Gewalt" nicht mehr haltbar, wird aber trotzdem nach wie vor von vielen so vertreten. Ein interessantes Faktum: Bevor es Porno- und Gewaltfilme gab, existierten Mord, Totschlag und Vergewaltigung bereits seit Tausenden von Jahren. *In Relation zur Bevölkerungszahl war die Anzahl der Gewaltverbrechen in früheren Zeiten sogar höher.* Filme oder Gewaltdarstellungen sind also meiner Meinung nach nicht als *Ursache* für Gewaltverbrechen, sondern als *Ventil* in denen tendenziell verbrecherische Menschen sich abreagieren können, erkennbar. Ich selbst war in meiner Teenagerzeit vielen Hunderten Gewaltfilmen ausgesetzt, habe jedoch in meinem Leben noch nie das geringste Anzeichen oder überhaupt Interesse an körperlicher Aggressivität gezeigt. Ich habe noch keiner Fliege (außer den erwähnten Mücken) was zu Leide getan. Jemand bei dem aggressive Absichten bereits vorhanden sind, wird diese ausleben, unabhängig vom Film. Der Film wird hier höchstens noch als Bestätigung seiner eigenen Absichten bewertet. Empfehle ich hier also, Träume zu benutzen um Verbrechen zu begehen, das andere Geschlecht zu unterwerfen, die Gesellschaft zu provozieren? Keineswegs. Nicht einmal im Traum. Extreme Handlungen wie Vergewaltigung oder Mord sind eine *Reaktion* auf tiefer liegende psychologische Unzulänglichkeiten. Zu empfehlen wäre viel mehr eine Heilung der dahinter liegenden Gefühle. Der Punkt oder der Grund, warum ich dies überhaupt anspreche ist folgender: Befreie dich von allen moralischen Zwängen und lebe das aus, was du ausleben möchtest, solange es in Einklang und Respekt vor deinen Mitmenschen geschieht. Die Unterdrückung von Wünschen führt nach und nach zu unkontrollierten Trieben und Gewaltakten. Die Achtung deiner Mitmenschen gilt auch für die „Traummenschen", denen du begegnest. Dies sind nicht selten Aspekte deiner Selbst. Würdest du dich selbst ermorden oder zu Dingen zwingen? Ich glaube kaum. Die einfachste Regel ist: Tue alles, was du willst, und trage einfach dafür die Verantwortung. Wenn du Lust hast, jemand ins Gesicht zu schlagen, dann akzeptiere auch, dass dich jemand ins Gesicht schlägt. Wenn du andere manipulierst, nimm in Kauf, ebenfalls manipuliert zu werden. Das, was du sagst, denkst, tust, wird auf dich zurückkommen. In der Traumwelt sogar noch schneller. Je höher die Bewusstseinsebene, desto mehr ist das, was du anderen tust, nicht von dem unterscheidbar, was du dir selbst tust. So einfach ist das. Da brauchen wir aber auch keinen moralischen Zeigefinger, sondern nur Bewusstsein. Gewöhne dich aber auch allmählich daran, dass es wundervolle Dinge gibt, die du erleben darfst und kannst.

Genussträume ergeben sich meist von selbst, weil du im Zustand luzider Freiheit automatisch an die Dinge denkst, die dir gefallen. Du bist frei, und plötzlich kommen dir die Dinge in den Sinn, die dich faszinieren. Nehmen wir an, dass du schon eine ganze Weile Oneironautik praktizierst. Mit zunehmender Kraft wirst du dir während des Traumes erlauben, mehr und mehr auszuprobieren. Möchtest du gerne mit einer Bewusstseinseinheit sprechen, die nicht auf der Erde inkarniert ist? Möchtest du eine bestimmte berufliche Position ausprobieren? Möchtest du mit jemand Bestimmten ein sexuelles Abenteuer ausleben? Nur zu. Aber auch für angehende Klarträumer gibt es Wege, dem Genusstraum etwas nachzuhelfen. Für ein Klartraumtraining habe ich vor einigen Jahren mal eine „10-Tages-Kur" ausgearbeitet, die du gerne ausprobieren kannst. Schaffst du es wirklich, diese 10 „Basis-Genussträume" zu programmieren, kannst du dich als Profi der Traumkontrolle bezeichnen.

Tag 1: Fokussiere beim Einschlafen etwas Visuelles, dass du genießt. Lasse einen Film davon ablaufen, schlafe damit ein.

Tag 2: Fokussiere etwas Schönes für die Geschmacks- und Geruchssinne. Was würdest du gerne Essen und Trinken? Schlafe damit ein.

Tag 3: Fokussiere etwas berauschend schönes Auditives. Was würdest du gerne hören? Harfen? Vogelzwitschern? Meeresrauschen? Sphärische Klänge? Schlafe damit ein.

Tag 4: Erschaffe deinen Idealtraum. Male dir schon vor dem Schlafengehen deine Traumlandschaft aus, wie sie einem deiner höchsten Ideale entspricht. Während du dann luzide träumst, kannst du z.B. mit deiner Traumhand deinen „Traumbildschirm" zu einem weißen, leeren Bild abwischen. Dann zeigst du, wo du Berge, Ozean und Himmel haben willst und bestimmst die Farbtöne. Erschaffe dann Details in Pflanzen, Tieren, Gebäuden. Füge Details hinzu, nimm welche weg, verändere sie, entferne sie, bis du dein Idealbild hast. Stehe da und genieße die Kraft deiner Fantasie. Du hast ein Universum erschaffen. Steige hinein und spiele dort.

Tag 5: Erforsche noch intensivere Traumterritorien. Das Navigationswerkzeug dafür ist der Teil von dir, der schon immer mit diesen Territorien vertraut war, und sich bereits bestens damit auskennt Dimensionssprünge zu machen. Nur weil du die Fähigkeiten vergessen hast, bedeutet das nicht, dass die Bewusstseinsaspekte deiner Selbst diese ganz natürlichen Anlagen nicht mehr beherrschen. Das wäre als würdest du sagen: „Ich kann nicht Fernsehen, weil ich nicht weiß, wie ein Fernseher konstruiert ist". Wir *sind* Wach- und Schlafbewusstsein. Beide Bewusstseinaspekte deiner Selbst operieren in verschiedenen „Spektren". Aber während du träumst, gibst du dir einfach die Anweisung, verschiedene Territorien gezeigt zu bekommen, eine Tour zu bekommen. Dein Schlafbewusstsein weiß schon, was eine Tour ist. Wenn du in ein Reisebüro gehst, zweifelst du auch nicht daran, dass diese Leute wissen, wie man eine Reise organisiert. So weiß das Schlafbewusstsein ganz genau, was du mit all diesen Anweisungen meinst. Dann, nachdem du den Befehl gegeben hast, erlaube, dass sich das entfaltet, was sich eben entfaltet. Reduziere ein wenig die Traumkontrolle (ohne sie jedoch soweit zu reduzieren, dass du unbewusst wirst). Lasse dir von deinem „Traumführer" zeigen, was er zu zeigen hat. Es wird ihm eine Freude sein.

Tag 6: Programmiere einen sehr langen Traum oder eine ganze Serie mehrerer Träume während einer Nacht.

Tag 7: Fokussiere das Fühlen (Regen, Wind, Sturm)

Tag 8: Interaktion und Erforschung. Beginne mit der Interaktion mit Traumcharakteren, so als wären sie real statt Kreationen deines Unterbewusstseins. Dieser Schritt wird dich später darin unterstützen, so genannte „Co- und Gruppenträume" zu erleben. Wir arbeiten hier nun mit der Ganzheit von uns, mit allen Aspekten unseres Seins, nicht nur mit Wach- und Schlafbewusstsein. Du bist noch viel mehr als das. Es gibt da z.b. noch das höhere Selbst und noch ein paar weitere Aspekte. Nicht alle Interaktionen mit anderen Wesen sind subjektive Teile deiner Selbst. Auf fortgeschritteneren Ebenen sind wir dazu in der Lage unsere Erfahrungen mit anderen Bewusstseinseinheiten zu teilen. U.a. werden diese anderen Freunde und Familie sein. Behandle sie mit Liebe und Respekt. Du wirst die Auswirkungen davon im Alltag spüren.

Tag 9: Gehe zur fortgeschrittensten Ebene, die es für dich überhaupt gibt. Wie gesagt arbeitest du allmählich darauf hin, das „Ganzbewusstsein" miteinzubeziehen und dadurch höhere Ebenen der Bewusstheit zu erfahren. Diesen dir normalerweise nicht bewussten Teil von DIR, wirst du brauchen, um weiter zu kommen, höher zu gehen. Zugang zu diesen Bereichen bekommst du mit Hilfe deiner Erfahrung, Vorstellungskraft, deiner Liebe zum Träumen und deiner Intuition.

Tag 10: Fliege. Probiere anfänglich größere Schwebesprünge. Das fliegen braucht manchmal etwas Übung. Dann gehe über zum „Schwimm-Fliegen", indem du Schwimm-Bewegungen in der Luft vollführst oder als würdest du wie ein Frosch im Wasser schwimmen. Schließlich versuche mit einem schnellen Raketenstart in de Luft abzuheben. Fliege mit großer Geschwindigkeit durch den Himmel. Manche Klarträumer brauchen ein paar Monate, um verschiedene Flugängste zu überwinden. Nicht alle Flüge werden erfolgreich sein. Manchmal wirst du in Berge, Gebäude, Schluchten abstürzen. Diese zeigen dir, in welchen Gebieten du noch keine Traumkontrolle (stärkere Luzidität) erreicht hast. Benutze sie als Lektionen, stehe wieder auf und fliege weiter (viele werden nach einem Absturz wieder unbewusst). Hier 4 Flugstartvarianten, die ich selbst erlebt habe: Sprung aus dem Stehen. Sprung aus dem Rennen. Sprung von einem Berg (Tauchen). Sprung durch mentale Absicht.

Ein weiteres Merkmal, dass ich an Träumen genieße, ist ihre Seltsamkeit. Bei aller Luzidität und Traumkontrolle finden immer noch die seltsamsten Dialoge, die andersartigsten Atmosphären und die eigenartigsten Handlungen statt. Statt jedoch beängstigt zurückzuweichen, genieße ich jeden Moment. Nicht selten verhelfen mir gerade diese sonderbaren, unlogischen Momente, mir darüber bewusst zu werden, dass ich luzide träume.

Ein Grund, warum in vielen psychologischen und esoterischen Seminaren „Visualisationsübungen" vermittelt werden, ist, weil der Emotionalkörper nicht zwischen „realer" und „eingebildeter" Erfahrung unterscheidet. Ob du die Augen schließt und dich an einen realen Urlaub erinnerst oder sich einen Urlaub einbildest, macht kaum einen

Unterschied. Der Körper reagiert bei beiden mit den entsprechenden Emotionen. Wenn du dass nicht glaubst, probiere es selbst aus. Der Luzidtraum wirkt ähnlich einer Visualisation mit dem Unterschied, dass er um ein Vielfaches plastischer, kinetischer und erlebnisintensiver ist als die Vorstellung und manchmal sogar als das Realerlebnis! Das ist das Kuriose und zugleich Wundervolle an hohen Klartraumzuständen. Die dadurch verursachten Emotionen sind eine Quelle vieler Arten von Glück und Gesundung. Wenn du jemand bist, der bereits aktiv mit Visualisations-, Imaginations-, Submodalitäten- und Reframing-Techniken arbeitest, sei dir hier gesagt, dass du die gleichen Techniken auf der Traumebene durchführen kannst. Du kannst die Farben reduzieren, verändern, intensivieren, du kannst die Lautstärke nach oben oder unten drehen, und so weiter. Es ist dein Kunstwerk.

19. Der Kreativtraum

„Eine meiner Aufgaben als Schriftsteller ist es, zu träumen, während ich wach bin"

Stephen King

Wir hören oft von Wissenschaftlern, Schriftsteller, Erfinder und Künstler, dass sie ihre besten Ideen, wie durch „höhere Quelle inspiriert", nicht in der Arbeit sondern in Zuständen tiefer Entspannung oder im Traum fanden (Unter den Schriftstellern die luzide Träume als Inspiration für ihre Werke angaben sind u.a. Charles Dicken, Dean Koontz, Tolkien, Stanislav Lem). Diese Aussagen kann ich durch meine eigenen Erfahrungen bestätigen. Viele meiner besten Ideen habe ich direkt aus Träumen. Die meisten dieser von mir so genannten „Kreativträume" tauchen spontan auf, ohne dass ich es forciert hätte. Manche davon habe ich auf der Suche nach einer Lösung zu einem Problem bewusst programmiert. Die Idee zu einem meiner Sachbücher habe ich aus einem Traum. Die Idee eines meiner Firmen-Logos habe ich direkt aus einem Traum „heruntergeladen". Die Bilder, die in meiner Wohnung hängen, habe ich in Auftrag gegeben, nachdem ich diese geträumt hatte. Meine ursprünglichen Erfahrungen mit Astralreisen begannen im Traum. Manche denken, ich hätte in einigen Fällen ein „gutes Händchen für Marketing-Strategien". Wenn diese Leute wüssten, dass ich mir all diese Ideen aus Träumen „geklaut" habe, würden sie sicherlich staunen. Der Kreativtraum war für mich schon immer von Nutzen und wird es in Zukunft auch bleiben. Die Grenzenlosigkeit des Traumuniversums ist eine Quelle unerschöpflicher Ideen. Teilweise hatte ich auch schon die legendären „Millionärs-Ideen" im Traum. Sie wurden mir einfach auf einem goldenen Tablett serviert. Zumindest wusste ich in diesem Moment, dass diese Idee Reichtum bedeutet. Das Interessante ist, dass ich mich nach dem Aufwachen nicht an diese Idee erinnern konnte. Da wollte irgendeine Schutzfunktion meines Unterbewusstseins, dass ich mir durch kreative Arbeit wie diese mein Geld verdiene. Damit bin ich durchaus einverstanden. Manchmal wurden mir im Traum komplexe Zusammenhänge, mathematische Formeln, bedeutungsschwangere geometrische Formen und chemische Zusammensetzungen gezeigt. Mir wurde dabei zu verstehen gegeben, welche revolutionäre Bedeutung diese Dinge haben. Da ich aber mit diesen nichts anfangen konnte, schrieb ich sie auch nicht nieder, nach dem Motto „Schickt diese Träume Leuten, die etwas damit anfangen können". Eine Anleitung zum Kreativträumen werde ich dir nicht geben. Das sind Informationen, die einfach ein natürlicher Bestandteil des luziden Träumens zu sein scheinen. Du wirst sie haben, wenn du luzide träumst. Andernfalls kannst du sie auch bewusst programmieren (siehe „Traumtechniken"). Was ich dir hier geben kann, ist ein Beispiel dafür, wie weit und detailliert ein kreativer Traum gehen kann. Mein Problem bestand darin, dass ich schon einige Sachbücher geschrieben hatte und nun einen Roman schreiben wollte. Ich begann einen Roman, löschte ihn wieder, begann etwas anderes, löschte es wieder, begann einen anderen Roman, ließ ihn im PC vor sich hinvegetieren. Kurzum, ich brachte es nicht zustande, einen Roman zu schreiben. Vor allem die ausführliche Beschreibung von Charaktere und Umgebungen fiel mir schwer. Vor dem Schlafengehen gab ich mir folgende Suggestion: „Ich schreibe einen fantastisch guten Roman". Ich wiederholte diese Suggestion einige Tage lang während des

Einschlafens. Schon nach wenigen Tagen passierte es. Mir kam es vor, als hätte ich „aus dem Universum einen gesamten Roman heruntergeladen". Eine gesamte Geschichte von Anfang bis Ende hatte ich im Kopf. Und sie gefiel mir außerordentlich gut. Nach dem Aufwachen schrieb ich mir eifrig alle Stichpunkte des Romans auf. Diese dienten mir später beim Schreiben als Anker und Erinnerungen, die jetzt immer noch vorhanden sind. Das Buch schrieb ich innerhalb einer Zeitspanne von nur zwei Wochen. Schon bald werde ich das Buch noch einmal Lesen und korrigieren, dann an einen Verleger senden. Ich gebe hier einen kleinen Ausschnitt aus dem 300seitigen Roman wieder, weil die Geschichte selbst traumartige Qualitäten aufweist und als gutes Beispiel dafür dient, wie ein Kreativtraum in der Wachrealität umgesetzt wurde.

Myriaden der Unendlichkeit

Das gesamte Universum innerhalb einer Blase. Fülle diese Blase mit allem, was existiert. Aktiviere deine Fantasie und stelle dir vor, dass alles, was existiert, in dieser Blase enthalten ist. Das gesamte Chaos und die gesamte Ordnung. Dein Kissen ist da drin. Deine Wohnung ist da drin. Dein Körper, oder biologischer Verstand-Körper-Mechanismus ist darin enthalten, und noch sehr viele andere Körper. Nicht nur menschliche Körper, sondern Heerscharen anderer Körper und Bewusstseinseinheiten. Genauso viele Nicht-Körper, sprich Seelen, sind darin enthalten. Alle Geschehnisse und Erlebnisse sind darin enthalten, vom US-Präsident, zu Ozeane bis hin zu sexuellen Schwingungen. Tue alles, was dir so einfällt, in diese Blase. Alles, was es gibt. Alles, was existiert. Alle Planeten und eine schier unvorstellbare Anzahl an Sterne, mit ihren Planeten und Einwohnern oder ihrem Mangel an Einwohnern. Dieses Universum kann zeitweise ein sehr einsamer Ort sein, sogar wenn mehrere Trilliarden hoch entwickelte und unterentwickelte Zivilisationen darin Leben. Diese Blase beinhaltet also alles. Betrachte diese Blase von außen. Entferne dich von dieser Blase. Bevor du weiter liest, stelle dir vor, wie du dich von dieser Blase entfernst. Komm, benutz deine Fantasie. Willst du an diesem Buch beteiligt sein, oder nur konsumieren? Benutze deine Vorstellungskraft. Da bewegt sich gerade dein Heimatuniversum von dir Weg. Das „Alles, was es gibt" wird zu einem Staubkorn. Nun sieh dich um, wo befindest du dich? In einer neuen Blase befindest du dich. In einem anderen Universum. Dieses neue Universum ist so groß, dass Trilliarden Staubkörner wie unser Universum hineinpassen. Vergegenwärtige dir diese unfassbare Unendlichkeit. Was auch immer in dieser zweiten Blase enthalten ist, wie viele verschiedene Universen auch immer, bewege deine Aufmerksamkeit zu den äußersten Grenzen dieser neuen Blase. Egal, wie groß sie ist, sie hat ihre Grenze. Du, du hast keine Grenzen. Du bist das, indem all das hier enthalten ist. Verstehst du? Nun gib alles, was noch existiert), in diese neue Blase hinein) Alles, was jetzt noch in deiner Fantasie umherschwirrt. Alles, was übrig geblieben ist, von „allem, was es gibt". Wirklich alles. Und betrachte diese Blase von außen. Entferne dich von ihr, verabschiede dich von ihr, sie wird kleiner, und kleiner und zu einem Staubkorn. Aber warte... wenn da noch ein Staubkorn existiert, dann hast du noch nicht alles, was es gibt, integriert. Du bist wieder in einer neuen Blase. Vielleicht hat dieses Staubkorn eine andere Farbe. Vielleicht bist du jetzt in „unendlicher Leere", aber auch ein Staubkorn ist etwas, und auch die unendliche Leere ist ETWAS. „Nichts" ist auch etwas, nämlich das „Nichts". Und solange noch „Nichts" da ist, muss es auch ein Konzept von „Etwas" geben. Und wo es noch „Etwas" gibt, ist eine noch größere Blase. Vollführe also dieselben Schritte und dieselbe Prozedur noch mal in deiner Fantasie. Und vielleicht packst du auch diesmal dich selbst in die Blase hinein, dich als Beobachter. Lasse ALLES, WAS ES JETZT NOCH GIBT und in die Blase getan wurde, schrumpfen. Wo befindest du dich nun? Du bist wahrscheinlich sprachlos, weil eine unbeschreibliche Glückseligkeit dich durchflutet. Du bist nun erleuchtet. Das ist der Zustand über den auf deinem Planeten nur gesprochen wird. Manche, die ihn vielleicht 2 Minuten erlebt haben, geben dann für den Rest ihres Lebens vor „erleuchtet" zu sein. Es ist das, worüber Tausende Bücher geschrieben wurden. Es ist der Grund, warum sich Leute verlieben wollen. In Wirklichkeit wollen sie keine Ehe eingehen, sie wollen nur einen kleinen Bruchteil dieser allumfassenden, unaussprechlichen, mysteriösen Kraft spüren, die du hier in diesem Universum spürst. Erleuchtung. Glückseligkeit. Allumfassende Freiheit. Allmacht. Aber nun: Langsam solltest du gemerkt haben, dass auch dies ein Universum ist, eine Blase. Auch dies ist begrenzt. Was würde passieren, wenn du sogar von diesem Universum loslässt? Oder willst du nicht? Nun, du weißt, dass das, was dahinter kommt, noch umfassender, unendlicher und unaussprechlicher ist. Expandiere deine Vorstellungskraft bis zu den äußersten Rändern dieses Erlebnisses, bis du die Grenzen der Blase triffst. Dies ist eine Reise der Konzentration. Die Konzentration dehnt sich nach allen Seiten hin aus, durchfliegt den gesamten Raum innerhalb der Blase... bis sie auf einen Eindruck trifft, der nicht mit der Erfahrung innerhalb der Blase übereinstimmt. Nun, nimm wahr... nimm die Blase der Glückseligkeit wahr... denn sobald du die Blase als Blase wahrnimmst, bist du nicht mehr in ihr. Du beobachtest sie von außen. Und sie wird kleiner und kleiner, während du dich entfernst. Und in welchem Raum bist du jetzt?

Lilith wurde in ihrer Meditation durch das Piepsen ihres Handys unterbrochen. Die sanfte dreidimensionale Meditationsstimme sprach weiter durch die Kopfhörer, die Lilith längst abgelegt hatte, um ans Telefon zu gehen. „Ja?" Sie erwartete einen für sie überlebenswichtigen Anruf von einer Firma, bei der sie sich beworben hatte. Momentan war sie aber von ihrer Meditation viel zu high, um diesbezüglich nervös zu sein. Im Telefon war nichts zu hören außer Rauschen, als handele es sich um einen Überseeanruf. „Hallo-allo-lo-lo" Ihre Stimme ging als Echo durch die Telefonleitung. Das war ein Novum. „Ist das irgendein Witz gendein Witz ein Witz ein Witz...." Keine Reaktion aus dem Hörer. Nachdem sie auflege, stand sie auf, um sich zu duschen und frisch zu machen. Sie war zu high, um über den Anruf nachzudenken. Sie war zu high, um sich in ihrer gewohnten schlechten Morgenlaune zu befinden. Anstatt träge und lustlos in der Dusche zu stehen, stand sie aufrecht, mit geweiteten Pupillen und spürte das Wasser so wie noch nie zuvor. Sie stand ungewöhnlich lange unter der Dusche, und versenkte sich in die Struktur und Ornamentik der gekachelten Wände. Das Fliessen des Wasser sowie die die Fließen des Bodens. Nach dieser Meditation erschien alles einerseits realer, andererseits illusionärer. Ihr Geist war vollkommen leer. Sie spazierte zur Kaffeemaschine, als würde sie auf Wolken laufen, und entschloss sich dann, heute keinen Kaffee zu trinken. In diesem Zustand brauchte sie keine Subtanz, um in „irgendeinen Zustand" zu kommen. Tun wir das nicht alle? Läuft nicht alles, was wir tun, darauf hinaus, in einen angenehmeren Seinszustand zu kommen? Wenn wir selbstehrlich all unsere Handlungen und Aussagen hinterfragen, werden wir wohl darauf kommen, zu entdecken, dass alles darauf hinausläuft, sich anders zu fühlen, besser *zu fühlen, als... als was? Als jetzt? Lilith betrat das Gehband, das von ihrem Balkon aus in den Rest der Stadt führte. Lilith lebte in einer Zeit, auf dem Gehwege „Gehbänder" waren, die in großer Höhe und weiter Ferne vom „Boden, wie wir ihn kennen" von Gebäude zu Gebäude liefen. Der Balkon wurde zur Haustüre. Die „reguläre" Haustüre des Gebäudes hatte Lilith seit ihrem Einzug noch nie benutzt, da die unteren Bereiche der Stadt, da, wo die „Bodenmenschen" lebten, sehr unangenehm waren. Man lebte quasi in einer Gesellschaft, in der die Stellung in der Gesellschaft anhand der Wohnhöhe gemessen wurde. Lilith lebte im mittleren Bereich der Stadt, in etwa 5000 Meter Höhe. Gebäude ragten durchschnittlich 10000 Meter in die Höhe, manche mehr, manche weniger, und wurden entweder von Plattformen getragen, oder für solche Höhen konstruiert (Pyramidenförmig, Ellipsenförmig, Kugelrund, Spiralförmig). Diese Stadt wäre das Paradies eines jeden futuristisch-kreativen Architekten unserer Zeit. Technologie war teilweise so fortgeschritten, dass man sie gar nicht mehr wahrnahm. Das ist in der Tat fortgeschritten: Man nimmt es nicht einmal mehr wahr. Als würden Handys immer kleiner werden, bis hin zu einem kleinen Stöpsel, den man ins Ohr steckt und mit Befehlen lenkt. Ich schreibe dieses Buch offensichtlich für Bewohner der Erde, um die Jahrtausendwende des 21. Jahrhunderts. Obwohl ich einige Dinge ausplaudern werde, die jenseits der Vorstellungskraft eines Menschen aus dem 21. Jahrhundert sind, werde ich mich bemühen in Vergleichen zu sprechen, die du verstehst. Dieses Buch erzählt die Geschichte verschiedener Menschen in verschiedenen Zeiten und Dimensionen. Diese Geschichte handelt von der Begegnung dieser besonderen Menschen mit der Unendlichkeit. Es handelt von dem absolut alptraumhaft Bösen hinter unserer Scheinwelt... einer globalen Verschwörung, die so subtil ist, dass sie meist nur gefühlsmäßig und vage wahrgenommen werden kann (die besten Sklaven sind die, die nicht wissen dass sie Sklaven sind und zudem noch „glücklich" sind, wenn schon das Glück, das du spürst, ein Schein-Glück ist, ein winzigst schwacher Abglanz der Glückseligkeit spiritueller Erleuchtung). Du weißt, wovon ich rede, nicht wahr? Aber dies ist natürlich nur ein fiktiver Roman, nicht wahr? Oder? Da es fiktiv ist, betrifft es niemanden, oder? Letztlich handelt das Buch von Zauberei, Erleuchtung, Bewusstsein, dem Bösen, dem Guten und dem Jenseits von Gut und Böse. Und, Scherz beiseite, es ist fiktiv. Würde ich es nämlich als „Sachbuch" bezeichnen, wäre ich tot, bevor ich die erste Zeile geschrieben hätte.*

Lilith über die Stadt, die Natur und Technologie auf wundervolle Weise miteinander harmonisiert. Orchideen und Palmen zierten Gebäude und Schwebebrücken. Sie war nach wie vor jenseits allen Ermessens high. In diesem Zustand gab es nichts Dringendes oder Wichtiges. Es gab nur das Sein. Freilich hatte sie einen Termin, zu dem sie gerade unterwegs war. Aber es fehlte das übliche mulmige Gefühl, das sie hatte, wenn ein wichtiger Termin bevorstand. Ihre geistige Ausrichtung ruhte in Frieden auf die Umgebung, anstatt auf das, was bevorstand. Und wenn sie an das Bevorstehende dachte, dann mit einem inneren, amüsierten Lächeln. Es würde sie ein Gremium erwarten, welches viel Lärm um nichts machte - aus ihrer jetzigen „High"-Warte. Helle Aufregung, permanente Anspannung und Getriebensein als wären sie ferngesteuert. Auf der Schwebebahn begegneten ihr nicht mehr als zwei andere Menschen. In diesen Regionen war die Stadt nicht dicht bevölkert. Sie durchfuhr zwei andere Gebäude, bis sie schließlich auf den Palast zuschwebte, in dem das Gremium tagte. Das Gremium ähnelte dem, was wir in unserer Zeit als „Regie-

rung" bezeichnen würden, mit dem Unterschied, dass es sich bei den Regierenden nicht um Politiker handelte, sondern um Manager. Gesellschaftsmanager. Lilith fuhr auf dem Gehband in den steil Pyramidenförmigen Eingang des Palastes ein, und befand sich sogleich in einem Saal, dessen Beschreibung jeder Beschreibung für heutige Leser spottet. Stell dir hauchdünnes, flexibles, bewegliches Glas vor, das sich Witterungen und Stimmungen farblich und förmlich anpasst, dann hast du eine etwaige Vorstellung der Saaldecke, die 50 Meter über Lilith hoch ragte. Der Rest des Saales war aus einem Marmor ähnlichem Material in verschiedensten Pastellfarben. Lilith stieg von ihrem Gehband ab, und betrat den Hauptsaal des Gebäudes, welcher sich etwas weiter hinten im Gebäude befand. Unter einer goldenen Kuppel saßen in Dutzenden aufeinander folgenden Kreisen die Mitglieder des „Managements". Lilith betrat die Mitte dieses Kreises und öffnete ihre Arme zum Gruß (Falls du die Grußformel selbst anwenden möchtest: Öffne deine Arme und strecke sie leicht nach oben, als würdest du jemand, der sehr groß gewachsen ist, umarmen). Lilith drehte ihren Körper einmal im Kreis, um den Gruß den ganzen Raum zukommen zu lassen. In einer Szene, die für dich vielleicht lustig erscheinen mag, erwiderte jeder im Saal den Gruß durch ein Nicken. Jedes Regierungsmitglied trug eine blaue Robe inklusive Kapuze. Keiner hatte jedoch die Kapuze auf. Die Kapuze wurde nur in Ritualen der Regierung benutzt oder bei Anlässen, in denen es um Anonymität ging. „Lilith. Bist du bereit, dein Training anzutreten?", war die Frage einer der führenden 5 Figuren (man erkannte sie daran, dass sie auf Sitzen saßen, die etwas aus dem Kreis herausragten). „Okay. Immer bereit", erwiderte Lilith unbeeindruckt. Das was hier „Training" genannt wurde, sollte eigentlich ihr Job werden. „Dann lass uns Blut sehen", erwiderte einer mit humorvoller Stimme. Sie hatte ihr Blut in eine Vase fließen zu lassen, die in der Mitte des Saales stand. Für eine derart fortgeschrittene Zivilisation haben sie sehr archaische Rituale, magst du dir denken. Aber in dieser Gesellschaft wurden Identifikation, Zugehörigkeit und Verträge mit Blut abgeschlossen, weil geglaubt wurde, dass das Blut Träger von Informationen der Seele ist, und damit unverwechselbar, ganz zu schweigen von „bindend". Sie trat auf die goldene Vase oder Schale zu. Normale Transaktionen wurden mit Ampullen vorgenommen, die bereits einen Blutvorrat enthielten. Aber dieses Gremium wollte kein „Fertigblut", sondern das frische Blut, direkt aus den Adern. Mit einem kleinen Gerät laserte sich Lillith sanft eine Pulsader auf und ließ Blut über das Gold fließen. Im Kontrast zum Gold kam ihr das Blut dunkler als sonst vor. Sie spürte nicht das übliche Hochgefühl, dass sie bei Vertragsabschlüssen hatte, weil sie bereits anderweitig high geworden war. Und normalerweise würde sie sich darüber sorgen machen, ob man ihren Zustand anhand der Größe ihrer Pupillen erkennen würde, aber auch diese Sorge hatte sie in ihrem Bewusstseinsrausch hinter sich gelassen. Nun würde eines der Mitglieder sie durch eine Türe am Ende des Ganges, der unter den Sitzrängen hindurchführte, begleiten müssen. Aber diese Leute waren viel zu rituell aufgelegt, als dass jemand einfach aus seinem Stuhl steigen und herunterkommen würde. Der Begleiter kam „wie aus dem Nichts" von hinten an sie heran. Dieser High-Zustand hatte nichts der Betäubung oder Unkontrolliertheit der vielen erhältlichen Drogen zu tun. Er war durch das Anzapfen anderer Bewusstseinsebenen verursacht. Sie hatte die volle Kontrolle über sich und ihr Sprechen, aber es fehlte einfach jegliche Anspannung, jeglicher Ernst, jegliches Problem. Sie musste sich wirklich bewusst konzentrieren, um nicht in Gelächter über diese ganzen ernsten Herren auszubrechen.

Der Kreativtraum ist aus meiner Sicht die beste Quelle der Inspiration für Schriftsteller, Künstler, Wissenschaftler, Filmemacher, Grafiker. Inspiration holen wir uns ansonsten von Realitäten, die bereits existieren. Bücher, Filme und Musik, die bereits existiert. Gedanken und Ideen, die bereits geäußert wurden. Entweder wir bringen diese in einen neuen Kontext oder ändern sie entsprechend unserer Kreativität ab. Was mir jedoch beim luziden Kreativtraum stark auffällt, ist, dass ich Eindrücke bekomme, die noch nicht existieren. Damit meine ich tatsächlich Klänge, Objekte, Erfindungen, und Grafiken für die es noch keinen Vergleich oder kein Äquivalent in unserer Realität gibt. Es sind dies Dinge, die vielleicht irgendwann existieren werden, aber sie sind so unverbraucht, frisch und neu, dass sie in jeder kreativ schaffenden Person unmittelbar Begeisterung auslösen. Die Grenzen der Kreativität in unserer momentanen Gesellschaft, zeigen sich darin, dass selten irgendetwas wirklich Neues auftaucht, sondern hauptsächlich wiederholt und wiederholt, neu aufgearbeitet, neu verpackt, neu vermischt wird. Die begrenzte Kreativität basiert dabei immer auf irgendetwas anderem. Klar, die Traumkreativität basiert auch auf irgendetwas, aber eben nicht immer auf Dingen, die in unserer Realität existieren. Oft habe ich den Eindruck, dass die Fantasie und der Klartraum uns ermöglichen, Informationen aus anderen Welten zu holen und in unsere Realität zu integrieren.

20. Der Forschungstraum

Im Forschungstraum erforsche ich Fragen des Seins, der Realität, des Selbst, des Universums, der Wahrheit. Der Forschungstraum erwies sich für mich persönlich sehr wichtig, da ich schon immer viele Fragen hatte, auf die ich von Fachleuten, in der Literatur, im Internet oder in der Natur keine Antwort bekam. Eigentlich könnte ich ein ganzes Buch nur über die Antworten auf Fragen des Lebens schreiben, die ich im Traumzustand erhalten habe. Hier eine Beispielsliste von Fragen, die ich an mein Traumselbst oder mein höheres Selbst gestellt habe:

- Was ist real?
- Wo komme ich her?
- Wer bin ich?
- Wer möchte ich sein?
- Woher kommt die Menschheit?
- Was ist der für mich ideale Beruf?
- Wer ist meine ideale Partnerin?
- Welche Entscheidung wäre besser?

Das sind die allgemeineren Fragen, mit denen ich das eine oder andere Mal an mein Gesamtbewusstsein herangetreten bin. Natürlich gab es auch viele speziellere Fragen und auch Fragen, die sich aus der Beantwortung anderer Fragen ergaben. Die Beantwortung der Fragen war für mich *immer* stimmig (schließlich ist dass Bewusstsein, das die Fragen beantwortet, dasselbe, das die Fragen stellt). Das heißt, sie ergab für mich immer einen (manchmal überraschenden) Sinn oder erwies sich als *effektiv* für mein Leben. Die Qualität der Antworten scheint dabei von drei Faktoren abzuhängen:

Der eigene Glaubensfilter:

Das, was du ohnehin schon glaubst oder glauben möchtest, wird die Informationen aus dem Gesamtbewusstsein filtern oder verzerren. Je luzider du bist, je höher also dein Bewusstseinszustand, desto klarer, unabhängiger und ungefilterter sind die Antworten.

Die Qualität der Fragen: Dumme Fragen führen zu dummen Antworten. Wenn du beispielsweise die Frage „Warum bin ich übergewichtig?" stellst, sind die Antworten wesentlich weniger hilfreich, als wenn du die Frage „Wie kann ich abnehmen?" stellst. Und noch mal ein Stück effektiver wäre die Frage „Wie kann ich mühelos abnehmen und dabei Spaß haben?". Je mehr Qualität die Frage hat, desto mehr Qualität hat auch die Antwort.

Der Grad deiner Luzidität: Je luzider du bist, desto klarere Antworten kannst du formulieren, desto strahlendere Bewusstseinsaspekte kannst du befragen. Ich befrage gerne das, was ich als „Traumselbst", „Höheres Selbst" oder „Gesamtselbst" bezeichne. Im halbluziden Zustand waren die Antworten auf meine Fragen bisher nicht sehr aufschlussreich.

Nachfolgend drei verschiedene Methoden, Antworten auf Fragen in Klarträume zu bekommen.

Befragung von Wesen.

Vor dem Einschlafen programmierst du die Frage durch Wiederholung. Während des Klartraumes stellst du einem der Traumwesen die Frage und wartest auf die Antwort. Wenn eine Antwort kommt, wiederhole sie einige Male selbst und nimm dir vor, dich an diese Antwort am Morgen nach dem Aufwachen zu erinnern. Schreibe die Antwort sofort nach dem Aufwachen nieder.

Entziffern symbolischer Antworten.

Einige Anteile deiner Selbst scheinen gerne in symbolischer Sprache zu antworten. Bisher wurde jede Frage, die ich hatte, beantwortet (dein Bewusstsein folgt jedem deiner Befehle), aber manchmal verstand oder bemerkte ich die Antwort nicht. Programmiere also vor dem Einschlafen deine Frage, träume deinen Traum, und schreibe ihn am nächsten Morgen auf, auch wenn du ihn nicht verstehst. Reflexion, Interpretation und späteres nochmaliges Nachlesen können den Symbolgehalt nach und nach entziffern. Wenn nicht, stelle die Frage wiederholt in darauf folgenden Nachtsitzungen.

Kontakt zum höheren Selbst.

Dies erfordert ein hohes Maß an Luzidität. Und falls du diese Ebene schon erreicht hast, brauche ich dir nicht erklären, was mit dem „höheren Selbst" gemeint ist. Manchmal erscheint es uns als strahlend weißes Licht, manchmal als Wesen höchster Eleganz, manchmal als überwältigendes Gefühl von Liebe, Humor und Intelligenz. Eine meiner Lieblingsaffirmationen zur Kontaktaufnahme mit dem höheren Selbst lautet so: *„Danke,* dass du mir *zeigst,* dass das Thema *bereits* gelöst ist". Für Klarträume ändere ich diese Aussage manchmal wie folgt ab: „Danke, dass du mir heute Nacht auf diese Frage antwortest."

21. Der schöpferische Traum

Was du im Wachzustand und vor dem Einschlafen tagtäglich beabsichtigst, denkst, fühlst, sagst und tust, beeinflusst, was im Traumzustand passiert. Das Bewusstsein ist jedoch keine Einbahnstraße: Was du im Traumzustand nächtlich beabsichtigst, denkst, fühlst, sagst und tust, beeinflusst, was im Wachzustand passiert. „Was sagt er da? Heißt dass wirklich, dass das, was ich träume, einen Einfluss auf meine alltägliche *Realität* hat?" Ja, das sage ich. „Schöpferische Träume" definiere ich als Träume, bei denen du als Schöpfer, Erschaffer oder Ursprung einer Realität des Wachzustandes agierst. Dies ist nicht mit dem Begriff „Kreativträume" zu verwechseln, die ich als Träume definiere, bei denen du Schöpfer, Erschaffer und Ursprung deiner Traumrealität agierst. Die Begriffe „Kreativtraum" und „Schöpferischer Traum" hätte ich sicherlich auswechseln oder tauschen können, darum geht es nicht. Es geht um die Unterscheidung zwischen „Einfluss auf die Traumrealität" und „Einfluss auf die Wachrealität in der Traumrealität". Das Zweite ist, energetisch gesehen, eine ver-x-fachte Version des Ersteren. Hier beeinflusst du die *physikalische Wirklichkeit*.

Sicherlich hat alles, was du im Traum erlebst und erschaffst, einen Einfluss auf dein Gesamtbewusstsein und somit auch auf dein Wachbewusstsein. Beim „Schöpferischen Traum" jedoch gehen die Veränderungen noch weiter darüber hinaus, sind eindeutiger im Wachalltag erkennbar. Während du im Kreativtraum darauf konzentriert bist, Landschaften und Szenarien zu erschaffen, dient der Schöpfertraum dazu, konkrete Wünsche und Ziele, die du im Alltag hast, zu fördern. Bevor jedoch nun dein Ego Luftsprünge macht oder sich größenwahnsinnig einbildet, es könnte alles sofort wie durch Zauberei in seinem Leben erschaffen, sei folgendes angemerkt: Schon allein die Fähigkeit im Traum, „alles was du willst" zu erschaffen, erfordert ein sehr hohes Bewusstseinsniveau. So ist es nicht verwunderlich, wenn das erschaffen einer Realität in der Wachwelt, im physikalischen Universum, eine noch höhere Ebene der Bewusstheit erfordert. Wenn du also noch nicht gelernt hast, im Traum der Schöpfer deines inneren Universums zu sein, so wirst du nur schwer auch der hundertprozentige Schöpfer über dein Wachuniversum sein. Ich schreibe dieses Kapitel für fortgeschrittene Oneironauten, sowie für Leser meines Buches „Reality Creation" (2003 Bohmeier Verlag) als Ergänzung zu jenem Buch. In jenem Buch erforschte ich das Weltbild, dass du deine Realität entsprechend deines Bewusstseinsniveaus, deines Glaubens und zielgerichteter Aktionen selbst erschaffen kannst. Die Techniken des Buches beziehen sich jedoch alle auf die Wachrealität. Einen ähnlichen Einfluss auf das, was du erlebst und was passiert, hast du ebenfalls in der Schlafrealität. Probiere die Techniken einfach aus und Urteile dann selbst, welche Wirkung dein Bewusstsein auf dein reales Erleben hat. *Dein eigenes Erfolgserlebnis sagt mehr als Tausend Worte.*

Eine autosuggestive Methode, die ich manchmal mit Erfolg benutze, nenne ich „Affirmationen zählen". Affirmationen sind Aussagen über Absichten und Ziele, die du im Leben erreichen möchtest. Die Technik ist eine Variation des „Schafe Zählens" vor dem Einschlafen. Anstatt Schafe zu zählen, zähle ich einfach etliche Absichten, Wünsche und Ziele, die ich in meinem Leben manifestieren möchte. Dabei zähle ich bis 100. Bei 100 angekommen, zähle ich wieder runter bis 0. Bis dahin bin ich zwar meist eingeschlafen, aber wenn nicht, dann beende ich hier die Übung und überlasse den Rest dem natürlichen Einschlafvorgang. Was hat dies für Auswirkungen? Zum einen wirst du dir bewusst, wie viele Wünsche das Bewusstsein imstande ist zu erschaffen. Aber wichtiger noch, du nimmst diese Wünsche, gleich einer kraftvollen Autosuggestion, mit in den Schlaf, mit in den anderen Aspekt deines Bewusstseins, mit ins Gesamtbewusstsein. Das Wundervolle, das hier passiert, ist, dass du, wenn du diese Übung ein paar Mal routiniert durchgeführt hast, *im Traum weiterzählst*. Du setzt Affirmationen im Traumzustand! Der Höhepunkt dieser Übung ist erreicht, wenn du die Technik im Klartraumzustand weiterführst. Denn: Ein hoher Klartraumzustand (Skalastufen 7,8) kennen keine Zweifel, Widerstände und keinen Unglauben. Und es ist, wie du es ohnehin schon vermutest: Wo keine Zweifel und Einwände sind, manifestiert sich das, was du sagst, als Realität. Das funktioniert sehr gut. Das einzige Hindernis besteht darin, den Zustand überhaupt zu erreichen und dann auch noch die Technik im Traum weiterzuführen. Falls du also etwas mit dieser Methode experimentieren möchtest, empfehle ich dir den folgenden Vorgang: Beginne damit, einfach alle möglichen Wünsche zu zählen. Die Wünsche kannst du als Bilder sehen, welche diese Wünsche symbolisieren, du kannst sie als Aussagen im Geist hören, du kannst sie fühlen oder in welcher Form auch immer für dich bewusst machen. Zähle sie von 1 bis 100 und dann zurück. Ich gebe dir ein Beispiel einer meiner „Sessions": Vorstellungsbild meiner Traumvilla (1), Vorstellungsbild von Atlantis (2), Vorstellungsbild einer sehr schönen Frau (3), Aussage „Ich tue die genau richtigen Dinge für mich" (4), Vorstellungsbild, dass dieses Buch sich erfolgreich verkauft (5), Aussage „Ich fühle meine ursprüngliche Kraft" (6), Aussage „Ich bin entspannt" (7), Aussage „Ich bin gesund, vital und fit" (8), Vorstellungsbild meiner Traumreise (9), Aussage „Ich lasse das Buch ‚Illumination des Traumbewusstseins' erfolgreich publizieren" (10), Aussage „Ich habe den genau richtigen Verleger für dieses Buch" (11), Aussage „Ich lerne jeden Tag etwas Neues" (12), Vorstellungsbild eines guten finanziellen Einkommens (13), etc.

Es gibt hier keine Regeln oder Prinzipien. Die verschiedenen Variationen, die ich für mich entdeckt habe, sind jedoch wie folgt:

- „Freestyle": Wünsche spontan auftauchen lassen. Hier zählst du einfach alles, was auftaucht auf.

- Themenfokussiert: Hier würdest du ausschließlich Affirmationen zu einem einzigen Thema anvisieren (Beruf, Finanzen, Liebe, Gesundheit, Spiritualität oder was dich eben beschäftigt).

- Affirmations-Fokussiert: Hier würdest du bereits eine einzige oder mehrere Affirmationen aufschreiben und dir einprägen und nur diese wiederholen und zählen.

- Singulärer-Fokus: Hier würdest du eine einzige Affirmation oder ein einziges Wunschbild in vielen verschiedenen Variationen zählen.

- Mini-Kreationen: Hier würdest du erstmal mit „leichten Sachen" oder solchen Dingen, die dein Glaubenssystem nicht zu sehr strapazieren, beginnen. Anstatt also zu sagen „Ich bin Millionär" würdest du erstmal mit „Ich bekomme diesen Monat aus unerwarteter Quelle Geld" oder „Mein Einkommen steigert sich diesen Monat" beginnen. Erst wenn sich Resultate eingestellt haben, würdest du dich an größere Dinge heranwagen.

- Fühl-Kreationen. Hier würdest du beliebige Bilder und Aussagen zählen, dich aber dabei auf ein einziges, übergeordnetes Gefühl konzentrieren.

Jede der Variationen hat etwas für sich. Wenn du Spaß daran hast, probiere sie alle auf systematische Weise aus. Das erste Mal als ich diese Zähl-Technik ausprobiert habe, war zu einer Zeit, in der ich mich auf der Traumskala bei 1 und 2 befand. Ich erinnerte mich nicht an meine Träume, es erschien mir so, als würde ich überhaupt nicht träumen. Schon der erste Versuch katapultierte mich auf die Stufe 3, „Ich hatte einen Traum". Der zweite Versuch brachte mich zu 4, „Ich hatte einen intensiven Traum". Der dritte Versuch katapultierte mich zu 5, der Luzidität, und genauso ging es weiter die Skala nach oben. Hier hatte ich die allererste Technik, die mich wirklich progressiv die Skala steigen ließ.

Außer der Zähl-Technik gibt es natürlich viele weitere Möglichkeiten. Deiner Kreativität sind keine Grenzen gesetzt. So kannst du alle genannten Techniken ausprobieren, *ohne zu zählen.* Dabei würdest du eine bestimmte Affirmation einfach während des Einschlafens immer wiederholen. Eine andere Möglichkeit bestünde darin, deine Wunschvorstellung während des Einschlafens beständig zu visualisieren. Ich sage bewusst nicht affirmiere oder visualisiere *bis* du einschläfst, denn wir wollen die Möglichkeit nicht ausschließen, dass du im Schlaf oder Traum weiter affirmierst oder visualisierst. Suggestionen, die bis in die Traumwelt hineinreichen haben eine noch intensivere Wirkung auf dein Unterbewusstsein als in der Wachrealität. Denn hier gibst du Befehle an dein Unterbewusstsein ohne die filternden Glaubenssätze des Wachbewusstseins. Was ich bei alldem aber für noch wichtiger halte als die spezielle Methode oder Technik: Vergleiche das Beabsichtigte mit dem Erreichten. Erfolgskontrolle. Schreibe dir durchaus auf, was du willst und was daraufhin tatsächlich geschah. Wenn nicht, dann schiebst du die Bewusstheit über Erfolge und Misserfolge ab. Wo jedoch keine Bewusstheit ist, wird alles zu einem Misserfolg. Achte auch darauf, dass du *irgendetwas* erreichst, bevor du zu Hundert anderen Wünschen übergehst. Manche Praktiker wechseln zu schnell zu neuen Wünschen, weil sie keine Erfolgserlebnisse mit einem alten Wunsch hatten. Es bringt dir und dem Glauben in deine Fähigkeiten viel mehr, wenn sich nur ein einziger Wunsch aufgrund dieser Methode erfüllt.

22. Co-Träume und Gruppenträume

Dies könnte für manchen von euch wie Science-Fiction oder esoterischer Spekulation klingen, aber ich kann dir versichern, dass gemeinsame Träume und Gruppenträume von trainierten Oneironauten schon als Selbstverständlichkeit angesehen werden. Ein Co-Traum findet statt, wenn zwei verschiedene Träumer das gleiche Träumen, sich in der gleichen Traumrealität befinden oder im Traum miteinander kommunizieren können. Dabei behält jeder der Träumenden den eigenen objektiven Standpunkt. Ob es sich um einen Co-Traum handelt oder nicht, lässt sich am besten am nächsten Tag im Wachleben feststellen, wenn beide Beteiligten ihre Nachträume miteinander vergleichen. Wenn die Traumrealitäten oder Gesprächserinnerungen miteinander übereinstimmen, dann handelt es sich um einen Co-Traum. Bei Gruppenträumen handelt es sich um das gleiche Phänomen mit mehreren Leuten.

Die besten Co-Träume entstehen, wenn beide Parteien luzide sind. Es kommt aber durchaus häufig vor dass einer der Träumer weiß dass er träumt, während der andere nicht luzide ist. Aber sogar dann lässt sich der Traum überraschend häufig am nächsten Tag verifizieren! Der Klarträumer spricht seinen Freund an, und dieser erinnert sich an den Traum. Vielleicht ist die Erinnerung etwas diffuser, aber es kommen oft genug Details hervor, die jenseits jeden Zweifels bestätigen, dass sie einen gemeinsamen Traum hatten. Wenn sich der Partner nicht an den Traum erinnert, bleibt nichts anderes übrig, als einen Co-Traum zu vermuten. Ansonsten könnte es sich auch um einen gewöhnlicheren Traum gehandelt haben, bei dem man lediglich von diesem anderen geträumt hat, ohne dass er wirklich anwesend war. Manchmal kommt es auch vor, dass sich der nicht-luzide Träumer erst an den Co-Traum erinnern kann, wenn man ihn daran erinnerst. Habe ich den Verdacht, dass ich mit jemand Nicht-Luziden einen Traum geteilt habe, gehe ich jedoch achtsam vor. Ich sage nicht: „Wir haben gestern zusammen geträumt!" sondern: „Was hast du gestern geträumt?" Während er sich an den Traum erinnert, fülle ich die Details auf bis er fragt: „Woher weißt du denn, was ich geträumt habe?". Spätestens ab hier gilt der Co-Traum für mich als verifiziert.

Das erste Mal als es mir dämmerte, dass es überhaupt so etwas wie gemeinsame Träume gibt, war in meinen frühen Zwanzigern, während einer Liebesaffäre. Die Affäre war so intensiv, dass wir uns einbildeten, „Seelenpartner" zu sein. Dieser starke Glaube an unsere Seelenpartnerschaft mag die außersinnlichen Phänomene verursacht haben, die wir erfuhren. Wir wohnten Hunderte von Kilometern voneinander entfernt und konnten uns nicht häufig treffen. Wie es sich für eine Seelenpartnerschaft gehört, versuchten wir in „telepathischem Austausch" zu bleiben. Am Abend telefonierten wir viele Stunden lang und tauschten uns über die „telepathischen Eingebungen" aus, die wir tagsüber voneinander gehabt hatten. Wir konnten meistens tatsächlich sagen, was der andere am jeweiligen Tag gemacht hatte. Ob es sich dabei um Telepathie oder um die Verzerrung der Wahrnehmung und des Gesprächs durch Verliebtheit handelte oder um eine Mischung aus beiden, kann ich im Rückblick nicht genau sagen. Was ich jedoch mit Sicherheit sagen kann, ist, dass wir einen realen Co-Traum erlebten der unsere ohnehin schon rege Vorstellungskraft und fast abergläubisches Denken an übersinnlichen Interaktionen noch verstärkte. Und obwohl viele der „Phänomene", die wir uns „erlebten", wahrscheinlich Wunschglaube und purer Unsinn waren, war der Co-Traum ein unwiderlegbarer Beweis für eine Wahrnehmungsebene jenseits von räumlichen und zeitlichen Grenzen.

Mir scheint hier ein Wort der Achtsamkeit angebracht: Auch du wirst als Klarträumer echte übersinnliche Erlebnisse haben. Genieße das Erlebnis einfach, ohne allzu viele Schlussfolgerungen zu machen. Es ist die Flut an Schlussfolgerungen, welche die Wahrnehmung verzerren kann. Wertschätze die Erfahrung ohne 1. jeden, den du triffst, darüber aufklären und missionieren zu müssen. 2. Skeptiker und konservativere Wissenschaftler schlecht machen zu müssen. 3. Ohne in Bezugswahn und Aberglaube zu verfallen. Beide sind Extremformen des Glaubens an Übersinnliches. Diese drei Reaktionen auf solche Erlebnisse sind Auswüchse eines unerfahrenen, unreifen Geistes. Sowohl Fanatismus (extremer Glaube) wie auch starke Ablehnung (extremer Unglaube) sind Vorurteilsbehaftete Verzerrungen der Realität. Es ist weder „alles rational erklärbar" noch „alles magisch". Manches ist rational erklärbar, manches magisch. Die erlebnisintensivsten Ergebnisse bei meiner Realitätserforschung erziele ich durch entspannte Neutralität, die weder immer nur JA noch immer nur NEIN sagt, sondern zu „vielleicht", „möglicherweise" neigt. Das ist die Wahrnehmungsform des professionellen Forschers, der wirklich die Wahrheit erfahren möchte, und nicht etwas, dass durch seine positiven oder negativen Vorurteile verzerrt ist.

Meine damalige Freundin und ich hatten uns öfter vorgenommen, uns in Träumen zu treffen, hatten aber bisher noch keinen bewussten gemeinsamen Traum erlebt. Auf die Idee waren wir gekommen, weil wir die große Distanz überbrücken wollten und weil wir uns über alles Mögliche unterhielten und nicht etwa deshalb, weil wir etwas darüber gelesen oder gehört hatten. Sie träumte manchmal von mir, ich manchmal von ihr. Der Co-Traum tauchte in einer Nacht auf, in der wir vorher nicht über das Thema gesprochen hatten, aber mit erwartungsvollen Verliebtheitsgefühlen zu Bett gingen. Und dieser Co-Traum war derart luzide und real, dass wir beide schon während des Co-Traumes wussten, dass wir hier unseren ersten Co-Traum erleben und einander am nächsten Morgen darüber erzählen würden. Die Erfahrung war so schön, dass wir am nächsten Morgen beide fast gleichzeitig zum Telefon griffen. Und noch bevor wir überhaupt Details des Traumes besprachen, war uns klar: „Es ist passiert". Der Traum an sich war relativ belanglos, dass wir ihn überhaupt hatten, war das Wichtige. Ich stand irgendwo auf einer kurz gemähten Wiese neben einem beigefarbenen Hotel. Auf dieser Wiese stand ein rosafarbener Flamingo. Der Traumkörper (in beiden Sinnen des Wortes) meiner Freundin kam auch mich zu und sagte: „Du läufst wie ein Flamingo". Sie lächelte und wir sahen einander an. „Wir träumen" sagte sie, als wollte sie uns daran erinnern, damit wir luzide bleiben. Das war auch in meinem Interesse, also bestätigte ich: „Wir träumen. Wir träumen." In diesem Moment erfasste mich ein gewisses Hochgefühl. Der Traum wurde heller, das Rosa intensiver. Links von uns war eine Straße an der amerikanische Autos vorbeifuhren. Wir befanden uns in den USA (In der Wachrealität waren wir nie gemeinsam in den USA). Wir untersuchten den Flamingo und unseren Standort und plauderten darüber, wie glücklich wir sind, dass wir gemeinsam träumen und wie wir uns am nächsten Morgen daran erinnern würden. Wir umarmten und küssten uns. Sie erzählte mir, was wir nun alles machen könnten, aber ich erwiderte nur mit: „OK, aber lass uns erstmal das hier genießen. Das können wir alles andermal machen". Hier wurde irgendwann aus dem luziden Co-Traum ein normaler Traum und dann der normale Schlaf. Am nächsten Morgen am Telefon überschlugen wir uns mit Beschreibungen des Traumes. Sie beschrieb den rosa Flamingo, die amerikanischen Autos, das Hotel und die Wiese, genau wie ich es gesehen hatte. Ich beschrieb das Gleiche. Und was sehr wichtig zu sein schien: Sie hatte trotzdem ihren eigenen individuellen Standpunkt im Raum. Sie sah mich und den Flamingo, ich sah sie und den Flamingo. Es war auch das erste Mal, dass sie einen Co-Traum erlebt hatte. Wir waren sehr glücklich darüber.

Um Co- und Gruppenträume zu erleben ist es hilfreich, Freunde zu haben, die ebenfalls Traumarbeit praktizieren. Ansonsten ist es auch möglich, Freunde abzuholen, und in manchen Fällen Freunde in der Traumwelt *luzide zu machen*. Aber auch ohne Bekannte und Freunde ist es möglich, Co-Träume zu erleben. Das Verrückteste, was mir in dieser Hinsicht je passiert ist, ist, dass ich jemanden erst im Traum kennen gelernt habe, und dann später in der Wachrealität! Ich habe zwar einige vermutete Co-Träume mit lebenden Menschen gehabt, die ich nicht in der Wachrealität kenne und vielleicht auch nie kennen lernen werde, aber in diesem Traum machte mich die Person sogar darauf aufmerksam, dass wir uns kennen lernen würden. Hier haben wir also eine Mischung zwischen Co-Traum und prä-kognitivem (Zukunftsvoraussehender) Traum. Ich befand mich auf irgendeiner Party, auf der getanzt wurde. Als ich selber zu tanzen versuchte, wirkte ich völlig unbeholfen und holprig. Während des Traumes erinnerte ich mich daran, dass man einen Traum als Traum erkennen könne, wenn man sich dreht und das Traumszenario sich ebenfalls dreht. Diese Drehbewegung musste ich erst gar nicht ausführen, schon allein die Frage verursachte, dass ich luzide wurde und mich als Träumenden erkannte. Ich begann mir einen Überblick über meine Traumlandschaft zu verschaffen. Tanzende Leute, aber nicht in einer Disco sondern irgendeiner gepflegteren Gesellschaft. Keinen dieser Leute kannte ich. Ein grauhaariger aber gut gebauter Mann trat auf mich zu und begann irgendeinen Smalltalk mit mir. Während des Gesprächs fragte ich ihn aus heiterem Himmel: „Ist das hier ein Co-Traum?" Das Lustige war seine Antwort. Anstatt überrascht oder interessiert zu wirken, antwortete er mit einem gelangweilten „Ja, ja". Etwas später bemerkte er: „Wir werden uns noch mal sehen". Er verschwand in der Menge. Im Traum bezog ich das auf die Traumrealität. Er meinte aber damit die Wachrealität. Ich lernte den Mann während eines von mir gegebenen Seminars in der Wachrealität kennen. Es war über jeden Zweifel hinaus genau dieser Mann. Ich war mir nicht sicher, ob er mich wieder erkannte. So stellte ich als Test der ganzen Seminargruppe eines Morgens eine Frage: „Könnt ihr euch an eure Träume erinnern?" Der grauhaarige Herr gab zu verstehen, dass er sich normalerweise nicht an seine Träume erinnerte, dass er aber vor ein paar Wochen von diesem Kurs geträumt hatte, und mich in seinem Traum gesehen hatte. Er schien nicht bereit, weiter über dieses Thema vor anderen zu reden, und so schloss ich dieses kuriose Kapitel damit ab.

Wie ich vermute, finden Co- und Gruppenträume auf einer sehr hohen Ebene der Bewusstheit statt (Levels 8 bis 10 der Traumskala). Zwei oder mehr Leute befinden sich in der gleichen Traumumgebung, als wären sie in der Realität. Die eigene Traumkontrolle über die Traumlandschaft scheint jedoch ein klein wenig reduziert, da die anderen auch noch eine Mitbestimmung über die Traumlandschaft haben. Ich habe schon mal versucht, ein Merkmal einer Traumlandschaft (eine Sanddüne) ohne Einverständnis der anderen zu ändern. Die Sanddüne blieb unverändert. Einmal habe ich mir das Einverständnis, ein Merkmal (ein Straßenschild) zu verändern, geholt und konnte es verändern. Dieses Thema habe ich zwar nicht weiter erforscht, aber es erscheint mir, dass bei Gruppenträumen die Verantwortung geteilt wird, oder jemand um so mehr verändern kann, je luzider er ist. Wenn ich luzider als die anderen bin, kann ich auch mehr verändern.

Eine noch interessantere Einsicht, die mir sogar in der Schlafrealität kam, ist, dass wir alle auf einer bestimmten Ebene ohnehin immer Gruppenträume erleben. Mein normales Selbst träumt seinen normalen Traum, während ein anderer Aspekt meiner Selbst einen Gruppentraum träumt, so meine Theorie. Diesem Gedanken folgend existiert die Ebene des unbewussten Traumes, dann die Ebene des luziden Traumes und darüber noch die Ebene des Gruppentraumes, und alle drei können simultan, ohne Kenntnis meines „normalen Selbst" stattfinden. Zuerst werde ich mir meiner Selbst bewusst, dann werde ich mir anderer bewusst. Die Reise beginnt mit Nicht-Ich (unbewusst), Ich (bewusst) und Wir (Gruppenbewusstsein) und schließlich der ganze Planet (Massenbewusstsein) und der Rest des Universums (universales Bewusstsein). Wie dem auch sei, die Fortschritte, die wir als Individuum beim luziden Träumen erreichen können, scheinen denen, die wir als Gruppe erreichen können, noch zu übertreffen.

Das Co-Träumen oder das Treffen von Freunden birgt einen Aspekt, der zunächst etwas unheimlich wirken könnte. Manche Freunde, die während eines Co-Traumes oder „Besuchstraumes" nicht luzide sind, können in der Traumrealität äußerst seltsam wirken. Ich habe vor einiger Zeit mit einem Freund vereinbart, einen Co-Traum zu produzieren. Wir konzentrierten uns vor dem Einschlafen auf unser Meeting. Als ich ihn dann im Traum traf, reagierte er überhaupt nicht auf mich. Er befand sich in einem „katakonischen" Zustand, wie unter Drogen oder Hypnose. Seine Augen und sein Kopf rollten unkontrolliert von Seite zu Seite und er lallte wie ein Betrunkener sinnloses Zeug. Ich ergriff ihn, blickte ihn in die Augen und sagte: „Hey! Du träumst!" Er reagierte ein wenig. Wir liefen eine Weile umher. Wir trafen auf unserem Weg eine ältere Dame, die sich meinem Freund zuwandte und ihm irgendetwas verkaufen wollte. Mein Freund verhielt sich nach wie vor abwesend und seltsam. Tags darauf sprach ich meinen Freund auf unser Experiment an. Er erinnerte sich zwar an manche Aspekte des Traumes, aber nicht an alle. Er gab zu, dass er zwar nicht luzide gewesen war, sich aber dennoch erinnern konnte. Und was hoch interessant war: Er beschrieb zwar die alte Dame genauso wie ich sie gesehen hatte (weiße lockige Haare, ein blau geblümtes Kleid, Brille, brauner Reisekoffer), aber er nahm während des Traumes andere Dinge wahr als ich. Er nahm wahr, wie die alte Dame versuchte, ihn anzugreifen. Er erzählte mir, wie er mit mir und der alten Dame eine Schlägerei anzettelte. Mit diesem Erlebnis wurde mir erstmals klar, dass starke Emotionen eines Träumers eine Traumlandschaft stark verzerren können. Da er nicht luzide war, nahm er durch eine verzerrte emotionale Brille wahr, und eben nicht genau das, was ich auch wahrnahm. Je luzider beide Träumer sind, desto wahrscheinlicher ist es, dass sie dieselbe Traumlandschaft wahrnehmen. Desto wahrscheinlicher ist es, dass sie überhaupt einen Co-Traum haben. Einen ähnlichen Fall hatte ich einmal mit einer Freundin, mit der ich einen Co-Traum beabsichtigt hatte. Wir hatten die Rechnung jedoch ohne den Wirt, ohne Zustimmung ihres Unterbewusstseins gemacht. Wir trafen uns wie vereinbart vor einer beliebigen Holzhütte im Wald. Was bei ihr jedoch fehlte, war der logisch-analytische Verstand. Wie wichtig dieser Aspekt unseres Bewusstseins für das luzide Träumen ist, wurde mir hier vollkommen klar. Sie war zwar anwesend, aber nicht mental. Sie befand sich in einem ähnlichen Zustand wie mein anderer Freund. Sie konnte auf einfache Fragen wie

„Wo sind wir?" und „Wie heißt du?" nicht antworten. Diese Fragen lösten keine Luzidität aus, sie lösten Verwirrung, Angst und irrationale Verhaltensweisen aus. Wenn ein Co-Traum-Partner auf diese Weise erwidert, ist die Wahrscheinlichkeit, dass er sich am nächsten Tag an den Traum erinnert, sehr gering. Man erlebt hier als luzider Träumer tatsächlich totale Unbewusstheit, live, vor den eigenen Augen. Das kann ein unheimliches Erlebnis sein. Ist die Person halbluzide, wird sie dich vielleicht halbwegs erkennen oder ein paar Fragen beantworten können. Hier ist es vielleicht möglich, die volle Luzidität herzustellen, den anderen luzide zu machen. Dabei helfen Augenkontakt, Berührungen, und vor allem liebevolle und warmherzige Zuwendung. Das beste Beispiel dafür, findet der Leser im Film „Hinter dem Horizont" (What Dreams May Come). In einer Phase des Filmes steigt der Hauptdarsteller (Robin Williams) zu seiner Seelenpartnerin hinab, die in einer alptraumartigen Realität völlig unbewusst vor sich hinlebt. Seine Versuche, sie aus ihrem Zustand, bei dem sie ihn kaum wieder erkennt, herauszuholen, schlagen zunächst fehl. Sie wehrt sich sogar dagegen und wird aggressiv, fordert ihn dazu auf, zu verschwinden. Nur durch intensivste Liebe gelingt es ihm schließlich, sie herauszuholen. Diese Filmszene beschreibt so ziemlich genau, was in dieser Traumsituation stattfindet. Keine Sorge, wenn die Person in diesem Zustand wahnsinnig, geisteskrank oder gewalttätig wirkt. Ich habe bereits ein paar solcher „Co-Träumer" angetroffen und sie zeigen alle Anzeichen von Psychosen. Dies hängt vermutlich mit dem Fehlen von Luzidität zusammen und dem Wirken tieferer Regionen des Unterbewussten. Ich betrachte es als Schutzfunktion des Unterbewusstseins. Wenn ich jemanden völlig unbewusst antreffe, lasse ich die Person meist in Ruhe und gehe meiner Wege. Zu versuchen, hier Kontrolle zu gewinnen oder jemand gewaltsam luzide zu machen, kann Verteidigungsmechanismen in ihnen wachrufen. Sie beginnen zu schreien oder Gewalt anzuwenden oder sie wachen einfach auf (in diesem Fall erlebst du etwas sehr Interessantes: Co-Träumer, die aufwachen, verschwinden einfach vor deinen Augen). Emotionale Träume, welche die Traumlandschaft verzerren und voller Gewalt, Wut, Angst, Hass, Scham, Trauer sind, bilden natürlich die Ausnahme. Diese Ausnahmen weisen darauf hin, dass es etwas zu bearbeiten oder heilen gibt, oder dass der Träumer noch nicht bereit ist, bezüglich einer Sache luzide (bewusst) zu werden. Die meisten luziden Co-Träume sind voller Schönheit, Liebe und Spaß. Natürlich besteht auch hier ein Zusammenhang mit den Gedanken, mit denen du einschläfst.

Das die Traumrealität etwas unabhängiger von Raum und Zeit ist als unsere Wachrealität, wird durch das Phänomen des „Co-Traumes mit Zeitverschiebung" sehr deutlich. Sehr fortgeschrittene Oneironauten, die sich nicht nur ihrer eigenen Luzidität sondern auch der der anderen bewusst sind, werden immer mehr Merkmale und Zwischenspiele beider Realitäten wahrnehmen. Irgendwann kommt der Oneironaut zur Erkenntnis, dass es noch mehr Co-Träume gibt, als er dachte. Dann nämlich, wenn er feststellt, dass *er oder ein anderer zu einer völlig anderen Zeit den Co-Traum hatte als der Partner*. Ich selbst kam erst sehr spät in meiner Traumforschung darauf, und das Gebiet liegt heute immer noch weitgehend im Nebel für mich. Ich hatte diesen wunderschönen Traum, in dem ich offenbar in einer Parallelwelt der USA war. Dieses Alternative-USA hatte eine Klimaveränderung durchlebt, die sich als Überschwemmungen und lange Regenfälle manifestierte. Mir wurde im Traum aber gesagt, dass diese Veränderungen und die damit zusammenhängenden Katastrophen bereits vor 20 Jahren passiert waren. Inzwischen hatte man sich den Bedingungen angepasst, und das, was ich sah, war ein sehr schönes, wenn auch chaotischeres Amerika. Ich fuhr mit jemand anderem, einer weiblichen Person, die ich während des ganzen Traumes nie erkannte, auf einer Freeway. Es regnete immer wieder, aber währenddessen schien die Sonne. Das Grün der Wiesen war das leuchtendste, satteste Hellgrün, das ich jemals gesehen hatte. Alles hatte eine Atmosphäre von Helligkeit und Nässe. Wir fuhren an Häusern vorbei, die viertel, halb oder ganz unter Wasser standen. Die Autobahn war über dem Boden gebaut, Überschwemmung zu vermeiden. Trotzdem fuhren wir mit viel Spaß durch sehr tiefe Pfützen. Einmal fuhren wir durch eine „Pfütze" mit der Tiefe eines Swimmingpools. Das Auto war kurz unter Wasser, bevor wir wieder auftauchten. Wir fuhren im Süden der USA, der inzwischen durch das ganze Wasser sehr grün geworden war. Autos fuhren nicht nur auf der Autobahn. Sehr futuristische Personenfahrzeuge flogen auch über uns in der Luft. Wir sahen Teile des alten, untergegangenen Amerika, und teile des neu errichteten. Neue Gebäude sahen futuristisch und extrem hochwertig aus. Insbesondere riesige, kugelförmige Gebäude, die sich drehten und den Bewohnern so einen Ausblick nach allen Richtungen gaben. Irgendwann später im Traum war ich wieder alleine. Hier fuhr ich nicht mehr, sondern flog über die USA, betrachtete das ganze Land und seine Entwicklung. Mal wurde mir futuristische Technologie gezeigt, mal wurden mir Menschen gezeigt, die wie in alte Cowboy-Zeiten lebten, Rinderfarmen betrieben, sich auf Pferden weiterbewegten. Diesen Traum der Vornacht erzählte ich meiner Freundin und sie erzählte ihn mir. Wir stellten fest, dass wir bis ins Detail den genau gleichen Traum hatten. Und auch sie war mit jemandem im Auto, den sie während des Traumes nicht erkannte. Ein kalter Schauer lief uns jedoch über den Rücken, als sie mir erklärte, dass sie diesen Traum schon vor einem Jahr hatte...

Das war nicht der einzige Vorfall von Zeitverschiebung. Eine Erkenntnis, die auch für dich wichtig ist: Einige Co-Träume werden nicht als solche erkannt, weil sie zu verschiedenen Zeiten stattfinden. Bis dahin hat einer der Träumer seinen Traum möglicherweise schon vergessen, oder der Kontakt zwischen euch ist abgebrochen. Doch wenn man sich dieser Möglichkeit bewusst ist, und auch regelmäßig seine Träume aufschreibt, wird man sich immer mehr der Zusammenhänge bewusst. Wenn man dann noch detaillierter hinsieht, fällt einem noch mehr auf. Beispielsweise, dass nicht alle Träume, die sich gleichen, auch Co-Träume im hier gebrauchten Sinn sind. Es kommt auch vor, dass ich einen bestimmten Traumort oder eine Traumlandschaft kenne, den jemand anders auch kennt, aber dort noch nie mit jemand anderen gewesen bin. Ich beschrieb einer Freundin neulich einen bestimmten Planeten, den ich seit meiner Kindheit gerne besuche, und sie bestätigte mir, dass sie diesen Planeten auch kennt. Kurios, nicht wahr?

Co-Träume fallen in dieselben Kategorien wie andere luzide Träume auch. So gibt es Co-Heilungsträume, Co-Spaß-Träume, Co-Forschungs-Träume, Co-Sinnlos-Träume und sogar Co-Alpträume. Darüber hinaus haben Co- und Gruppenträume jedoch ein Potential, das individuelle Luzidträume nicht haben. Dazu gehört z.B. das Erschaffen einer Traumrealität, an der sich Gruppen treffen. Dazu gehört das Erschaffen von Dingen (Musik, Kunst, Realitäten), welche von anderen wahrgenommen und bewundert werden können. Dazu gehört der Austausch von Wissen in Schlaf- und Wachrealität und die daraus resultierende Synergie.

Das größte Hindernis zu Co- und Gruppenträumen ist natürlich, wie immer, fehlende Bewusstheit, fehlende Luzidität. Das zweite echte Hindernis wurde von anderen Oneironauten beobachtet, von mir noch nicht. Da es aber genug luzide Träumer gibt, die darüber berichten, möchte ich es hier mitteilen. Die Rede ist von umherziehenden Menschengruppen oder so genannten „Traumbanden" oder „Traumcliquen", die versuchen, den Träumern weiszumachen, dass sie nicht träumen. Den Berichten zufolge laufen diese Leute umher und versuchen den Träumer unbewusst zu machen. Es sind menschliche Wesen wie ich und du oder, wie ich vermute, eine Art „Unterbewusstsein der Gruppe". Wenn es ein Gruppenbewusstsein gibt, könnte es auch ein Art „Gruppenunterbewusstsein" geben, denke ich. Diesen gemein anmutenden Leuten scheint, abgesehen von ihrer Traumbewusstheit, jegliche spirituelle Entwicklung zu fehlen. Manche Oneironauten theoretisieren, dass manche dieser in Banden umherziehenden Gruppen Leute sind, die in der Wachrealität gestorben sind, also Geister oder so genannte „erdgebundene Geister". Demnach ist die Nach-Todes-Ebene nicht sehr weit von der Gruppentraum-Ebene entfernt und kann sich mit ihr überlappen. Vielleicht bewegen sich manche verstorbene Geistwesen von ihrer Ebene zur Traumebene eines Menschen hinüber. Jedenfalls scheinen sie nichts Besseres zu tun zu haben, als unbewusste, halbbewusste und luzide Träumer aufzumischen und zu bedrohen. Sie versuchen, dich davon zu überzeugen, dass du träumst, oder bellen irgendwelche Befehle wie „Schlaf weiter!" oder „Hau ab!". Den Berichten zufolge entsteht durch die Begegnung mit diesen Wesen keinerlei echter Schaden, außer dass man dadurch tatsächlich wieder einschläft oder aus der Luzidität fällt. Sich dieser Möglichkeit bewusst zu sein, verhindert, dass man sein Gleichgewicht oder seinen Fokus verliert. Ich weiß nicht, was genau die Motive dieser Leute sind, da ich selbst noch keine gesehen habe, aber ihre Mission scheint es zu sein, zu verhindern, das Leute bewusst und luzide werden. Ihr Erscheinen ist äußerst selten, aber als Gegengewicht zu dieser Realität, kann ich dir empfehlen, andere Träumer zu motivieren und ermutigen luzide zu werden. Wenn du jemanden im Traum begegnest, sag ihm, dass er träumt. „Das hier ist das Traumuniversum, nicht das physische". Das dürfte sich als positiver Einfluss auf das Massen-Traum-Bewusstsein auswirken, aber auch deine Entwicklung fördern. Denn: Das, was du anderen beibringst, bringst du dir selbst auch bei. Lasst uns ein globales Traumnetzwerk bauen, bei dem wir uns gegenseitig unterstützen.

Die Vorstufe des Co-Träumens ist es, überhaupt ersteinmal im luziden Traum mit anderen Wesen zu kommunizieren. Andere Wesen und Menschen werden früher oder später auftauchen, wie auch im normalen Wachleben. Du lebst nicht autonom. Somit erübrigt sich auch fast die Frage „Wie erreiche ich Co-Träume", da dies etwas ist, was mit der Zeit auf natürliche Weise entsteht. Das ist so, als würdest du fragen „Wie spreche ich andere Menschen an?" oder „Wie kann ich meinen Freund besuchen?" Im Wachleben kannst du deinen Freund sehen, indem du ihn einlädst oder zu ihm hinfährst. Manchmal wirst du ihn sehen, ohne dass du ihn eingeladen hast. Und genauso ist es im Traumuniversum auch. Natürlich kannst du auch hier etwas nachhelfen, indem du vor dem Schlafengehen dein Bewusstsein auf Co- und Gruppenträume programmierst. Eine solche Technik könnte z.B. so aussehen:

Während ich noch wach im Bett liege, wiederhole ich folgende Absicht: „Ich werde ‚Person X' heute Nacht im Traum treffen."
Während ich einschlafe und bereits in den „hypnagogen Phasen" bin, wiederhole ich die Absicht: „Ich werde ‚Person X' heute Nacht im Traum treffen".
Während ich träume, sorge ich zuerst dafür, dass ich luzide werde oder luzide bleibe (Realitätstest). Dann wiederhole ich die Absicht: „Ich werde ‚Person X' jetzt treffen."
Gegebenenfalls gehe oder fliege ich zu „Person X" oder rufe den Namen von „Person X".
Sobald „Person X" auftaucht, stelle ich sicher, das „Person X" ebenfalls luzide ist, oder luzide wird.
Am Morgen danach schreibe ich in mein Traumjournal.
Nachdem man luzide ist, ist alles andere leicht machbar. Es setzt nur voraus, dass du ohnehin Übung im luziden Träume hast, die hypnagoge Phase durchläufst, ohne völlig unbewusst zu werden, oder aber im Traum aufwachst. Wenn ich mit jemanden in Kontakt treten möchte, reicht es meistens, wenn ich nur mit der Absicht einschlafe, diese Person ausfindig zu machen. Dies kann ein Freund, Kollege oder sogar ein Feind sein, mit dem ich mich versöhnen möchte, oder den ich auf der Traumebene näher untersuchen möchte. Ich stelle mir die Person während des Einschlafens vor, fokussiere die Aufmerksamkeit auf die Person und bekomme ein *Gefühl* für diese Person, ein *Gefühl* dafür, wer sie ist. Das Gefühl ist das „universelle Transportsystem" und setzt uns unabhängig von Raum und Zeit sofort mit der Sache oder der Person in Verbindung. Und hier wirst du endlich den Unterschied zwischen Personen, die von deinem eigenen Bewusstsein projiziert sind, und Personen, die einen von dir getrennten, objektiven Standpunkt haben, erkennen. Der Unterschied ist ganz einfach: Entweder du träumst von deinem Freund, wie du ihn siehst, d.h. du träumst von deinem mentalen Abbild, deiner mentalen Kreation von dieser Person, oder du träumst mit dieser Person. Das mentale Abbild dieser Person findet innerhalb deines individuellen Traumes statt. Der andere hat keine individuellen Standpunkt, und hat an der Traumlandschaft nichts zu verändern. Sein Realitätsgrad ist etwas geringer. Der Unterschied ist schwer erklärbar, aber sehr stark spürbar. Ja, du wirst spüren, ob die Person, die dir gegenübersteht, deine mentale Kreation ist, oder eine von dir unabhängige Existenz führt. Wenn jemand, auf den ich mich fokussiert habe, im Traum nicht bereits anwesend ist, beginne ich, Signale auszusenden (genau wie der Hauptdarsteller im Film „Hinter dem Horizont". Erst während des Schreibens dieses Buches wird mir klar, wie sehr dieser Film für luzide Träumer gemacht ist!). Ich rufe seinen Namen ein paar Mal laut aus. Manche erschaffen sich eine Tür mit einem Bild der Zielperson darauf. Sie durchschreiten die Tür in der Erwartung, ihren Traumpartner dahinter zu finden. Solltest du Schwierigkeiten damit haben, liegt die Lösung wirklich nur in deiner Bewusstheit. Wenn du noch nicht alle Anteile deines Selbstes durch Bewusstsein integriert hast, fehlen dir noch einige Fähigkeiten deiner Seele. Da die Variationen grenzenlos sind, gibt es natürlich auch die Ausnahme, dass ein Traumpartner nicht gefunden werden möchte. Dies widerfuhr mir, als ich damit experimentierte, verschiedene berühmte und prominente Menschen ausfindig zu machen. Ich hatte damit wenig Erfolg. Entweder ich wurde unbewusst oder eine schwarze Mauer stellte sich mir in den Weg, oder Ähnliches. Egal wie luzide man durch langjährige Übung geworden ist, es gibt immer wieder gewisse Schutzmechanismen die vor Missbrauch oder Schaden bewahren.

Ein seltsames Erlebnis für deine Forschungsnotizen am Rande: Ich glaube, ich habe schon mal aus einem Traum heraus mit jemanden gesprochen, der sich in der Wachrealität befand. Das Lustige daran war, dass die Wachperson sich nicht mit mir unterhielt, sondern ein anderer Persönlichkeitsaspekt der Person mit mir sprach. Darüber, was dies zu bedeuten hat, möchte ich keine Vermutungen anstellen. Es geht hier nur darum, die Vielfalt an latenten Möglichkeiten aufzuzeigen.

Eine weitere Art, dem Co-Träumen nachzuhelfen, ist es natürlich, mit jemand anderen, der luzide Traumarbeit leistet, Treffen zu vereinbaren. Diese Praktik hat sehr starke Auswirkungen auf dein Bewusstsein und deine Sicht des Lebens im Allgemeinen. Die Fähigkeit, bewusst über Raum und Zeit hinweg mit einem anderen Menschen Kontakt aufzunehmen und die Erlebnisse am Tag danach auszutauschen, grenzt schon ans Magische. Vor allem die Verifikation am nächsten Tag hilft dem rationalen Verstand ungemein, diese Erfahrung zu integrieren. Ohne konkrete Beweise driftet man leicht ins Vage, Unkonkrete ab, oder verliert sogar nach und nach das Interesse am luziden Träumen. Noch eine weitere Stufe stärker ist es, wenn dies von einer ganzen Gruppe von Menschen geschafft wird. Leider kommt es eher selten vor, dass eine ganze Gruppe professioneller luzider Träumer in der Wachrealität zusammenkommt, um genau das zu beschließen. Sicherlich gibt es bereits Gruppen auf dieser Welt, die fortgeschrittener sind, als wir uns überhaupt vorstellen können, aber ich nehme an, dass wir erst über diese herausfinden, wenn wir selbst eine gewisse Stufe der Luzidität erreicht haben. Vielleicht möchtest du selbst eine solche Gruppe initiieren. (Im Anhang dieses Buches findest du eine Einladung an alle Leser, an Gruppentraumforschungen teilzunehmen). Ich selbst habe es zwar noch nicht getan, könnte mir aber eine offizielle Prozedur folgendermaßen vorstellen:

Die Gruppe trifft sich in der Wachrealität. Vereinbart und affirmiert werden die folgenden Dinge:
a) Wir werden uns heute Nacht im Traum treffen.
b) Wir werden alle luzide Sein.
c) Ganz spezifisch werden wir uns an Ort X treffen der die Merkmale Y & Z hat (Es hat sich als effektiv erwiesen wenn jeder Gruppenteilnehmer der gleichen Ortsbeschreibung folgt).
d) Während des Traumes wird jeder von uns die vollen Namen der anderen rufen.

Vor dem Schlafengehen fokussiert jeder der Gruppenteilnehmer die anderen Mitglieder und den Ort, an dem sie sich treffen.
Während des Traumes fokussiert jeder der Gruppenteilnehmer den Treffpunkt und die anderen Mitglieder.

Nicht unerwähnt lassen möchte ich, dass Liebespartner sich beim Co-Träumen am leichtesten tun. Sie stehen ohnehin den ganzen Tag in Resonanz, und es gibt keinen Grund, anzunehmen, dass sie es in der Traumrealität nicht auch tun. Eine prima Idee wäre es, deinem Liebespartner mittels eines Traumes ein Geschenk zu machen. Dafür würdest du dir vor dem Einschlafen die schönste Landschaft vorstellen, die du dir überhaupt denken kannst. Im Traum würdest du diese Landschaft erschaffen und dann mit deiner Partnerin oder deinem Partner teilen. „Komm mit Schatz, ich möchte dir was zeigen. Das hier ist für dich". Dieses Geschenke, ist natürlich auch für andere Leute denkbar, Geschäftskollegen, denen du Dankbarkeit erweisen willst, einen Feind, mit dem du dich versöhnen willst, oder einfach jemand, den du in eine bessere Stimmung bringen möchtest. Etwas mit Liebe oder Wertschätzung für andere zu machen, dient nicht nur diesen Menschen. Es dient auch deiner „energetischen Schwingung". Die schönsten emotionalen Zustände, die ich hatte, bekam ich, nachdem ich einen Akt der Wertschätzung für andere gezeigt habe.

Hier meine Sicht über die Entwicklungsstadien von Co-Träumen (die sich natürlich überlappen oder überspringen können):

- Der Träumer trifft andere, von ihm projizierte Wesen innerhalb seines individuellen Traums (an sich ist das hier noch kein Co-Traum).
- Der Träumer trifft andere, unabhängig existierende Wesen in seinem Traum.
- Der Träumer trifft nicht-luzide Freunde im Traum.
- Der Träumer trifft luzide Freunde im Traum.
- Der Träumer hat im Traum mit einem Freund ein Treffen, das in der Wachrealität bewusst vereinbart wurde.
- Eine Gruppe hat im Traum ein Treffen, das in der Wachrealität bewusst vereinbart wurde.
- Die Gruppe ist in der Lage, sich im Traum bewusst noch mal am selben Ort zu treffen.
- Die Gruppe beginnt, im Traum zu forschen und sich auszutauschen.
- Die Gruppe begibt sich auf Abenteuer.
- Die Gruppe formt ein Traumnetzwerk.
- Die Gruppe oder das Netzwerk macht andere, bereits existierende Traumnetzwerke ausfindig.
- Aus der Gruppe oder den Gruppen entsteht ein übergeordnetes Bewusstsein, innerhalb dessen zwar jeder noch ein individuelles Bewusstsein ist, aber gleichzeitig auch „eins" mit allen anderen.
- Das Stadium Traum-Massenbewusstsein wird erreicht.
- Das Stadium Traum-Universales-Bewusstsein wird erreicht.

Das sind schöne Aussichten, nicht wahr? Wieder möchte ich wiederholen, dass dies keine Dogmen oder „so muss es sein" Auffassungen sind. Es sind lediglich Möglichkeiten, die den fortgeschrittenen Oneironauten offen stehen.

23. Präkognitives Träumen

„Raum und Zeit sind Modi des Bewusstseins, nicht Attribute des physikalischen Universums"

Immanuel Kant

Hattest du je einen Traum, der auf ein Ereignis in der „realen Wachwelt", z.B. einem Lärm oder Geräusch *hinführte*, bei dem du dich nachher fragtest, woher dein Traum „wusste", dass dies passieren würde?

Wenn ja, dann gehörst du zu den Millionen von Menschen, die „es" auch erlebt haben. Wenn nein, gehörst du zu den Millionen von Menschen, die „es" zwar erlebt haben, aber gleich darauf wieder vergessen haben, weil sie es sich beispielsweise nicht erklären konnten. Und wenn deine Antwort „Auf keinen Fall!" lautet und dein Gesicht dabei rot anläuft, gehörst du zu den Menschen, die dieses Buch lieber weglegen sollten, bis sie reif für den Zugang zur inneren Welten sind.

Hier ein Beispiel für eines meiner Erlebnisse dieser Art: Ich träumte einmal als Kind, dass ich auf der Flucht vor einem unheimlichen Wesen auf einen Bergabhang zu rannte. Das Rennen, wohlgemerkt, dauerte eine Weile. Am Abhang angekommen hatte ich die Wahl, entweder zu springen oder von diesem Wesen verschlungen zu werden. Ich sprang, ich fiel. Das Fallen schien eine Ewigkeit zu dauern, als würde ich in Zeitlupe fallen. Schließlich kam ich mit einem schmerzhaften Aufprall auf und erwachte sogleich aus meinem Traum. Plötzlich wurde mir bewusst, was so schmerzhaft gewesen war: Mein Bücherregal, das ich und mein Vater erst heute gebaut hatten, war von der Wand auf mich herab gefallen, quasi im selben Moment, bei dem der Aufprall im Traum stattfand. Manche Bücher purzelten noch an mir und dem Bett herunter, während ich mich umsah, was passiert war, was bedeutete, dass die Bücher soeben runter gefallen waren. „Ach so, deswegen habe ich von einem Aufprall geträumt", war mein erster Gedanke. Das Fallen von Büchern auf meinen Bauch und meine Brust verursachten das Träumen von einem Aufprall. Aber gleich darauf musste ich mich fragen: Wie konnte es sein, dass mein Traum auf dieses Ereignis hinführte? Woher wusste mein Traum, dass meine Bücher am Ende auf mich niederprasseln würden?

Es wäre sicherlich leicht, eine „vernünftige Erklärung" dafür zu finden, die auf etwas anderes hinweist, als das, was ich in den Momenten solcher Erkenntnisse deutlich spüre: Mein Traumbewusstsein ist zeitlos oder hat andere zeitliche Regeln. Die „vernünftigen Erklärungen" und Schlussfolgerungen über „Zufälle" wichen mit der Hundertsten persönlichen Erfahrung dieser Art. Ich habe seit meiner Kindheit in Zusammenhang mit dem Träumen schon so viele Zeitanomalien, Zeitverzerrungen und Zeitverschiebungen sonderbarster Art erlebt, dass ich schon lange nicht mehr nach „logischen Erklärungen" suche. Aus welcher Sicht denn „logisch"? Vielleicht geht es dir genauso. Vielleicht erinnert dich dieser Buchabschnitt auch an eigene Erlebnisse dieser Art.

Ein Traum, den ich erst am Abend hatte, bevor ich dieses Kapitel zu schreiben begann, war, dass ich auf ein Gebäude zulief, von dem ich wusste, dass es im Inneren sehr laut sein würde. Ich lief eine Weile mit gemischten Gefühlen auf den Eingang dieses Gebäudes zu. Ich wollte nicht so recht dorthin, weil ich den Lärm vorausahnte. Als ich schließlich die Türe öffnete, drang ein penetranter Lärm durch mein Bewusstsein und ich erwachte. Es waren Bauarbeiter, die gegenüber meines offenen Balkons urplötzlich zu Bohren begonnen hatten. „Ach so, das ist der Lärm". Aber hier wieder: Woher wusste mein Traum, dass ich auf dieses Ereignis zusteuere? Oder wurde die Zeit im Traum so ausgedehnt, dass die Sekunde, in der das Bohren begann, im Traum wie mehrere Minuten des Laufens auf das Gebäude erschien? Ganz egal welche Erklärung ich suchte, es hatte trotzdem immer etwas mit einem Phänomen zu tun, in der die Zeit nicht dass war, was wir denken was sie ist.

Wenn mich ein Skeptiker fragt, was denn die konkretesten Indizien für die Fähigkeit menschlichen Bewusstseins ist, um Zeitreisen auszuüben, verweise ich auf das auch in der Wissenschaft bekannte Phänomen des präkognitiven Träumens. Das Nachtträumen von Dingen, die dann später auch tatsächlich eintreten. Da Massen von Menschen mit dem Thema vertraut sind, kann es sich die Wissenschaft nicht leisten, das Thema nicht ernsthaft zu erforschen, auch wenn wir hier in Bereiche vordringen, die schwer zu „erklären" sind. Schwer zu erklären sind sie nur mit den veralteten Modellen, die wir über „Zeit" haben. Ich bin mir sicher, ein Physikstudent hätte kein Problem damit, die Zeit als etwas Nicht-Lineares zu sehen. Die Zukunft gehört den Weltbildern, die Zeit als etwas „Geometrisches", „Spiralförmiges" oder etwas anderes sehen als „linear".

Im Jahre 1927 schrieb der Luftfahrt-Ingenieur und Mathematiker J. W. Dunne (der sich u.a. auch mit der Konstruktion des ersten britischen Militärflugzeugs beschäftige und als Soldat um die Jahrhundertwende am Burenkrieg in Südafrika teilnahm) das Buch „An Experiment in Time", das die Grundlage der Erforschung präkognitiver Träume bildet. Das Buch ist inzwischen ein Klassiker, ein Meilenstein der Bewusstseinsforschung. Es ist das erste Buch unserer Zeit zum Thema und immer noch das beste, und ich werde es in diesem Kapitel für sich sprechen lassen.

Als Folge zahlreicher eigener Erfahrungen mit präkognitiven Träumen, stellte sich Dunne Fragen wie: „Sind meine Träume Astralwanderungen, Hellsichtigkeit oder Telepathie mit Menschen, die das jeweilige Erlebnis gerade dann haben, während ich träume?" Im Verlaufe seiner systematischen Forschungen kam er zum Schluss, dass es sich um keines dieser Phänomene handelte (schloss aber die Existenz dieser Phänomene deshalb nicht aus). Zu seinen wichtigsten Entdeckungen gehörte, dass er von Dingen träumte, *wie er selbst sie später (in der Zukunft) wahrnahm, aber nicht wie sie tatsächlich geschahen.* So hatte er z.B. einen sehr klaren, intensiven Traum über die Explosion eines Vulkans auf Mauritius, bei dem 4000 Menschen ums Leben kamen. Am nächsten Tag las er in der Zeitung von genau diesem Vorfall. Allerdings hatte er sich verlesen. Wie er später feststellte waren 40 000 Menschen gestorben, nicht 4000. Das heißt, seine „Traumjournal" Eintragungen stimmten mit dem überein, was er selbst in der Zeitung über das Ereignis gelesen hatte (oder verlesen hatte) und nicht mit dem Ereignis, so wie es passiert war. Durch Versuche und Experimente die über Jahre gingen, wurde ihm schließlich klar, dass ein Erlebnis in der Zukunft die Quelle seiner präkognitiver Träume war. Man kann sagen, dass es „Erinnerungen an die Zukunft" waren. Seine Träume waren nicht ausnahmslos vorsehender Natur, aber mit seiner konzentrierten Forschung wurden sie mit der Zeit häufiger.

Als Dunne in seiner Anfangsphase einmal träumte, dass seine Uhr auf 8:02 stand, später aufwachte und entdeckte, dass die Uhr wirklich auf 8:02 stand, machte er sich zunächst Sorgen über eine mögliche „Paramnesie" (eine Krankheit, bei der man falsche Erinnerungen hat. Wäre dies der Fall, wäre z.B. der Traum über 8:02 und das „Wachereignis", wo er 8:02 entdeckte ebenfalls ein Traum gewesen. Oder noch schlimmer: Beides wären falsche Erinnerungen gewesen). War er krank? Er war bereit, jede Möglichkeit in Betracht ziehen. Er zog auch die Idee in Betracht, dass er durch irgendein ihm unbekanntes Phänomen die Uhrzeit mit geschlossenen Augen sehen konnte. Aber am Ende seiner im Buch beschriebenen Forschungen kommt er zur Schlussfolgerung, dass präkognitives Träumen mit Zeitverschiebungen im Bewusstsein in Zusammenhang stehen.

Sein erstes Erlebnis hatte er im Jahre 1899 in einem Hotel in Sussex, England. Dort träumte er eines Nachts, dass er sich mit einem Kellner über die Uhrzeit stritt. Während er darauf bestand dass es 4:30 am Nachmittag war, behauptete der Kellner es sei 4:30 nachts. Mit der seltsamen aber lustigen Unlogik von Träumen, schlussfolgerte Dunne innerhalb des Traumes, dass seine Uhr stehen geblieben sein muss. Noch im Traum zog er die Uhr aus seiner Weste und fand diese Vermutung bestätigt. Mit dem Gedanken, dass die Uhr um 4:30 stehen geblieben war, erwachte er. Den seltsamen Traum noch frisch in Erinnerung machte er ein Licht an, um auf seine Uhr zu schauen, die zu seiner Überraschung jedoch nicht neben dem Bett war, wo er sie sonst hatte. Er stand auf und fand sie auf einem Schränkchen liegend. Und sie war tatsächlich stehen geblieben und zeigte tatsächlich 4:30 an. Für ihn schien die Lösung einfach: Die Uhr muss am Nachmittag zuvor stehen geblieben sein. Dunne schreibt: „Ich muss das bemerkt haben, dann wieder vergessen haben, und mich in meinem Traum daran erinnert haben. Mit dieser Erklärung zufrieden, drehte ich die Uhr neu auf. Da ich die genaue Uhrzeit jedoch nicht wusste, ließ ich die Zeiger da wo sie waren".

Am nächsten Morgen jedoch, erwartet ihn eine weitere Überraschung, als er sich auf den Weg zur nächsten Uhr macht, um seine Uhr richtig zu stellen. Denn wäre sie am vorigen Nachmittag stehen geblieben und zu einer unbekannten Stunde der Nacht wieder aufgedreht worden, müsste sie um Stunden falsch gehen. Seine Uhr ging jedoch nur um zwei bis drei Minuten falsch. Das war genau die Zeit, die zwischen dem Aufwachen und dem neu einstellen der Uhr vergangen war. Dies wies natürlich darauf hin, dass die Uhr genau dann hielt, während er davon träumte. Er schlussfolgerte, dass der Traum vielleicht dadurch verursacht wurde, das die Uhr zu ticken aufhörte. Ungeklärt blieb für ihn jedoch die Frage, wie er in seinem Traum sehen konnte dass die Zeiger auf genau 4:30 hielten?

Dunne: „Hätte mir jemand diese Geschichte erzählt, hätte ich erwidert, dass die gesamte Episode, vom Beginn zum Ende, geträumt ist, inklusive dem „Aufwachen" und neu Einstellen der Uhr. Aber das war eine Antwort, die ich mir selbst nicht geben konnte. Ich wusste genau, dass ich wach war, aufgestanden war und die Uhr auf dem Schränkchen gesehen hatte."

Dunne begann zu spekulieren, ob es sich hier um eine Art Hellsichtigkeit handelte, bei der er durch geschlossene Augen über eine Entfernung hinweg sehen konnte. In einem typischen Gedankengang für die damalige Jahrhundertwende spekulierte er über „unbekannte Strahlungen", welche diese Art der Sichtigkeit beeinflussen, verwarf die Idee aber wieder, da er sich nicht erklären konnte, wie diese „um die Ecke strahlen", da seine Uhr nicht geradeaus vor ihm gelegen war.

Das zweite Zeitverschiebungserlebnis hatte Dunne in Sorrento Italien, wo er eines Morgens im Bett lag und sich fragte, wie viel Uhr es wohl sein möge. Er fühlte sich zu müde, um aufzustehen und seine Uhr anzuschauen, die außerhalb seines Moskitonetzes auf einem Tisch lag. Sein erstes Erlebnis kam ihm in den Sinn, und er fragte sich, ob er die Uhr wieder durch „Hellsichtigkeit" sehen konnte. So schloss er die Augen und konzentrierte sich auf die Frage, wie viel Uhr es sei. Er fiel in einen Halbschlaf, in dem man sich immer noch halb einer Situation bewusst ist. Die Vision seiner Uhr tauchte auf, aufrecht stehend, ungefähr einem Meter vor seiner Nase, Umgeben von normalem Tageslicht und einem dicken, weißlichen Nebel, welcher das restliche Wahrnehmungsfeld füllte. Der Stundenzeiger stand auf genau 8:00, der Minutenzeiger schwankte zwischen der zwölf und der eins, und der Sekundenzeiger war zu verschwommen, um ihn zu erkennen. Da er das Gefühl hatte, das genaueres Hinsehen in aufwecken würde, behandelte er den schwankenden Minutenzeiger wie den Nadel einer Kompass, indem er genau die Mitte der Schwankung definierte. Dies ließ ihn bestimmen, dass es etwa 8:02 war. Er öffnete die Augen, holte seine Uhr, und war hellwach als er entdeckte das es genau 8:02 war. „Diesmal gab es keine Ausrede. Ich musste Schlussfolgern, dass ich irgendeine seltsame Fähigkeit hatte #zu sehen', und zwar durch Hindernisse hindurch, durch Raum und Zeit hindurch. Aber ich lag nach wie vor falsch".

Schließlich erlebte Dunne etwas, dass nicht in sein Erklärungsgebäude passte. Im Januar 1901 befand er sich in Alassio, an der italienischen Riviera. Dort träumte er eines Nachts, er wäre in Fashoda, nahe dem Ort Khartoum, im nördlichen Abschnitt des Nils. „Es handelte sich um einen völlig normalen Traum, ohne sonderlich intensive oder helle Szenen, bis auf die folgende: Das plötzliche Erscheinen von drei Männern, die aus dem Süden kamen. Sie sahen grandios heruntergekommen aus, in Khakis gekleidet deren Farbe so ausgeblichen war, dass sie Sackstoff glichen. Ihre Gesichter unter den staubigen Helmen waren braun gebrannt, fast schwarz. Sie sahen in der Tat wie die Männer aus, mit denen ich kürzlich in Südafrika auf Trekking Tour gewesen war. Ich wunderte mich darüber, warum sie den ganzen Weg aus Südafrika nach Sudan gereist sein sollen, und befragte sie darüber. Sie versicherten mir jedoch, dass sie genau das getan hatten. #Wir kommen direkt vom Kap hierher', sagte einer der Männer. Ein anderer sagte: ‚Ich hatte eine schreckliche Zeit. Ich bin fast an Gelbsucht gestorben.' Der Rest des Traumes war unwichtig."

Zu jener Zeit empfing Dunne täglich die Zeitung *Daily Telegraph* aus England. Beim Frühstück am nächsten Morgen las er die folgende Headline: „Cap to Cairo. Expedition at Khartoum. From our special Correspondent Khartoum, Thursday, 5 P.M. The Daily Telegraph Expedition has arrived at Khartoum after a magnificent Journey, etc." In einem anderen Teil der Zeitung las er, dass die Expedition von einem M. Lionel Decle angeführt wurde. Er erinnerte sich, am Tag zuvor gelesen zu haben, dass einer der drei weißen Männer unterwegs gestorben war, allerdings nicht an Gelbsucht, sondern einer anderen Krankheit. Er wusste jedoch nicht, ob dies wahr sei, oder ob es 3 Gruppenanführer gab. Er hatte zwar Jahre zuvor gehört, dass ein M.Lionel Decle über eine solche transkontinentale Reise nachdachte; aber er hatte nicht die geringste Ahnung, dass dieser Plan bereits umgesetzt worden war. Die Expedition kam einen Tag, bevor die Information in London publiziert worden war, in Khartoum an, also lange bevor er den Traum hatte, da die Zeitung von London nach Alassio geliefert werden musste und der Traum erst in der Nacht vor der Ankunft der Zeitung passierte. Folglich schloss Dunne die Möglichkeit aus, eine „Astralwanderung" dorthin gemacht zu haben. Er ließ zu diesem Zeitpunkt jedoch eine Erklärung offen.

Seine nächste Erfahrung war dramatisch, so wie es jeder Fan des Unfassbaren gerne hört. Ich habe sie zum Eingang dieses Kapitels bereits kurz angeschnitten. Im Frühling des Jahres 1902 zeltete er mit der 6ten Gebirgsinfantrie in der Nähe der Ruinen von Lindley. Da sie vom Trek (Pfad) abgezweigt waren, waren Zeitungen und Post eine Rarität. Dort hatte Dunne eines Nachts einen ungewöhnlich klaren und eher unangenehmen Traum. Er schien auf der Höhe eines Berges zu stehen. Der Boden war von sonderbarer weißer Beschaffenheit. Aus Ritzen und Taschen im Boden entwichen Dämpfe. In seinem Traum erkannte er den Ort als eine Insel, von der er schon mal geträumt hatte. Eine Insel, die in ständiger Gefahr eines Vulkanausbruchs war. Und als er die Dämpfe sah, die aus dem Boden kamen, wurde ihm blitzartig klar: „Es ist die Insel! Mein Gott, die ganze Insel wird gleich in die Luft fliegen!" Denn er hatte Erinnerungen, über Krakatoa gelesen zu haben, wo das Meer, das sich einen Weg durch unterirdische Tunnel zum Herzen des Vulkans bahnt, sich in Dämpfe verwandelte und den gesamten Berg in Stücke explodieren ließ. Von dieser Erkenntnis an war er in Panik, und vom überwältigenden Wunsch erfasst, die viertausend ahnungslosen Einwohner zu retten (scheinbar kannte er die Einwohnerzahl). Für ihn gab es nur einen offensichtlichen Weg, dies zu bewerkstelligen, und zwar sie mit Schiffen von der Insel wegzuholen. Was folgte war einer der unangenehmsten Alpträume, die er je hatte, wo er bei einer benachbarten Insel versuchte, die ungläubigen französischen Behörden dazu zu kriegen, Schiffe jeder Art zur Rettung der Insulaner zur Verfügung zu stellen. Er wurde von einer Behörde zur nächsten geschickt, während die Zeit davonlief. Er erwachte schließlich während des Versuches, das Pferdegespann eines „Monsieur le Maire" aufzuhalten, der zum Abendessen ausgehen wollte, und ihn, unter Verweis auf die Öffnungszeiten, bat, am Tag darauf ins Büro zu kommen. Im Verlauf des ganzen Traumes war er von der Anzahl der Menschen, die sterben sollten, gefesselt. Er wiederholte die Zahl gegenüber jeden, den er im Traum traf. Noch während des Aufwachens rief er: „Hören Sie zu Maire! Viertausend Menschen werden sterben, wenn wir nicht...."

Dunne schreibt: „Ich war mir nicht sicher, wann die nächste Lieferung Zeitung eintraf, aber sie wurde schließlich geliefert. Die Daily Telegraph war dabei, und beim Aufschlag der Hauptseite traf das Folgende meinen Blick: VULKAN DISASTER in Martinique. Town Swept Away. An Avalanche of Flame. Probable Loss of Over 40 000 Lives. British Steamer Burnt. On of the most terrible disasters in the annals of the world has befallen the once prosperous town of St Pierre, the commercial capital of the French island of Martinique in the West Indies. At eight o'clock on Thursday morning the volcano Mont Pelee which had been quiescent for a century etc."

In einem anderen Teil der Zeitung las Dunne einen verwandten Artikel, der seinem Traum noch mehr glich. Der Artikel erzählte, dass der Berg buchstäblich explodierte, wie von Insassen eines nahe liegenden Schiffes beschrieben. Dunne hatte eine der größten Naturkatastrophen des letzten Jahrhunderts vorher geträumt. Interessanterweise lag die Zahl der Opfer nicht bei 4000 sondern bei 40 000. Hatte seine Hellsichtigkeit sich um eine Null verschätzt? Dunne zufolge war Folgendes geschehen: Er erzählt, dass er den Artikel an jenem Morgen unkonzentriert und hastig las. Im weitererzählen der Nachrichten, sprach er tatsächlich immer von 4000 Opfern, ohne zu wissen das es tatsächlich 40 000 waren. Er erfuhr erst, dass die Angabe 40 000 war, als er den Zeitungsausschnitt 15 Jahre später kopierte! Doch, zeigten die nächsten Zeitungsausgaben, das auch die Schätzung 40 000 nicht richtig war. Das heißt weder die in der Zeitung angebebene Zahl, noch seine missgelesene Version davon waren richtig. Dies war für Dunne der erste konkrete Indikator dafür, dass es sich bei den Träumen eindeutig nicht um Hellsichtigkeit der tatsächlichen Situation vor Ort handelte. Denn, woher kam die Idee der 4000? Sie muss ihm wohl wegen der später gelesenen Zeitung in den Sinn gekommen sein!

Bevor er jedoch die konkrete Idee des Zeitsprungs verfolgte, kam ihm eine andere, weniger beruhigende Theorie in den Sinn: Hatte er eine Krankheit, die Ärzte als „Identifying Paramnesia" (Paramnesie, falsche Erinnerungen) bezeichneten? In diesem Fall hätte er einen solchen Traum nie gehabt, sondern hätte sich eingebildet, einen solchen Traum gehabt zu haben, während er den Zeitungsbericht las. Dasselbe könnte auf die „Kapstadt nach Kairo" Vision zutreffen. Je mehr er über die zwei Erfahrungen nachdachte, desto klarer wurde ihm, dass die Träume genau das waren, was man erwarten würde, *nachdem* man eine solche Reportage liest. Ein völlig normaler Traum, beeinflusst von dem, was man tagsüber gelesen hatte. „Wie konnte ich mir sicher sein, dass dies Träume waren und keine falschen Erinnerungen, die durch das Lesen entstanden?", war eine Frage, die ihm Sorgen machte. Er war sich zu diesem Zeitpunkt jedoch sicher, dass es sich bei den Erfahrungen nicht um Astralreisen, Fernwahrnehmung oder „Botschaften" der Menschen vor Ort handelte. Eindeutig waren die Botschaften vom Lesen der Reportagen beeinflusst. D.h. entweder Paramnesie, telepathischer Kontakt mit den Journalisten beim Daily Telegraph oder Zeitverschiebung.

Zu seiner großen Erleichterung stellte sich die Paramnesie Theorie Dunnes bereits in den nächsten Erfahrungen, die in seinem Buch beschrieben sind, als falsch heraus. Denn nun legte er sich ein Traumjournal an und schrieb all seine Träume nach dem Aufwachen detailliert auf. Tatsächlich waren wieder einige dabei, die später in der Zeitung zu lesen waren. Aber diesmal konnte es keiner auf eine falsche Erinnerung schieben, da er die Träume in seinem Journal aufgeschrieben hatte. Dies war schließlich der Traum, der alle Theorien außer die der Zeitverschiebung zuließ:

Im Jahre 1904 verweilte Dunne in einem Hotel am Aachensee, Österreich. Er träumte, dass er zwischen zwei Feldern auf einem Pfad spazierte, an dem zwei eiserne Railings entlang liefen. Seine Aufmerksamkeit wurde plötzlich von einem Pferd angezogen, das im linken Feld stand. Das Pferd war offensichtlich verrückt geworden, schlug um sich her und machte erschreckend viel Lärm. Nervös schaute sich Dunne um, ob es in der Railing Öffnungen gab, durch die das Pferd hindurch kommen konnte. Es gab keine, und so machte er sich weiter auf den Weg. Ein paar Momente später hörte er Hufen hinter sich trampeln. Als er sich nach hinten umschaute, sah er zu seinem großen Missfallen, dass das Pferd *doch* durchgekommen war und nun in voller Geschwindigkeit auf ihn zu rannte. Aus dem Traum wurde ein Alptraum, und darin rannte Dunne wie ein Hase. Vor ihm endete der Pfad in einem Holztreppenweg nach oben, und er versuchte diesen mit aller Macht zu erreichen, ehe der Traum endete.

Am nächsten Tag im Wachzustand ging Dunne mit seinem Bruder an einen Fluss, der aus dem Aachensee entspringt, zum Angeln. Während seine Augen im Fluss vertieft waren, rief sein Bruder plötzlich: „Sieh dir dieses Pferd an!" Als er über den Fluss blickte, sah er das Pferd aus seiner Traumszene. Und obwohl es essentiell dieselbe Szene wie im Traum, unterschied sie sich in kleinen Details vom Traum. Die zwei Felder mit eingezäuntem Weg waren da. Das Pferd war da und verhielt sich genau wie im Traum. Die Holztreppen am Ende des Pfades waren da. Sie führten zu einer Brücke, die über den Fluss ging. Aber die Zäune waren klein und aus Holz, und die Felder sahen sehr gewöhnlich und klein aus, während im Traum alles überdimensional groß war. Außerdem war das Pferd ein „kleines" Biest, und nicht das übergroße Monster aus dem Traum. Das Verhalten des Pferdes war nichtsdestotrotz sehr beunruhigend. Zu guter Letzt war das Pferd im „falschen Feld", und zwar auf der rechten Seite, wäre er den Weg zur Holztreppe gelaufen. Er begann seinem Bruder vom Traum zu erzählen, brach das Gespräch aber ab, weil sich das Pferd wirklich äußerst merkwürdig verhielt, und er sicherstellen wollte, dass das Pferd nicht fliehen kann. Wie im Traum untersuchte er skeptisch die Railings. Wie im Traum konnte er keine Öffnung sehen, wo das Pferd hindurch kommen konnte. Zu seinem Bruder sagte er: „Wie auch immer, dieses Pferd kommt da nicht durch". Er widmete sich wieder seiner Angel doch wenige Sekunden später rief sein Bruder: „Schau mal!" Genau wie im Traum hatte das Pferd doch auf fast unerklärliche Weise das Feld verlassen (wahrscheinlich war es gesprungen) und stürmte nun, genau wie im Traum, auf die Holztreppe zu. Es galoppierte an dieser vorbei und sprang direkt in den Fluss, und bewegte sich auf die beiden zu. Beide hoben Steine auf, rannten einige Meter vom Fluss weg und bereiten sich zur Verteidigung. Das Ende der Episode war sehr zahm, denn das Pferd stieg aus dem Wasser, sah die beiden lediglich kurz an, schnaufte und galoppierte die Straße hinunter.

Dunne befand, dass viele seiner Träume keine Eindrücke ferner Zukünfte waren, sondern völlig normale Träume, manchmal mit typischer Unlogik oder falschen Details, die Träume haben. Das einzige Sonderbare an ihnen war, dass sie *„in der falschen Nacht"* auftauchten, nämlich am Abend zuvor als am Abend danach.

Dunne begann, sich zu fragen, ob er der Einzige war, der solche Erfahrungen hat, oder ob es auch andere gibt. Aus dieser Frage entstanden eine Reihe von Experimenten, Studien und Erforschungen, die schließlich 1927 in das damals sehr populäre Buch „An Experiment in Time" gipfelten. Das Buch erregte die Aufmerksamkeit der Presse, Wissenschaft und Öffentlichkeit. Sogar Berühmtheiten wie H.G. Wells oder Albert Einstein kommentierten das Werk und korrespondierten mit dem Autor.

Ein Großteil des Buches beschäftigt sich mit Theorien, Berechnungen und Forschungen über Physik, Wahrnehmung, Bewusstsein. Ein Teil davon beschäftigt sich mit seinen eigenen Erfahrungen, wie oben beschrieben. Ein weiterer Teil des Buches präsentiert die Ergebnisse seiner Studien und Experimente. Hier noch ein paar interessante Einsichten, die ich aus seinem Buch gefischt habe:

Wer seine Träume nach nächtlichen Zeitreisen erforschen möchte, erinnere sich nicht lediglich an diese, sondern schreibe am besten *jedes Detail* eines Traumes auf. Dies fördert die Traumbewusstheit und dient später als Referenz zur Überprüfung einer Zeitanomalie.

Wenn du nicht glaubst, dass du überhaupt geträumt hast, dann höre auf, dich an den Traum erinnern zu wollen, und erinnere dich stattdessen daran, was du nach dem Aufwachen als Erstes gedacht hast. Wenn du dich daran erinnerst was du als Erstes gedacht hast, kannst du dich Fragen, warum du gerade das gedacht hast. Hierauf wird der Traumfaden meistens wieder aufgenommen und du wirst beginnen, dich zu erinnern.

Traumreisen in die Vergangenheit werden seltener bemerkt als solche in die Zukunft, da der rationale Verstand automatisch davon ausgeht, dass der Traum durch das vergangene Ereignis „verursacht" wurde, was jedoch nicht immer der Fall ist.

Bei seinen Experimenten mit zahlreichen Testpersonen wurde so gut wie kein einziger präkognitiver Traum bemerkt, wenn die Träume nicht vorher schriftlich aufgezeichnet wurden, später noch mal gelesen und als prophetische Träume erkannt wurden. Dies überraschte Dunne nicht, schließlich hatten all diese Personen nicht die Gewohnheit, ihren Alltag mit ihren früheren Träumen zu vergleichen. Erst als er offiziell und schriftlich in dieses Thema eintauchte und zu experimentieren begann, machte er die Erfahrung, dass er selbst und andere Menschen viel öfter Zukunftsträume haben, als er dachte. Die meisten Testpersonen verzeichneten schon am dritten bis zwölften Tag konkrete Ergebnisse hinsichtlich präkognitiver Träume. Außerdem machte er öfter eine Erfahrung im echten Leben, von der er vergaß, dass er von genau diese Erfahrung geträumt hatte. Ein späteres Blättern in seinem „Traumjournal" enthüllte diese Zeitreise. Die besten Resultate in Sachen Zukunftsträume entdeckte Dunne als Folge von „Brüchen in der Monotonie im alltäglichen Leben". So hatte er z.b. im Urlaub, fernab seiner Heimat oder inmitten von ungewöhnlichen Ereignissen, die meisten präkognitiven Träume und auch eine schärfere Traumerinnerung.

Dunne machte die Erfahrung, dass präkognitives Träumen bei *jeder* Testperson funktionierte. Allerdings war es, wie gesagt, vielen nicht einmal bewusst, bis er ihre Alltagserfahrung mit ihren Tagebüchern verglich und ihnen den Zusammenhang aufzeigte. Erstaunlich ist: Manchen war es sogar dann nicht klar! (Er erzählt z.B. von einer Frau, die derart skeptisch war, dass sie keinen Zusammenhang darin sah, dass sie heute auf ein Dach geklettert war, und am Abend zuvor einen Traum hatte, dass sie auf einen Dach klettern würde).

Eine der grandiosesten Erfahrungen, die Dunne in seinem Buch beschreibt, ist das Auftreten eines Ereignisses vor einem Traum, eines ähnlichen Ereignisses in einem Traum und eines ähnlichen Ereignisses nach dem Traum (inklusive Elemente, die vor dem Traum nicht dabei waren, aber dafür nach dem Traum). Beispiel: Während er einschläft, beobachtet er, wie sein Bruder mit Tinte schreibt. Er denkt gerade darüber nach, dass dieser die Tinte verschütten könnte und schläft ein. Sein Bruder hatte keine Tinte verschüttet. Im Traum träumt er davon, dass jemand Tinte verschüttet. Am nächsten Tag erlebt er, wie jemand anderer Tinte verschüttet.

Eines der wichtigsten Schlussfolgerungen des Buches hatte er, nachdem er versucht hatte, ohne Träume, also bei vollem Wachbewusstsein, Zukunftsvorschau zu praktizieren. Er nahm sich z.B. in einer Bibliothek ein Buch zur Hand und versuchte, ein Bild dessen zu bekommen, worüber er gleich (in der Zukunft) lesen würde. „Diese Experimente zeigten mir, dass, wenn jemand in der Lage war, seine Aufmerksamkeit zu beruhigen und auf die Aufgabe zu konzentrieren, man diesen ‚Effekt' (so nannte er die Zukunftsvorausschau manchmal) genauso im Wachzustand wie während des Schlafs herbeiführen könne." Er räumt jedoch ein, dass das wesentlich schwieriger war als im Schlaf, und dass er die meiste Energie darauf verwendete, seine Bilder über die Vergangenheit und seine mentalen Assoziationen zu löschen, damit „präkognitive Wahrnehmung" auftauchen könnte. „In meinem Fall, versuchte ich diese Wachzustand-Experimente hauptsächlich, um die Barriere zu suchen, die unser Wissen um die Vergangenheit von unserem Wissen um die Zukunft trennt. Und das Seltsame war, dass es eine solche Barriere überhaupt nicht gab. Man müsste lediglich jedes offensichtliche Denken an Vergangenes anhalten, dann würde die

Zukunft in dissoziierten (vom Gedankengang entbundenen) ‚Flashes' (schnellen Eindrücke) auftauchen." (Diese Aussage überraschte mich positiv, denn sie stimmt haargenau mit meinen eigenen Entdeckungen überein). „Nur indem ich die vorhandenen Assoziationen mit dem letzten Bild oder Gedanken losließ und wartete, bis etwas scheinbar nicht damit Verbundenes auftauchte, wurde es meiner Aufmerksamkeit möglich, diese „Trennlinie" (die eingebildete Barriere) zu überspringen."

Dem Denken seiner Zeit durchaus etwas voraus, erörtert das Buch außerdem Fragen wie: Welchen Einfluss hat mein präkognitiver Traum darauf, dass das Ereignis später stattfindet? Besteht hier ein Zusammenhang? Hätte ich es überhaupt erlebt, wenn ich nicht vorher davon geträumt hatte? Oder ist es tatsächlich ein Traum von etwas, das ich so oder so später erleben werde? Oder könnte es sogar sein, dass das Aufschreiben meines Traumes am nächsten Morgen das spätere Eintreten entweder behindert oder fördert?

Der letzte Abschnitt seines Buches behandelt Experimente, die Dunne in Zusammenarbeit mit der Oxford University gemacht hat. Dabei wurden Unterscheidungen zwischen präkoginitven Träumen, Retrokognitiven Träumen und normalen Träumen gemacht. Nicht jeder Traum, den du als „präkognitiv" deuten wirst, ist ein solcher. Triff durchaus diese Unterscheidung. Wenn du z.B. träumst, dass du einen Vortrag besuchst und dann später einen Vortrag besuchst, dann ist dass kein Zukunftstraum, wenn du a) den Besuch des Vortrages bereits vor dem Traum geplant hast oder b) sowieso regelmäßig Vorträge besuchst. Ein präkognitiver Traum würde in diesem Fall dann bestehen, wenn du z.B. bisher noch nie einen Vortrag besucht hattest und dich dann wieder Erwarten bei einem befindest. Dein Traum ist auch nicht unbedingt als „präkognitiv" zu werten, wenn du zu einem Vortrag eingeladen wirst, dich in dem Moment an deinen Traum erinnerst und dir sagst: „Ah, genau, ich werde hingehen, denn das wird meinen Traum bestätigen". Ich bin mir sicher, du bist in der Lage, solche Unterscheidungen zu erkennen. Trotz der vielen normalen Träume und auch der Träume, die fälschlicherweise als „präkognitiv" bewertet werden, wirst du, nachdem du diesem Gebiet etwas Aufmerksamkeit widmest, eine beachtliche Menge an echten präkognitiven Träumen feststellen. Dies sind die ersten kleinen Erfolgserlebnisse, die deine Neugier anspornen und einen Zeigefinger auf deine inneren Fähigkeiten richten. Hier beginnst du dir darüber bewusst zu werden, wie flexibel dehnbar „Zeit" ist, und das es nicht das ist, was du denkst oder was dir beigebracht wurde. Es sind dies die ersten Schritte des luziden Zeitreisenden, es sind glaubensformende Erlebnisse. Und da das Erleben dem Glauben folgt, bist du auf einem guten Weg, dein Bewusstsein zu erweitern.

Gerade während ich an diesem Kapitel des Buches arbeite, passierten mir seit sehr langem wieder präkognitive Träume. Als wollte mich mein Unterbewusstsein darin unterstützen, dieses Kapitel zu schreiben. Oder vielleicht erkenne ich sie nur momentan als solche, weil ich gerade mit dem Thema beschäftigt bin. Erst gestern träumte ich einen wirren Traum, der insofern interessant war, da er eine Mischung aus Erinnerungen vom Vortag, unbewusste Befürchtungen und präkognitiven Elemente war. In diesem Traum verfolgte mich jemand mit einer Waffe durch eine Stadt, die eine Mischung aus drei verschiedenen Städten war, die ich in den letzten Wochen persönlich (im Rahmen beruflicher Aufgaben) gesehen hatte (eine surreale Mixtur aus St. Julians - Malta, Protaras - Zypern, Dresden - Deutschland). Lustigerweise hatte der Bewaffnete das Gewehr aus einem Auto geklaut.

Außerdem verfolgte mich eine unheimliche Frau, deren Ausstrahlung mir noch viel bedrohlicher erschien als die des Bewaffneten. Die Stadtbilder waren Erinnerungs-Mischstücke der letzten Wochen. Die, die mich verfolgten, waren Leute, bei denen ich im echten Leben die Befürchtung hatte, dass sie es nicht so gut mit mir meinten. Das präkognitive Element trat ein, als ich auf meinem Traum-Handy von einer Frau Wenger angerufen wurde. Diese Frau Wenger bat mich darum, meine Rechnung für die Waffe zu bezahlen, die ich gekauft hatte. Ich versuchte ihr mehrmals zu erklären dass ich die Waffe nicht zahlen würde, da sie mir geklaut wurde (traumtypische Unlogik). Frau Wenger rief in diesem Traum mehrmals an, und einmal flüsterte mir eine Stimme sogar: „Ein Anruf von Frau Wenger kommt rein". In meinem Alltagsleben kannte ich keine Frau Wenger, also vergaß ich diesen Traum schnell. Erst als am Folgetag meine Partnerin tatsächlich von einer Frau Wenger angerufen wurde, und sie mir nach dem Gespräch mitteilte, wie die Person am anderen Ende der Leitung hieß, erinnerte ich mich an meinen Traum. Gänsehaut überkam mich, als mir bewusst wurde, dass ich zum dritten Mal diese Woche eindeutig präkognitiv geträumt hatte.

24. Reisen durch den Raum

1. Fernwahrnehmung

Der ganze Raum durch den man in Träumen reisen könnte ist von schier grenzenloser Weite. Zum einen gibt es in der Traumwelt alleine Zugang zu allen denkbaren und undenkbaren Erlebnissen und Szenarien. Stelle dir vor du könntest jeden Film, der jemals gedreht wurde und jemals gedreht wird, einfach besteigen und als real erleben, dann hast du eine ungefähre Vorstellung des Potentials. Worüber ich jedoch hier zunächst sprechen möchte, ist ein ungewöhnlicheres Phänomen, nämlich das Reisen „in der realen Welt", die Welt, die du als „Wachrealität" kennst, *während des Traumes*. Zwar sprechen wir hier von der „gewöhnlichen Welt", doch ist die Fähigkeit doch höchst „ungewöhnlich", da wir gemeinhin annehmen, bei der Traumwelt handelt es sich um „Fantasie", „den Inhalten unseres Geistes" oder zumindest um eine ganz andere Realität als unsere Wachwelt. So kommt dem „Reisen in unserer Realität" in vielerlei Hinsicht der „außerkörperlichen Wanderung" oder der *Fernwahrnehmung* gleich. Dieses Kapitel gehört zu den fortgeschritteneren der Oneironautik. „Ich habe schon immer davon geträumt, mich sofort überall auf der Welt hin „beamen" zu können!", sagen manche. Vielleicht hast du schon immer davon geträumt, aber hast du schon mal *so geträumt*? Ich habe schon so geträumt, und arbeite daran, diese Fähigkeit zu vertiefen und weiterhin zu genießen.

Das erste Mal: Während eines Traumes befand ich mich in der Wohnung meiner Freundin und beobachtete das Geschehen. Am nächsten Tag ließ ich mir von ihr sagen, was sie zu dem Zeitpunkt getan hatte. „Ich habe ein Bad genommen", sagte sie mir. Da ich genau das geträumt hatte, dass sie in ihrer Wohnung war und ich sie dabei beobachte, wie sie ein Bad nimmt, nehme ich an, dass mein Traumkörper genau dort anwesend war. Hier möchte ich klarstellen, dass die Fähigkeit bei mir persönlich noch alles andere als präzise ausgebildet ist. Es scheint etwas Zeit und höchste Aufmerksamkeit in Anspruch zu nehmen, diese Fähigkeit wirklich zu beherrschen. Aber nur weil dieses Gebiet noch wenig erforscht ist, müssen wir die Möglichkeit nicht Unterschlagen.

Es gab ein paar direkt überprüfbare Erlebnisse der Traum-Fernwahrnehmung und etliche, die ich nicht überprüfen konnte. Es gab sogar eine als „echt" bewertete Erfahrung, die sich im Nachhinein als Täuschung meines Geistes herausstellte. Und zwar gab es eine Zeit in meinem Leben, in der ich von einem Besuch oder einem Leben in der Südsee schwärmte. Jahre später würde ich tatsächlich die Fidschi-Inseln besuchen, aber zu jener Zeit war es noch ein bloßer Wunsch, der auf teilweise naiven Vorstellungen gründete. In einem Traum befand ich mich dann auf einer pazifischen Insel, genoss dort Eingeborenen-Tänze, Strand, Palmen, Feierlichkeiten, das Klima und die Mystik der Abgeschiedenheit und zwar so, als wäre ich wirklich dort. Ich bewertete das Ereignis als Fernwahrnehmung oder Astralreise. In Wirklichkeit war dies eine Episode, die nicht das Geringste mit meiner Erfahrung zu tun hatte, als ich wirklich dort war. Der Traum war hier schöner als die Realität. Das Erste, was passierte, als ich im Traum dort ankam, war, dass mich ein Gefühl des mystisch Geheimnisvollen traf, und ich verklärten Blickes die Stimmen singender Kinder und den vollen Mond über dem Meer wahrnahm. Das Erste, was passierte, als ich in der Wachrealität mit dem Flugzeug auf den Fidschi-Inseln ankam, war, dass ich mich durch dichtes Gedränge und Lärm kämpfte und mein erster Anblick am „Nadi International Airport" ein McDonalds Restaurant war. Die Luft war heiß, stickig und unangenehm schwül und ich stand vor einem McDonalds, zusammen mit Hunderten Pauschaltouristen. Entweder der Traum basierte also auf meinen romantischen Vorstellungen oder sie betraf einen anderen Ort, oder eine andere Zeit. Auch die folgenden zwei Wochen auf den Inseln waren zwar angenehm, aber in keiner Weise mit meinen Nacht- und Tagträumen vergleichbar. Wie begrenzt meine Fähigkeiten, Traumreisen in der „echten Welt" zu kontrollieren, sind, zeigten mir Erlebnisse, bei denen ich nicht da auftauchte, wo ich mich vor dem Einschlafen „hinprogrammieren" wollte. Die Mehrheit meiner Traumreisen zu Orten der Realwelt geschehen „zufällig", ohne meine bewusste Lenkung. Und nicht immer sind diese Träume von erkennbarer Bedeutung. Wie in meinem Traumjournal verzeichnet, habe ich bisher die folgenden Orte durch bewusste Absicht erreicht: 1997 den Planeten Mars. Ebenfalls 1997 das Pentagon. 1998 das Schlafzimmer einer Bekannten. 1998 irgendeinen Ort auf Island. 1999 irgendeinen Ort auf Mallorca. 2003 eine Hotelanlage in Orlando, Florida. In der Wachrealität war ich von diesen Orten bisher nur in Orlando und auf Mallorca. In Orlando war ich vor dem Traum und benutzte die Erinnerung daran als Einstieg zur Traumreise. In Mallorca war ich erst nach dem Traum. Auf dem Planeten Mars erfuhr ich nicht mehr als das, was wir aus der Presse ohnehin schon wissen (Seit dem Fidschi-Erlebnis achte ich besonders darauf, dass sich meine Wunschvorstellungen nicht mit den Wahrnehmungen meiner Klarträume vermischen). Das Pentagon sah ich von außen, obwohl ich die Absicht gehabt hatte, hineinzugehen. Eine interessante Anekdote: Der Zugang zum Inneren schien „irgendwie" blockiert zu sein, als wären Orte, die auch im Wachleben schwer zugänglich sind, auch im Traum nur wenigen vorbehalten. Das Schlafzimmer der Bekannten habe ich zwar besucht, dort jedoch nichts gesehen, was ich nicht sehen sollte. Den Ort in Island habe ich ausgiebig genossen.

Unbeabsichtigte Reisen: Eine Party in München, die Wohnung meiner Freundin, New York City, die Antarktis, und zahlreiche Orte, deren Standort ich nicht genau definieren kann. Erfreulicherweise konnte ich sowohl für den Besuch meiner Freundin und der Party Realitäts-Bestätigungen im Wachleben einholen. Bei meinem Besuch in der Antarktis konnte ich vor allem Kälte und Leere wahrnehmen.

Für Spezialisten: Der Unterschied zwischen den hier beschriebenen Traumreisen und dem Astralreisen ist: Der Wahrnehmungsmodus ist ein anderer. Astralreisen sind *noch* deutlicher und klarer als Klarträume, so abwegig das auch klingt. Hier ist außerdem die Wahrnehmung eines Astralkörpers vorhanden. Traumreisen haben stets eine „Traumartige Qualität", die sich u.a. im schnellen Wechsel von Realitäten und dem Überspringen vieler Sequenzen bemerkbar machen. Beispielsweise würde ich im Astralkörper von der Tanzfläche zur Theke schweben, während ich im Traum einfach plötzlich dort wäre.

Auch wenn die bisherigen Erlebnisse der Traum-Fernwahrnehmung dürftig erscheinen, reichen sie doch aus, um mir über jeden Zweifel hinaus die Realität der Fernwahrnehmungsfähigkeit des Menschen zu beweisen und meine Neugier für weitere Forschungen aufrecht zu erhalten.

2. Interplanetarisch

Ein Grund für meine überdurchschnittlich hohe Anzahl an Klartraumreisen zu anderen Planeten mag daran liegen, dass ich daran ein besonderes Interesse habe und mir diese Art Traum am allerhäufigsten programmiert habe. Worüber, für mich zumindest, Klarheit herrscht, ist, dass es da draußen eine unzählbare Anzahl interessanter Planeten gibt, von denen manche bewohnt sind, viele unbewohnt sind und manche nicht zu unseren Vorstellungen davon, wie andere Planeten oder außerirdische Zivilisationen auszusehen haben, passen. Außerdem herrscht in meinem Bewusstsein, auch nach mindestens 20 Jahren der Erfahrung, Verwirrung darüber, *wo* genau diese Welten sind, *wann* diese Welten sind und ob sie überhaupt auf unserer Wahrnehmungsebene existieren. Bei manchen Planetenbesuchen hatte ich das eindeutige Gefühl, dass dieser Planet zwar bewohnt ist, aber auf einer anderen Dimensionsebene als der unseren. Das erweitert die Anzahl an Variationsmöglichkeiten ins Unermessliche: Unbewohnte Planeten unserer Dimension, unbewohnte Planeten anderer Dimensionsebenen, Planeten, die auf unserer Dimensionsebene bewohnt sind, auf anderen nicht, Planeten die auf unserer Dimensionsebene unbewohnt sind, auf anderen nicht, etc. Ganz zu schweigen von anderen Zeiten und Paralleluniversen. Meine Weltraumtraumreisen begannen zwar nicht in unserem Sonnensystem, aber ich beginne trotzdem zuerst mit der Beschreibung unseres Systems *aus meiner Sicht*, also aus den Erkenntnissen, die ich in Träumen hatte. Ich richtete mehrmals meine Konzentration vor dem Einschlafen auf den Mars. Als ich das das erste Mal machte, war die Frage: Soll ich meine Aufmerksamkeit auf ein geistiges Abbild des Mars richten oder meine Aufmerksamkeit aus meinem Fenster hinaus in das Weltall zum tatsächlichen Mars richten? Oder soll ich es auf die Datenfetzen richten die uns bereits über den Mars bekannt sind? Schließlich hielt ich die Konzentration auf eine Mischung aus dem echten Mars (ich dehnte meine Aufmerksamkeit in den Sternenhimmel), meinem Bild des Mars (und lokalisierte dort einen roten Planeten) und meinen Gefühlen und Assoziationen dazu (andere Bilder benutzte ich als Anker, um mein Gefühl zu verstärken). Damit diese Art der Klartraumprogrammierung funktioniert, empfiehlt es sich, die Konzentration beständig und permanent zu halten, bis man einschläft oder in einen Klartraum übergeht. Aus meiner Traumarbeit glaube ich, dass der Mars unbewohnt ist. Und ich glaube, dass er zu einer aus unserer Sicht „früheren Zeit" bewohnt war. Ich kann nicht genau feststellen, wann und von wem dieser Planet bewohnt wurde, aber verschiedene Intuitionen und Erinnerungs-Blitze weisen darauf hin. Auf Jupiter, Uranus, Merkur, Pluto und Neptun konnte ich keine Besonderheiten feststellen. Venus: Meine Einschlaf- und Traumkonzentration auf diesen Planeten erweckte sehr starke, ungewöhnliche Gefühle. Die Gefühle waren so fremdartig, dass ich keine Beschreibung dafür in unserer Sprache finde. Das Experiment machte mich damals glauben, dass es Emotionen gibt, die es bei uns nicht gibt, die wir noch gar nicht kennen, oder die nur ein verborgener Aspekt von uns erkennt. Das Gefühl, das ich in meinem Traumjournal als „dunkelviolettes Gefühl" umschrieb blieb bis heute in meinem Bewusstsein, ich kann es immer noch abrufen, wenn ich an den Planeten denke. Saturn: Als Resultat meiner Konzentrationsarbeit auf diesen Planeten schlief ich ein und träumte äußerst surrealistisch und seltsam. Ich wiederholte Saturn ein paar Monate später und träumte wieder über ein seltsames Kaleidoskop an Farben und Formen, ohne dass mir aber klar wurde, was dies mit dem Planeten zu tun hat. Auf meiner Suche nach bewohnten Planeten benutzte ich öfter den folgenden Trick: Fantasie als Anker. Das heißt, ich stelle mir einen Planeten vor, betrachte ihn aus verschiedenen Blickwinkeln, von Nahem und von Weitem, stelle mir die Bewohner darauf vor. Mein Traum sollte mich dann für meine Reise zu *etwas Ähnlichem* transportieren. Manchmal sagte ich laut so etwas wie: „Zeige mir etwas, das diesem Bild am nächsten kommt". Nach einiger Übung jedoch ist es nicht mal mehr nötig, spezifisch zu programmieren. Das „höhere Selbst" übernimmt einfach, und zeigt dir das, was es dir eben zeigen möchte. Manchmal sage ich nur wie zu einem guten Freund: „Zeige mir einen bewohnten Planeten". Vielleicht fasziniert es dich, wie das Bewusstsein auf deine Befehle reagiert, alles was du sagst durchführst. Aber dem ist tatsächlich so. Wie gut der einfache Befehl funktioniert, hängt lediglich davon ab, in welchem Gemüts- und Geisteszustand du dich befindest. ALS WER du sprichst bestimmt, wie viel Erfolg dein Wort hat. Je entspannter, klarer, überzeugender es dir auf mentaler, emotionaler und spiritueller Ebene geht, desto leichter verwandeln sich deine Befehle in Erfahrungen. Dies gilt auf der inneren Ebene wie auch auf der körperlichen Ebene und, bis zu einem gewissen Grad, auf der Ebene der physikalischen Realität. Viele Bücher wurden schon über die Kraft von Affirmationen geschrieben. Der Träumende selbst ist meiner Erfahrung nach besonders dafür empfänglich.

Eines meiner intensivsten außerplanetarischen Erlebnisse fand nicht einmal auf einem natürlichen Planeten statt, sondern auf einer sonderbaren „Landeplattform" mitten im Weltall. „Extrem weit entfernt" war der erste Gedanke, der mir kam, als ich die Lage in kristallklarer Traumwachheit überblickte. Während mir viele Orte und Ereignisse auf meinen Reisen das Gefühl zumindest annähernder Vertrautheit gaben, lief mir bei diesem Ereignis ein „kalter Schauer über den Traumkörper". Es fühlte sich an, als befände ich mich nicht nur in einem anderen Sonnensystem, nicht einmal in einer anderen Galaxie, sondern in einem komplett anderen Universum. Die Farbe der Sterne um mich herum war nicht weiß sondern blau, und es waren auch wesentlich weniger Sterne als im mir bekannten Universum. Hier und da ein blaues Strahlen und einige Sternennebel. Diese Plattform führte zu irgendeinem größeren Gehäuse an dem elfenartige Wesen sich herumtrieben und auf- und absprangen, als würden sie sich über irgendetwas freuen. Meine Angst rührte nicht daher, dass hier irgendetwas Bedrohliches stattfand, sondern dass ich das dringende Gefühl hatte, „zu weit von Zuhause" weg zu sein. Die Wesen sahen zu mir herüber und ihre tiefschwarzen Augen verursachten in mir einen Schock. In diesen Augen befand sich nichts auch nur ansatzweise Menschliches. Vielleicht ist vieles von dem, was wir als „böse" bewerten, nicht wirklich „böse", sondern nur so fremdartig und nicht-menschlich, so entgegen unserer Natur, so nicht-von-unserem-Universum, dass wir uns durch die Bewertung „böse" davor schützen. Ich bin mir sicher, viele hätten diese Wesen intuitiv und ohne zu zögern als „wahnsinnig" oder „böse" bezeichnet. Ich war luzide genug zu erkennen, dass sie einfach nur anders waren. Diese Augen… sie strahlten eine Macht und Zweifellosigkeit aus, die ich noch nie gesehen hatte. Es fehlte etwas, das Menschen zueigen ist. Ich glaube, es fehlt eine gewisse Wärme. Nachdem sie zu mir herüber sahen, wandten sie ihren Blick wieder von mir ab, und begannen an ihren für mich undefinierbaren Geräten weiterzuarbeiten. Dies überraschte mich etwas. Ich hatte erwartet, dass sie auf mich zustürzen, mich davor warnen, hier zu sein, mich auffressen oder mich grüßen. Nichts davon. Sie nahmen mich zur Kenntnis und machten einfach weiter. Ich weiß, dass ich in diesem Traum Anblick von etwas bekommen habe, das sicherlich nicht für einen Menschen bestimmt oder überhaupt geeignet war, aber ich weiß bis heute nicht, was es war. Ich weiß nur, dass es, trotz relativ gewöhnlicher Handlung, intensiv war, dass sie, bis auf die Augen, wie Elfen aussahen (kleinwüchsig, spitze Ohren, lustige bunte Uniformen… Uniformen, die meiner Sicht nach überhaupt nicht zur Tiefe ihrer Augen passten) und dass sie auf einer Plattform in irgendeinem Weltall umherschwebten und an einem Gerät oder Gehäuse bastelten. Im Nachhinein vermute ich, dass mir mein „höheres Selbst" oder „Traumführer", wie ich die übergeordnete Traumanwesenheit manchmal nenne, einen Streich spielen wollte, oder mir zeigen wollte, wohin meine manchmal übersteigerte Gier nach sensationell Neuem führen konnte. Ich bat mein Traumselbst nur, das Erlebnis zu beenden und wieder in mein Schlafzimmer zurückzukehren.

In einer meiner eindeutigsten Planeten-Reisen näherte ich mich einem Planeten, wie man das aus dem Cockpit eines Raumschiffes tun würde. Der Planet bestand, wie die Erde auch, aus Land und Wassermasse, und ich wusste nicht, was mich dort erwartete, als ich in die Atmosphäre eintrat. Bald bekam ich die Sicht von Hügeln, Wälder und Seen, die mir Vertrautheit vorspielten. Als ich jedoch landete, erkannte ich, dass das hier etwas anders aussah, als ich es von der Erde kannte. Die Berge ragten steil nach oben, entfernt ähnlich der Patagonia. Die Wälder wuchsen Wilder als die tropischste auf der Erde. Bäume waren ineinander verwurzelt, ähnlich in alten Märchengeschichten. Das Grün war dunkler. Es gab keine Lichtung oder Fläche ohne exotische und bunt aussehende Pflanzen. Ich beschloss wieder in die Luft zu heben, um mir von oben einen Überblick über den Planeten zu erschaffen. Ich musste eine Weile fliegen bevor der düstere Wald zu etwas anderem überging. Was ich sah, war überraschend und schön anzusehen. Horden geflügelter, flatternder und menschenähnlicher Wesen von rosa Farbe schwirrten in einer Art Stadt umher. Diese Wesen waren wie direkt aus einem verschollenen Märchen. Sie hatten strahlend blaue Augen. Die ebenfalls rosafarbenen Flügel sahen zart, dünn und zerbrechlich aus. Hier lächelte man mir zu, als ich auf die Kuppeln zuflog, die ich als „Stadt" bezeichne. Ich wagte es, ein vorbei fliegendes Wesen anzusprechen: „Wo bin ich hier?" Das Wesen antwortete zwar nicht verbal, schien meine Frage aber zu verstehen und emotional darauf zu reagieren. Die Mimik seines Gesichts bedeutete mir, dass er diese Frage nicht auf für mich verständliche Weise beantworten konnte. Es war wie ein „emotionales Achselzucken", etwas Entschuldigendes aber Höfliches. Ich flog eine Weile umher, meine Traumaugen fielen vor Erstaunen fast aus meinen Traumkörper. Irgendwann schließlich „schlief ich wieder in einen Normaltraum hinein".

3. Hyperdimensional

Meine mit Abstand wichtigste Traumerfahrung hängt mit dem, was ich „die blauen Wesen" nenne, zusammen. Ich hätte dies genauso unter der Rubrik „Planetarisch" einsortieren können, glaube aber, dass ich mich hier in höheren Bewusstseinsregionen befand. Ich weiß nicht, ob du oder andere schon „den Blauen" begegnet seid, aber ich glaube, dass es sich hierbei um eine wirklich existierende Rasse von Wesen handelt. Meinen ersten Besuch bei diesen Wesen hatte ich als Kind. Kurz vor meinem Besuch fühlte ich den „Sog nach oben", als würde mich ein hyperdimensionaler Aufzug in eine höhere Dimension befördern. Die Wesen auf diesem Planeten oder in dieser Dimension, oder was auch immer, sahen genauso aus wie Menschen, außer dass sie um das Doppelte oder Dreifache größer waren, blaue Haut hatten und eine auffallend große Anzahl von ihnen negroide Züge hatte. Das Besondere an dieser Ebene war das Gefühl der Erheiterung und des unbändigen Humors. Die „Schwingung" dieser Ebene schien so hoch zu sein, dass sie mich und meine blauen Freunde in einen permanenten Zustand des Lachreizes und guten Willens versetzten. Jedes Gespräch, die Landschaften und sogar eine Reihe singender Blumen wurden von einer Beschwingtheit begleitet, die ich auch in Tausenden von Jahren nicht vergessen würde. So abwegig es für uns Erdenmenschen klingen mag, ich erwachte aus diesen Träumen entweder lachend oder mit einem breiten Grinsen im Gesicht. Von den „Blauen" erhielt ich schon als Kind etwa ein- bis zweimal jährlich konkrete Ratschläge und Anweisungen in Gesprächen. Die Anweisungen wurden freilich humorvoll übertragen, doch trotz der erquickenden, erfrischenden Art und Weise gab es keinen Zweifel darüber, dass die Gesprächsthemen durchaus pragmatisch und im menschlichen Sinne „ernst zu nehmen" waren. Nach dem Aufwachen waren die genauen Inhalte der Gespräche zum großen Teil aus meiner Erinnerung verschwunden. Als ich dies bei einem meiner Begegnungen mit einem Blauen ansprach, gab er mir zu verstehen, dass die Anweisungen für einen anderen Teil von mir bestimmt sind, und dass dieser Teil sich schon daran erinnern werde. Alle Begegnungen mit den Blauen hatte etwas Erfrischendes, Inspirierendes und Ermächtigendes an sich. Ihre Liebe und ihr Humor waren derart „brutal", dass kein Leid in deren auch nur ansatzweise existieren konnte. Ich erinnere mich an konkrete Ängste und Probleme, die ich als Kind hatte... Schulstress, Einsamkeit und Ähnliches und wie diese Zustände in Gegenwart der Blauen hervorgebracht wurden, und in ihrer Anwesenheit zerplatzen wie Seifenblasen. Die Auswirkung auf den Alltag war, dass ich mit dem gleichen Problem nie wieder zu kämpfen hatte. Ich erinnere mich, wie sie sich oft über meine Wehwehchen und Sorgen lustig machten. Aber auf liebevolle Weise. Ich bin mir sicher, es gibt viele verschiedene Arten positiver Mächte und Wesen, dies waren meine. Sie versinnbildlichten alles, was man mit Gotteskraft assoziiert. Unbegrenzte Macht durch Liebe und Humor. Oder entstand der Humor durch die unbegrenzte Macht? Auf ihrer Ebene gab es die lustigsten Aktivitäten. Während einer Reise zu ihnen in meiner Teenager-Zeit, wurde mir ein Spiel gezeigt, bei dem man sich selbst mit einem Riesen-Gummi in die Luft katapultiert und dort verschiedene Bälle schlagen muss, bevor man wieder landet. Ein anderes Spiel bestand darin, mit einer Art Surfbrett von Gebäuden zu springen, die nach menschlicher Wahrnehmung Tausende Kilometer hoch waren. Man sprang also vom Gebäude und flog und balancierte mit dem Surfbrett umher. Das Surfbrett unterlang einer leichten Gravitation. Das heißt es fiel zwar stetig, aber um einiges langsamer als es auf Erden fallen würde. Durch geschicktes Wenden und einigen mentalen Tricks gelang es jedoch, das Fallen noch mehr zu verlangsamen, vorübergehend anzuhalten oder sogar noch mal zu steigen. Ziel war es, so lange wie möglich in großen Höhen zu bleiben. Meister des Spieles fielen überhaupt nicht mehr, sondern stiegen stetig. Es gab noch viel mehr Spiele, aber diese sollen genügen. Die größte Besonderheit des Traums mit den Blauen ist, dass es sich um eine langjährige Beziehung handelt, um einen „Wiederholungstraum", aber nicht im negativen Sinne, sondern im höchst erfüllenden Sinne einer konkreten Verbindung zu einer Ebene jenseits der Vorstellungskraft. Und ich selbst habe diese Beziehung nie wissentlich begonnen. Was mich angeht, wurde die Beziehung von den Blauen eingeleitet. Und sie bleibt eines meiner wertvollsten Geheimnisse.

25. Zeitreisen

„Ich weiß weder, wer ich bin, noch wo ich bin, noch wann ich bin, aber ich bin noch nie so glücklich gewesen."

- Kürzlich gehörte Aussage eines Temponauten (Zeitreisenden)

Theorie

Alles Wissen und Potential, die Erfahrungen aller Vergangenheiten und Zukünfte sind *hier und jetzt* wahrnehmbar. Dieser kostbare Moment ist der Punkt, an dem jede Zeitlinie, jede Dimension, jede Realität zusammenfließt. *Zeit* existiert im Bewusstsein. Erinnerungen an Vergangenes und Vorstellungen über Zukünftiges existieren wann? *Jetzt*, im Geist. Der Kern des Bewusstseins existiert außerhalb von Raum und Zeit, denn: Das Bewusstsein kann Raum und Zeit von außen beobachten, kann die Aufmerksamkeit auf andere Orte und Zeiten projizieren. Das, was du wirklich bist, ist unendlich und ewig. Erinnere dich an deinen Ursprung, an deine leuchtende Kraft. Nichts ist deinem Ursprungswesen verborgen. Alles, was du dir vorstellen kannst, und noch viel mehr als das, ist *erlebbar*. Das Zentrum der Unendlichkeit, das bist du. Aus dieser Perspektive gesehen, kannst du dir Informationen und Erlebnisse über jede beliebige Dimension, Realität, Zeit und Universum einholen, die du willst. Du kannst sogar „dort" real mit allen Sinnen anwesend sein.

Zeitreisen, Fernwahrnehmung, außersinnliche Wahrnehmung (ASW) und andere „paranormale" Fähigkeiten sind, aus dieser speziellen Warte betrachtet, mühelos und leicht zu erfahren. Aus der Perspektive, aus der du als Leser vermutlich die Welt betrachtest, ist es weniger „mühelos und leicht". Du empfindest dich als Mensch, der in einem Universum ist. „Ich bin hier, und da draußen ist das große, unergründliche Universum", so wurde dir von Kindheit an beigebracht. Was wäre, wenn diese Sichtweise lediglich genau das ist... eine Sichtweise, und nicht „absolute Wahrheit". Eine andere Sichtweise, die dir nicht anerzogen, antrainiert, und nachhaltig einkonditioniert wurde, lautet so: *„Das Universum ist in mir"* anstatt „Ich bin im Universum". Du gibst zwar vor zu wissen, dass dem nicht so ist, und das es stattdessen so ist, wie du denkst, aber das, was du vorgibst zu wissen, wurde dir lediglich antrainiert, für die Zeitdauer deines Verbleibs in dieser Realität genannt „Planet Erde und Menschsein".

Die meisten Menschen staunen, wenn sie eine „paranormale" oder „göttliche" Erfahrung machen, denn es sind „Menschen, die eine göttliche Erfahrung machen." Aber du, du bist ein Gott der eine menschliche Erfahrung macht. Ist die Seele in dir, oder bist du in der Seele? Du gibst also vor zu wissen, was was ist, was das Leben ist, was das Universum ist. Und dennoch wirst du die folgenden *fundamentalen* Fragen nicht beantworten können: **WO bist du?** WO bist du? Menschen investieren viel Energie darin, zu definieren, WO sie sind. Als „Wissender" magst du Antworten: „Na, ich bin hier, auf der Erde", aber dann werde ich dich fragen: „Und wo ist das?", und vielleicht antwortest du: „Im Universum". - „Und wo ist das?" - „Na ja also... egal, lass uns etwas Essen gehen."

Raum ist eine Erfindung des Geistes. Orientierungspunkte sind (zugegebenermaßen hilfreiche) Erfindungen des Geistes. Du kannst nur wissen, wo du bist, im Vergleich zu etwas anderem, also im Kontrast, in Dualität, in Polarität. Wenn es ein Osten gibt, dann kann man auch ein Westen definieren, und dann kann man sagen, wo man im Vergleich zu diesen definierten Polen ist. Wir sehen andere Planeten, also können wir sagen, *hier*, wir sind auf diesem Planeten. (Ah....Gott sei dank, ich hatte schon befürchtet, ich wüsste nicht, wo ich bin). Dasselbe mit Galaxien und Universen, dasselbe mit allem. Vielleicht bist du nirgendwo und überall...

„Gebe mir ein Punkt im Universum, und ich hebe die Welt aus den Angeln"

Aristoteles

WER bist du? WER bist du? Menschen investieren viel Energie darin, zu definieren, WER sie sind. Dies macht Spaß und kann hilfreich für den Verbleib in dieser Realität sein. Aber in Momenten tiefer Selbstehrlichkeit spürst du: Du hast nicht die geringste Ahnung, wer du bist. Du weißt nicht genau, woher du kommst und wer du bist. Du hast es dir selbst schon oft vorgesagt (jedes Mal, wenn du ein anderes Wesen triffst: „Mein Name ist...", „Ich bin..."). Aber... weißt du mit absoluter Gewissheit wer du wirklich bist? Dein Name ist nur ein Etikett. Hast du Erinnerungen daran, wo du warst bevor du hier warst? Und davor? Und davor? Und davor? Vielleicht kommst du nirgendwo her und gehst nirgendwo hin, und vielleicht bist du niemand. Wer weiß?

„Die Matrix kann dir nicht sagen, wer du bist"

Trinity, aus dem Film „The Matrix"

Raum, Zeit und Identität sind Erfindungen des Bewusstseins. Alles, was existiert, ist Bewusstsein. Fortgeschrittene Individuen erkennen dies, und beginnen intelligentere Fragen zu stellen als „Wer bin ich?". Sie beginnen Fragen zu stellen wie „Wer möchte ich sein?" oder „Was müsste geschehen, damit ich dass sein kann?". Aber das sind die Themen anderer, bereits geschriebener Bücher. Hier geht es darum, klar zu sehen, dass dein „Wissen", wirklich nur angelernt und auswendig gelernt ist, und ständig wiederholt wird. So erschafft man etwas als „Realität". Man wiederholt bestimmte erfundene Konzepte, solange, bis man sie *wahr*nimmt (Hattest du schon mal das Erlebnis, etwas erst dann zu bemerken, nachdem jemand darüber gesprochen hat?) Und nun nimmst du dich als Wesen wahr, das auf der Erde lebt und jemand ist.

Entschuldige, wenn ich all das nur impliziere. Vielleicht ist dir all das hier Gesagte bereits bekannt. Vielleicht spürst du es im Innersten deines Wesens, oder vielleicht hast du schon mal von diesen Dingen gehört – sie auf intellektueller Ebene vernommen. Es ist heutzutage nicht allzu schwer, von diesen „Dingen" zu hören oder zu lesen. Sei es aus der Wissenschaft, die mit ihrer akribischen Erforschung der Materie in immer kleinere und winzigere Details langsam an ihre Grenzen stößt und dadurch für neue Paradigmen offener wird, sei es aus der Bewusstseinsforschung, die allmählich das zu Erforschende als das Forschende anerkennt (!), oder sei es aus fernöstlichen Religionen oder aus der Esoterik... die Anschauungen haben sich bereits verändert und das Massenbewusstsein wird aufholen. Das Buch, das du hier in der Hand hältst, hat seine Quelle in einer neuen Weltsicht. Falls dir diese Sicht des Seins noch nicht bewusst geworden ist: Sie wird spätestens im Jahre 2050 alltägliche Lehre an Schulen sein.

Zeitreisen, wie du es dir immer erträumt hast (gib´s zu ☺), Zeitreisen, wie es deiner intensivsten und tiefsten Sehnsucht entspricht, ist selbstverständlich machbar und erlebbar. Oder denkst du wirklich, dir wird ein Wunsch gegeben, ohne die Kraft, ihn zu erfüllen?

ALS WER du ein Thema erforschst, bestimmt, was du wahrnimmst und erlebst. Wenn du als gewöhnlichen, begrenzten Körper-Verstandes-Mechanismus, der von unten nach oben schaut, versuchst, Zeitreisen zu lernen, wird es in der Tat ein hartes, jahrelanges Training erfordern, bis du merkst, dass du es doch nicht kannst. Spaß beiseite (aber nur kurz): Wenn du die Perspektive (Standpunkt, Betrachtungsweise) eines unendlichen Wesens, das Teil von allem in allem ist, einnehmen kannst, wirst du dich in deiner Absicht leichter tun. Dies ist dein Training. Das Paradoxe daran ist, dass du bereits weißt, wie man es macht. Du hast bereits all dieses Wissen. Dein intuitives, inneres Wesen wird jedes Wort, von dem hier die Rede ist, unmittelbar verstehen. Wen trainieren wir hier also? Wir trainieren den Teil von dir, *der es eigentlich nie lernen wird*, weil es eben der Teil ist, der ein normaler, begrenzter Mensch ist! Dafür ist er da: Um ein begrenztes Wesen zu sein. Das ist seine Bestimmung. Aber: Dadurch, dass dieser Teil von dir diese Fähigkeiten anstrebt und trainiert, *erwacht der Teil in dir, der es bereits kann*. Der Teil von dir, der es weder trainieren noch lernen muss.

Es funktioniert so: Wenn wir uns eine Zeitlang auf das Thema Zeitreisen konzentrieren und so tun, als seien wir dabei, es zu lernen, wird der Teil in dir, der es bereits seit Jahrtausenden beherrscht, langsam wachsam und aufmerksam. Dieser Teil begibt sich dann immer mehr ins Hier-Jetzt und nimmt an deinen Forschungen teil, wird sozusagen wieder ein Teil von dir. So simpel es auch klingen mag, die Fähigkeit mit deinem Bewusstsein *Zeitreisen* zu erleben, ist lediglich eine Frage der Konzentration…

Hier reisen wir also mit unserem eigenen Bewusstsein durch die Zeit, nicht mit einer Maschine oder einer Technologie. Dies wird einige Leser enttäuschen, die sich sagen: „Ach, ich wollte real mit meinem Körper Zeitreisen, und jetzt tun wir es nur in der Fantasie…". Mit Zeitreisen meine ich jedoch auch nicht, nur die Augen zu schließen und sich vorzustellen, man sei im so-und-so-vieltem Jahrhundert. Du kannst mit deinem Bewusstsein (deinem Geist) durch Raum und Zeit reisen. Wenn du dein Bewusstsein auf die richtige Weise an einen Ort versetzt, kannst du wahrnehmen, was dort tatsächlich gerade geschieht, ohne Fantasie (der englische Fachausdruck hierfür ist „Remote Viewing". Dieser Ausdruck wurde vom amerikanischen Militär geprägt. In den 70er und 80er Jahren fanden die ersten umfangreichen Experimente statt um „Fernwahrnehmung" für Spionagezwecke nutzbar zu machen). Das Gleiche trifft für Zeitreisen zu. Du bist als Zeitreisender in den jeweiligen Zeiten anwesend, und erlebst sie, als wärst du selbst dort, ohne Fantasie. Neugierig? Das solltest du sein, denn dies ist eine der phänomenalsten Fähigkeiten, die ein Mensch überhaupt haben kann!

Möchtest du das hier allen Ernstes wirklich lernen? Dann lade ich dich dazu ein, mir zu folgen, durch die Pforte der Unendlichkeit, hinter dem ein Universum der Erfahrungen auf dich wartet. Das „große Geheimnis" hier, besteht lediglich darin, eine gebündelte Absicht mit dem luziden Träumen zu verknüpfen. Wie du deinen Bewusstseinseinheiten diese Absichten kundtust, obliegt dir. Wichtig ist, dass du ganz genau weißt und ganz spezifisch und klar definiert hast, was du gerne wissen möchtest, wo du gerne hinreisen möchtest. Außerdem spielt deine innere *Gewissheit* eine Rolle. Hier als Beispiel, verschiedene „Grade von Gewissheit":

10 - Ich habe absolute, unbeugsame Gewissheit, dass es heute Nacht entsprechend meiner Absicht geschehen wird. Zweifel: NULL

9 - Ich habe die Gewissheit, dass es heute Nacht entsprechend meiner Absicht passieren wird. Ich bin mir sicher.

8 - Ich glaube fest daran, dass es heute Nacht passieren wird.

7 - Ich glaube, dass es heute Nacht passieren wird.

6 - Ich halte es für möglich, dass es heute Nacht passiert. Ich kann es mir vorstellen.

5 - Vielleicht passiert es heute Nacht. Vielleicht auch nicht. Mal sehen.

4 - Es könnte schon sein, dass es heute Nacht passiert. Ich weiß es nicht. Ich habe meine Zweifel.

3 - Ich zweifele daran, dass es heute Nacht passiert.

2 - Ich glaube nicht daran, dass es heute Nacht passiert. Ich habe starke Zweifel.

1 - Es passiert weder heute Nacht noch sonst irgendwann. Das ist alles kompletter Unsinn.

Was müsste geschehen, getan werden, gedacht werden, gesagt werden, gefühlt werden, damit deine Überzeugungskraft oder dein Gewissheitsgrad auf ganze volle 10 steigt? Welche Rituale, Übungen, Pläne, Programme, Absichten, Visualisationen bräuchte es? Wenn du das für dich selbst herausfindest, hast du dein Ziel erreicht. Ich kann es nicht für dich herausfinden. Für mich funktionieren andere Dinge als für dich. Ich kann dir nur versichern, dass es in Wirklichkeit die beständige innere Gewissheit ist, die Resultate produziert. Manche müssen 10 Bücher zum Thema lesen, bis sie Gewissheit verspüren, und bei manchen reicht es zu denken dass es so sein wird und es ist so. Die Problematik liegt darin, dass die meisten unter uns erst dann die Gewissheit spüren, wenn sie es selbst erlebt haben. Ich bitte aber darum, die Gewissheit zu spüren, UM es zu erleben. Es ist von einem Alltagsmensch des 21. Jahrhunderts ziemlich viel verlangt, luzides Träumen bis zur Perfektion zu lernen und dann, als ob das nicht schon genug wäre, zu Verlangen, dass er Zeitreisen unternimmt. Aber es wird alles zu einer sehr simplen Angelegenheit, wenn Gewissheit da ist. Ein Schlüssel dazu liegt im Wort ZWEIFEL. ZWEI-FEL. Wenn du auf mehr als eine Sache konzentriert bist, entstehen ZWEI Dinge. Bist du ausschließlich auf deine Absicht konzentriert, entsteht Gewissheit. FOKUS AUF EINE SACHE. FOKUS AUF DEINE ABSICHT.

Um mit dem luziden Träumen Zeitreisen zu praktizieren, suchst du dir am besten einen Ort und eine Zeit aus, die du in deinem Klartraum besuchen möchtest. Danach bastelst oder suchst du dir einen Anker aus, der diese Absicht symbolisiert. Dieser Anker oder dieses Symbol kann entweder ein geschriebener oder ausgesprochener Satz sein, oder ein echtes Bild, oder ein geistiges Bild. Etwas, das diese Absicht repräsentiert. Dann schlafe ein, während du dich auf diesen Anker beständig aber entspannt konzentrierst. So einfach kann es sein.

Praxisbeispiele - Ein paar Beispiele aus meinen Experimenten:

Session: Ich schreibe auf: „Ich reise heute Nacht nach Paris Stadtmitte, 1. Dezember 1887". Während des Einschlafens wiederhole ich diesen Satz einige Male und visualisiere, wie ich mir Paris 1887 in etwa vorstelle.

Resultat: Letztlich falle ich nicht gleich in diesen Traum hinein (DILD), sondern er taucht erst später während der Nacht auf. Was ich sehe, ist etwas völlig anderes als ich mir in meiner Visualisation vorgestellt hatte, aber mir ist trotzdem klar, dass es Paris 1887 ist. Ich bin halbluzide und befinde mich in der Stadtmitte, es schneit und ich sehe allerlei Menschen umherlaufen. Anhand der Mode und der Architektur erkenne ich sehr schnell, wo ich hier bin. Da mir oder meinem Traumselbst jedoch anscheinend irgendetwas an der Atmosphäre nicht gefällt, verlasse ich diesen Traum wieder bzw. falle wieder in einen gewöhnlichen Schlaf.

Session / Resultat: Ich schneide das Bild einer mexikanischen Pyramiden aus einem Buch und nehme es mit ins Bett. Bevor ich das Licht ausmache konzentriere ich mich ganze 5 Minuten auf dieses Bild. Ich schalte das Licht aus, lege das Bild beiseite und rufe das selbe Bild vor dem inneren Auge hervor. Ich halte die Aufmerksamkeit mühelos und beständig auf das Bild vor dem geistigen Auge gerichtet. Zwischendurch tue ich meine Absicht kund, die Gegend um diese Pyramide wie sie vor 2000 Jahren war, zu sehen. Mein Körper wird schwerer. Mein Körper und mein Geist beginnen einzuschlafen, aber der Teil von mir, der sich konzentriert, bleibt wach. Nach einiger Zeit, vielleicht 20 Minuten, beginnt sich das Bild vor meinem geistigen Auge selbstständig zu verändern. Ich bin sehr müde, schaffe es aber, wach zu bleiben, denn ich bemerke, dass ich langsam in eine WILD hineinfalle (Wach-Induzierter Luzider Traum). Das Bild gewinnt ein Eigenleben, es wird anders, als ich es visualisiert habe. Unbehindert aller anderen Gedanken, die auftauchen wollen, steige ich in diesen Traum ein. Meine Konzentrationsübung trug dazu bei, dass sich die Szene aufrecht erhält. Ich bin dort. Ich befinde mich tatsächlich dort. Und vor 2000 Jahren stand diese Pyramide bereits. Ich habe keine Ahnung, was in archäologischen Büchern steht, aber ich weiß für mich, dass sie dort stand. Und sie sieht meinem Bild ähnlich. Und, wenn mich meine Traumwahrnehmung nicht täuscht, sah sie damals schon alt aus. Ich bemerke Menschen in der Gegend. Aber es sind keine „primitiven Völker". Es sind groß gewachsene, luxuriös anmutende Gestalten. Sie tragen goldene Gewänder. Ihre Hautfarbe ist dunkel Bronze. Mir vollkommen meiner Situation bewusst, versuche ich, zurück in die Zeit zu reisen. Das gelingt mir bedingt. Während ich zurück reise, versuchen sich wieder andere Bilder einzumischen, aber ich reise trotzdem weit zurück... doch wenn ich hier jetzt aufschreibe, was danach passiert, dann würde ich dich hinsichtlich der Ereignisse „vorprogrammieren". Finde es selbst heraus!

Session: Heute beabsichtige ich, draußen einen Nachtspaziergang zu machen, und zwar während mein Körper im Bett liegt und schläft. Und zwar möchte ich hier gerne Präzision trainieren. Es ist 23:00 Uhr und ich werde gleich mit meinem Körper den Spaziergang machen, den ich später genauso im luziden Traum (oder in der außerkörperlichen Erfahrung) machen möchte. Ich mache also den Spaziergang, während ich mir vorstelle und die innere Gewissheit erzeuge, dass ich in Wirklichkeit nur träume. Ich halte überall nach

Traumzeichen Ausschau. Um 23:30 kehre ich nach Hause zurück und weiß, dass ich nachher im Traum den selben Spaziergang machen werde. Woher ich das weiß? Ich habe es mir selbst befohlen. Der Trick dabei ist nur, mir dessen bewusst zu werden. Resultat: Im Traum finde ich mich auf dem Spaziergang wieder. Es scheint eine sehr solide Realität zu sein, ohne störende Elemente. Ich gewinne den Eindruck, dass dies nicht meine reine Fantasie ist, sondern ich tatsächlich hier spaziere, als „Geist" sozusagen. Es sind keine anderen Menschen zu sehen. Es ist eine sehr schöne Nacht. Alles sieht ähnlich aus wie bei meinem Wachbewusstseins-Spaziergang vorhin. Der einzige Unterschied ist, dass ich ab und zu irgendeine andere Präsenz spüre. Die Präsenz ist mir etwas unheimlich, aber ich lasse sie da sein und setze meinen Weg fort. Schließlich verschwindet die Präsenz und ich bin, wie bei meinem Wach-Spaziergang auch, am Waldrand angekommen. Es ist wirklich sehr schön hier. Eine „innere Wärme" oder „Ruhe" tritt ein, die ich bei meinem Wachspaziergang nicht erlebt hatte. Interessanterweise kann ich mich hier, in diesem luziden Traum, sehr gut an mein Wach-Spaziergangserlebnis erinnern. Das ist schon sehr luzide. Es ist, als hätte ich eine Brücke zwischen meinem Wachselbst und meinem Traumselbst erschaffen. Es ist ein einzigartiges Gefühl der Verbundenheiten zwischen diesen beiden Teilen meiner Selbst. Und ich erkenne klar die Unterschiede zwischen diesem Spaziergang und dem anderen. Der größte Unterschied ist das warme innere Gefühl der Ruhe, das ich momentan empfinde. Ich weiß, dass ich dieses Gefühl auch im Wachzustand hervorrufen kann, aber es scheint hier wesentlich einfacher zu sein, da ein Teil meines Verstandes in diesem Zustand außer Kraft gesetzt zu sein scheint.

Session / Resultat: Ich möchte wirklich „nach Hause" reisen. Meine Intuition sagt mir, dass es so etwas für mich, als Gesamtwesen / Seele gibt, und dass es ursprünglich nicht der Planet Erde ist, der mein Zuhause ist. Ich liege im Bett mit geschlossenen Augen und tue geistig und flüsternd meine Absicht kund, mein Zuhause besuchen zu wollen. Eine tiefe und doch schöne Traurigkeit steigt in mir auf. Eine Sehnsucht nach irgendetwas, das ich nicht richtig fassen kann. „Ich möchte nun bitte nach Hause" flüstere ich. Ein paar Tränen fließen meine Wangen runter. Ich benutze hier keine konkrete „Technik", sondern lasse mich 100% impulsiv und intuitiv leiten. Ich kontrolliere nichts. Der Traum, der folgt, ist fast unerträglich gut. Ich finde mich zwar an einem völlig fremdartigen Ort wieder, aber es ist mir vertraut. Es ist ein Planet, zu dem ich schon öfter gereist bin. Die mir sehr vertraute ozeanische Atmosphäre. (Siehe Kapitel „Das ozeanische Universum") Und etwas, das ich an diesem Ort bisher nicht gesehen habe: Der Ozean nimmt in der Ferne eine Kurve nach oben, ähnlich einer Skateboard-Rampe. Der Ozean ragt mehrere Kilometer in die Höhe und verdeckt einen Großteil des blauen Himmels dahinter. Eine erstaunliche Ansicht. Ich stehe jedoch nicht etwa auf einem Strand oder Boden, denn hinter mir, rechts von mir und links von mir ist ebenfalls rauschender Ozean. Doch dieser Ozean rauscht intensiver als jeder irdische, den ich kenne. Aus anderen Träumen von diesem Ort weiß ich, dass es hier durchaus Strände und andere interessante Dinge gibt, aber ein Großteil „meiner Heimat" besteht aus den verschiedensten Arten von Wasser. Ich stehe wie schon mal auf irgendeiner Plattform, die in etwa 20 Meter Höhe über dem Wasserspiegel schwebt. Ab und zu reicht das Planschen der Wellen zu mir hoch und ich spüre ein Prickeln, das meinen ganzen Körper durchfährt. Der Ozean lebt, und es ist, als würde er Humor enthalten - Humor, der durch das planschende Wasser in meinen Energiekörper transferiert. Ich weiß auch, aus vielen meiner Reisen hierher, dass es andere hier gibt, und dass diese anderen sehr gute Freunde sind. In einiger Ferne schwebt ein kreiselförmiges etwas in der Luft. Ich weiß, dass es eine Wohnstätte für Freunde von mir ist. Und ich weiß, dass hinter den schwarzen Fenstern mich jemand anlächelt und anzwinkert. Sie wissen, dass ich da bin. Aber diesmal werde ich nicht mit ihnen in Kontakt treten. Diesmal habe ich etwas anderes vor. Ich weiß in der Tiefe meines Seins, dass dies einer meiner fundamentalsten Heimatplaneten ist, aber inzwischen, da ich schon einige Male hier war und nicht mehr so vollkommen perplex bin, weiß ich auch, dass ich noch irgendein anderes Zuhause habe. So vermessen es sich anhört: Ich habe noch ein ursprünglicheres Zuhause als das hier. Und ich wollte wissen, was passiert, wenn ich von dieser wunderschönen, erfrischenden Heimat loslasse. Ich wagte es, und sagte: „Ich lasse von diesem Ort los. Ich möchte nach Hause". Der Ozean schien darauf überrascht zu reagieren. Er ließ geradezu eine Flutwelle hochsteigen. Ich lachte. Der Planet verschwamm und verschwand und ich wurde in einen anderen Weltenraum katapultiert. Hier gab es nichts Solides. Dies war kein Planet mehr, es war vielmehr irgendein Raum ohne festen Boden oder definitiven Referenzpunkt. Riesige kristallene und geometrische Gebilde schwebten an mir vorbei. Ein Kaleidoskop an Farben und Formen, die ich zwar noch nie gesehen hatte, aber auch diese waren mir irgendwie vertraut. Trotzdem wusste ich noch nicht richtig, was es mit diesem Ort auf sich hatte. Irgendetwas gab mir zu verstehen, dass jede dieser geometrischen Formen ein eigenes Universum enthielt. Ich bräuchte nur auf eines dieser Gebilde zugehen und würde in dieses Universum hineinverschluckt werden. Jedes der Gebilde war für sich eine Unendlichkeit. Und etwas, das schwer zu verstehen war: Das Innere des Gebildes war irgendwie größer als das Gebilde! Dass heißt, es könnte z.B. eine 5 Meter breite Figur an mir Vorbeischweben, aber wenn ich sie betrat befand ich mich plötzlich in einer Unendlichkeit, in einem neuen, unbegrenzten Universum. Dann schwebte ein dunkelblauer Kreis auf mich zu, und ich hatte sofort eine Art Deja-Vu. Ich fühlte mich diesem Kreis innig verbunden. Ich erkannte ihn wieder! Ich wusste: Wenn ich dort einsteige, bin ich sozusagen in meinem „Heimat-Universum". Ich verstand. Aber ich beschloss hier, die Reise dorthin ein andermal fortzusetzen, und nun zu meiner gegenwärtigen Heimat, dem Planeten Erde, irgendwo ganz weit weg, zurückzukehren. Schließlich wollte ich mich an dieses Erlebnis erinnern und für ein Buch festhalten. Hätte ich das Universum der blauen Kugel betreten, hätte ich mich vermutlich in so intensiven Erlebnissen verloren, dass mein bewusster Verstand gesagt hätte „Okay, ich klinke mich jetzt aus und überlasse es dem Unterbewusstsein". Meine Erinnerung daran wäre am Morgen des Aufwachens vermutlich gelöscht gewesen. So kehrte ich zurück. Und, wie jeder sehen kann, erinnere ich mich noch sehr gut an das Ereignis.

Eine Anmerkung für angehende Zeitreisende: Ich erläutere diese Beispiele, um dem Leser zu zeigen, dass es Ebenen der Bewusstheit gibt, an denen alles möglich ist. Von dieser Bewusstseinsebene aus wäre das Zeitreisen ein Kinderspiel gewesen. Ich war derart intensiv luzide, dass das, was geschah, lediglich eine Frage meiner Absicht gewesen wäre. Der eine Weg zur Zeitreise besteht also in der bewussten Absicht, irgendwo hinzureisen (siehe die ersten zwei Sessions). Der zweite Weg besteht darin, überhaupt ersteinmal extrem luzide zu werden, und dann, von diesem sehr machtvollen Standpunkt aus, Entscheidungen über das Wohin zu treffen. Der einzige Haken, der dabei auftauchen kann, ist, dass Zeitreisen von dieser Perspektive aus nicht mehr interessant ist.

Session: In einem Buch Namens „Spektrum der Nacht" (Omega Verlag), in dem es ebenfalls um luzide Träume ging, wurden 3 oder 4 „Kraftorte" genannt, die an so genannten „Ley-Linien" liegen. Das Schlafen an diesen Kraftorten fördert das luzide und intensive Träumen. Einer dieser Kraftorte war den Autoren zufolge am Berg Mirnock in Kärnten, Österreich. Rate mal, wo ich mich befand, während ich dieses Buch las? Ich befand mich im Ort Villach, Kärnten, wo ich ein Seminar zu geben hatte. Der Ort, von dem in diesem Buch die Rede war, war nur 20 Kilometer weit entfernt! Einen erstaunlicheren „Zufall" hatte ich selten erlebt. Diesem „Wink des Universums" folgend, entschloss ich kurzerhand, in einem Hotel auf diesem Berg zu schlafen. Ich fand das Hotel, das in diesem Buch erwähnt war, und quartierte mich dort ein.

Resultat: Was als Alptraum begann, entpuppte sich nach und nach, je luzider (bewusster) ich wurde, als therapeutischer Traum. Anfänglich war ich gerade mal luzide genug, um das vage Gefühl zu haben, dass ich wohl träume. Ich war jedoch weit davon entfernt, irgendeine Kontrolle über den Traum zu haben. Gespenstische Gestalten verfolgten mich. Einmal befand ich mich in meinem Zimmer, während sich unheimliche Wesen um mein Bett gruppierten, ein anderes Mal war ich am anderen Ende des Planeten und wurde von Ärzten gegen meinen Willen operiert (aus „unheimlichen Wesen" wurden mit zunehmender Bewusstheit „Ärzte"). „Ich träume doch, oder? Oder?" waren meine Versuche luzide zu werden. Ich wiederholte die Frage einige Male, und schließlich gewann ich etwas Kontrolle über den Traum. Ich war nun in der Lage, Akzeptanz und Wertschätzung gegenüber allem, was passiert, auszustrahlen. Und je mehr ich diese von mir bevorzugte Heilungs-Formel ausstrahlte, desto klarer wurden mir viele Dinge. Ich werde es hier nicht mitteilen, weil es sehr privat ist, aber mir wurde plötzlich klar, warum mich diese Wesen verfolgten, was sie von mir wollten, was mein Leid war. Anfänglich war dieser Traum äußerst bedrückend, aber es wurde immer angenehmer. Ich befand mich mitten in einem Heilungsprozess. Es hatte mit irgendwelchen Vereinbarungen zu tun, die ich scheinbar als Kind getroffen hatte. Ich musste darüber schmunzeln, als Kind überhaupt „Vereinbarungen" geschlossen zu haben. Ich erinnerte mich an alles. Am nächsten Morgen wachte ich auf. Eine Last war gewichen, die ich nicht einmal so richtig bewusst bemerkt hatte. Aber jetzt, da sie weg war, wusste ich, dass es eine Last war. Manche Probleme bemerkst du erst, wenn sie weg sind. Ich nehme an, dass wir von manchen Problemen so sehr die Nase voll haben, dass wir sie tief ins Unterbewusstsein drücken, um sie so „nicht mehr wahrzunehmen". Natürlich beeinflussen sie einen weiterhin von einer tieferen Ebene aus. Nun, in diesem luziden Traum ließ ich das Problem aufsteigen und konfrontierte mich damit. Letztlich war der Auslöser zur Heilung die Haltung der Akzeptanz und des Verständnisses. Verständnis und WERTschätzung impliziert, dass ICH irgendeine Verantwortung bei dieser Sache hatte. Und dieses Verantwortungsgefühl führte mich direkt zu der Erinnerung, bei der ich tatsächlich eine Art „Zusage" an Wesen gemacht hatte, die aus dem Blickwinkel eines Kleinkindes vielleicht düster aussehen. Plötzlich wurde mir klar, dass sie mich nicht heimsuchten, weil sie „böse" waren, sondern weil ich, bzw. ein anderer Teil von mir, sie eingeladen hatte.

Session: Ich lag im Bett und beabsichtigte 10 Jahre in die Zukunft des Planeten zu reisen. Ich wollte wissen, was aus dieser Gesellschaft und dieser Erde wird.

Plötzlich erwachte ich und stellte fest, dass das ich geträumt hatte, dass ich im Bett lag und beabsichtigte 10 Jahre in die Zukunft des Planeten zu reisen.

An diesem Beispiel siehst du, dass auch ich nach wie vor Träume habe, die nicht nur unluzide, sondern auch irreführend sind. Das Interessante hier ist aber, dass sich meine Aktivitäten in der Wachrealität mit denen im Traum vermischen, bzw. mein Unterbewusstsein integriert auf raffinierte Weise meine Absichten zum luziden Träumen, indem es sogar diese zu einem unbewussten Traum macht. Es scheint einen eingebauten „Schutzmechanismus" zu geben, der tatsächlich die Absicht hat zu schützen, aber sich dabei oft als Irreführung oder Hindernis herausstellt.

Session noch einmal: Ich möchte 10 Jahre in die Zukunft reisen. Vor allem das Jahr 2012 scheint interessant zu sein, folgt man den aus der Esoterik-Szene bekannten Theorien und Vorhersagen über „große Erdveränderungen" zu dieser Zeit (angeblich sagt z.B. der „Maya-Kalender" hier ein Ende oder eine Wende voraus).

Resultat: Die ersten 2 Mal als ich diese Absicht kundtat, passierte nichts, bzw. nichts, woran ich mich erinnern könnte. Beim dritten Mal, als ich dies beabsichtigte, träumte ich jedoch von der Welt im Jahr 2012. Und ich wusste, dass ich träume. Und das Jahr 2012 war nicht so, wie es in den ganzen warnenden Bücher über „die großen Erdveränderungen und Dimensionssprüngen im Jahre 2012" beschrieben wird. Es war sogar relativ friedlich. Ich erkannte, dass ich mich hier nur in eines von mehreren möglichen 2012 befinde. Vielleicht war es das momentan Wahrscheinlichste. Eine sehr wichtige Erkenntnis machte ich jedoch während dieses luziden Traumes: Es entsprach nicht meinen Vorstellungen oder Glaubenssystemen davon, wie 2012 sein müsste. Statt dessen trug dieser Traum dazu bei, dass ich neue Vorstellungen darüber entwickelte. Ich flog über dem Planeten und weitgehend, meiner Absicht entsprechend, wurden mir einige Bilder und Infos über den Zustand des Planeten gegeben. Die islamische Welt schien sich mit der westlichen Welt in einem Zustand der Ruhe und des wirtschaftlichen Austausches zu befinden. Das war erfreulich. Ebenso schien es China sehr gut zu gehen. Afrika war immer noch von Armut übersät, aber es gab einzelne Länder, die langsam auf ein höheres Niveau heranwuchsen. Diese Länder dienten den anderen als „gute Beispiele, wie es funktioniert". Es schien nach wie vor hier und da kleine Unruhen zu geben, aber keine wirklichen Kriege oder Hochgefahrzonen mehr. Folgendes wurde mir zu verstehen gegeben: Der Entwicklung in der Technologie zur Überwachung von Menschen war so fortgeschritten, dass es schwer möglich war, Unruhe zu stiften. In meinem normalen Wachbewusstsein hätte ich dies als absolut bedrohlich empfunden. „Überwachungsstaat? Big Brother? Der gläserne Mensch? Das ist völlig unakzeptabel!" Aber das hier war ganz anders. Man soll mir nicht böse sein, aber das hier empfand ich als sehr angenehm. Es war wie eine friedliche Ruhe, die eingekehrt war, aufgrund dessen, dass jeder mögliche Gewaltherd überwacht wurde. Und die Bevölkerung schien nicht in ihrer Freiheit oder kreativen Ausdrucksmöglichkeiten eingeschränkt zu sein. Technologie und Computerisiertheit war sehr präsent. Alles war miteinander vernetzt. Die USA schien ein Umweltproblem zu haben, an deren Lösung gerade jeder solidarisch arbeitete. Körperliche Trägheit und Verdummung, u.a. durch schlechte Bildung und multimedialen Einflüssen, schienen immer noch ernste Themen zu sein.

Gleichzeitig war New Age, Bewusstseinswandel, Harmonie mit dem Universum, Spiritualität etc. immer noch stark auf dem Vormarsch. Heutzutage haben viele Menschen das Gefühl, „dass die Zeit immer schneller und schneller rast". Aber hier erschien es mir, als wollte das Massenbewusstsein die Dinge etwas langsamer angehen. Eine gewisse Sättigung beim Thema „schneller, besser, größer" war deutlich zu erkennen. Es gab keine Anzeichen von einem dritten Weltkrieg, schweren Erdbeben, alles-vernichtenden Seuchen. In der Tat war alles relativ „normal", fast sogar schon langweilig. Das größte Krisengebiet war die Gegend um Indien, Thailand, Pakistan, Nepal, Tibet. Was heute der Mittlere Osten (Israel, Palästina) ist, schien nun jene asiatische Gegend zu sein. Überbevölkerung, Glaubens- und Wertekonflikte, und Drohungen von Regierung zu Regierung schienen hier an der Tagesordnung zu sein. In Japan wurden mir fantastisch aussehende Städte auf dem Meer gezeigt. Aber weiter verwunderlich war es nicht... wo sonst sollte die ganze Bevölkerung dieser relativ kleinen Insel hin? Australien und Neuseeland schienen es außerordentlich gut zu gehen. Australien schien den USA in vielerlei Hinsicht, z.B. Filme, Mode, Wirtschaft, Technologie, Konkurrenz zu machen. Als wollten sie, dass darstellen, was die USA einst war. Neuseeland hatte eine rigide Geburtenkontrolle eingeführt. Einzig und allein in Südamerika bemerkte ich, wie dieses „Überwachungssystem" einige dunklere Züge zeigte. Es gab enorm große Gefängnisse die tatsächlich Gruppen von Menschen beherbergten, die gegen das System rebellierten. In Chile, Paraguay und Bolivien versuchte man gerade, jedem Menschen einen Chip zu implantieren, um so bessere Kontrolle in diesem Überwachungssystem zu bekommen. In Kanada lebten eine überraschend große Anzahl von Amerikanern, die ausgewandert waren. Darunter auch viele „Selbstversorgergruppen" und „Anti-System" Leute. Irgendwie war Kanada ein Land, bei dem es diese totale Überwachung nicht gab. Warum das so war, war mir nicht klar. Bei Europa bekam ich den Eindruck, dass es hier „okay" ging, etwa so wie heutzutage. Der Überwachungsstaat wurde zur Kriminalitätsbekämpfung benutzt, aber trotzdem konnte sich jeder eine Privatsphäre schaffen. Mein luzider oder prophetischer Traum führte mich nun zu den geheimeren Aspekten des Spiels auf Erden. Genauso wie früher und heute findet auch in der Zukunft immer noch eine ganze Menge hinter den Kulissen, hinter dem Rücken der allgemeinen Öffentlichkeit statt. Dass ich im Wachbewusstsein viele Bücher zu diesen Themen gelesen habe, liegt zum Teil daran, dass ich davon geträumt hatte und dann in der Wachwelt nach Bestätigung zu diesen Informationen gesucht habe. So wird im Jahre 2012 z.B. das Wetter manipuliert, ohne dass die breite Öffentlichkeit davon erfährt. So wurde es mir zumindest im Traum dargestellt. Etwas andere Vorfälle die jenseits des öffentlichen Blicks stattfinden hängen mit Aktivitäten auf dem Mond zusammen. Zwar ist durchgesickert, dass auf dem Mond gearbeitet wird, was aber nicht erwähnt wird, ist, was dort wirklich getan wird. Ich kann nicht 100%ig definieren, ob es sich bei diesen Eindrücken um Fantasie-Bilder oder Klartraumwahrnehmung handelt. In einem meiner luziden Träume werde ich versuchen, den Mond in 10 Jahren aufzusuchen.
Momentan, wenn ich mich im luziden Traum darauf konzentriere, empfange ich nur das Signal, dass dort irgendetwas stattfindet, was vielleicht nicht ganz im Sinne der Gesellschaft ist. Nach allem, was ich beobachten konnte, findet das serielle Klonen von Menschen nicht, oder noch nicht statt. Wie steht es mit dem beliebten UFO-Thema? Nach allem, was ich erkennen konnte, ist die Existenz außerirdischen Lebens irgendwie zu einem normalen Faktum geworden, ohne dass aber ein offizielles gelandetes UFO jemals präsen-

tiert worden wäre. Der Konsens scheint der zu sein dass es „irgendwo da draußen" mit größter Gewissheit andere Wesen gibt.

Ehrlichkeitshalber muss ich dazu sagen, dass das eben Erzählte eine Zusammenfassung von 3 meiner Träumen zum Thema 2012 war. Interessant ist auch die Tatsache, dass diese Träume nicht immer mit meinen Glaubenssystemen übereinstimmten. Manche Forscher argumentieren, dass luzide Träume vom eigenen Glaubenssystem beeinflusst sind. Wie ich jedoch meine, ist der Teil des Bewusstseins indem alle Vorstellungen (Vor-Einstellungen) über die Realität und die Welt gespeichert sind, während guter luzider Träume weitgehend außer Kraft gesetzt. Es ist, als würde man alles aus einer höheren Perspektive, eine Stufe über seinen alltäglichen Glaubenssätzen, betrachten. Sogar als ich die Überwachungstaat-Realität sah, herrschte friedvolles Verständnis darüber. Einzig und allein in Südamerika sagte dieser höhere Teil von mir: „Das ist nicht okay, das kann man auch sanfter machen". Mein normales Wachbewusstsein würde wahrscheinlich vehementer dagegen sprechen.

26. Illumination des Bewusstseins

Wir haben in diesem Buch viel über Bewusstsein gesprochen. Bewusstsein ist der Hauptschlüssel zur Meisterung des luziden Träumens, einer Fähigkeit, die deinem Leben eine neue Qualität geben wird. Deine Fähigkeit im Schlaftraum bewusst zu sein und Fortschritte zu machen, die an *Zauberei* grenzen, *verdoppelt sich*, wenn du auch in der Wachrealität dein Bewusstsein erweiterst. Deshalb möchte ich zumindest einem Kapitel dem Thema Bewusstsein in der Wachrealität widmen, ein Thema, dass fast alle Bücher über Träume einfach ignorieren. Was ist Bewusstsein? Bewusstsein ist genau das, was das Wort ausdrückt: Sich bewusst zu sein. Ich habe hier eine kleine Übung für dich, die besser als alle Worte ausdrückt, was ich mit Bewusstsein oder besser *Bewusstseinserweiterung* meine.

Bewusstseinserweiterung

Betrachte deine Zimmerdecke und bemerke dort etwas, das du bisher nicht bemerkt hast. Betrachte die Wände deines Raumes und entdecke dort Dinge, die deiner Wahrnehmung bisher entgangen sind.

- Betrachte entspannt ein Objekt in deiner Umgebung, bis sich Details darüber enthüllen, die du bisher nicht bemerkt hast.
- Betrachte ein weiteres Objekt eine zeitlang mit großem Interesse, und lerne etwas Neues über dieses Objekt.
- Richte deine Aufmerksamkeit aus dem Fenster auf deine Nachbarschaft und finde etliche Dinge, die du bisher nicht oder nicht richtig wahrgenommen hast.
- Richte die gesamte Aufmerksamkeit für einige Sekunden nur auf das, was du hörst.
- Richte die gesamte Aufmerksamkeit für einige Sekunden nur auf deinen Körper. Überflute den Körper mit Aufmerksamkeit.
- Lerne einen Satz aus einer Fremdsprache.
- Untersuche im Internet eine Website zu einem Thema, das du noch nie berührt hast. Benutze deine Vorstellungskraft, um ein Gefühl zu erschaffen, das du so noch nie gefühlt hast.
- Beobachte einige Minuten mit geschlossenen Augen deinen Gedankenfluss sehr genau. Bemerke das Verhalten und den Inhalt deiner Gedanken genauer als sonst.
- Werde dir unerledigter Projekte und Dinge bewusst, indem du sie aufschreibst.
- Werde dir deiner Wochenziele bewusst, indem du sie aufschreibst.
- Werde dir deiner täglichen Handlungen bewusst, indem du aufschreibst, was du heute getan hast.
- Werde dir deiner Automatismen bewusst, indem du den ganzen Tag lang alles, was du tust, vorher bewusst verbal ankündigst. Wenn du dich dabei erwischst, irgendetwas zu tun, was du nicht angekündigt hast, dann tue genau das bewusst (kündige es nun bewusst an und tue es. Beispiel: Du erwischt dich dabei, dir unbewusst eine Zigarette angezündet zu haben. Mache die Zigarette aus. Dann sage: „Ich werde mir jetzt eine Zigarette anzünden". Dann zünde dir eine Zigarette an
- Das Werkzeug, das du nun trainiert, ist *Bewusstsein*. Andere Worte oder verwandte Werkzeuge: Wahrnehmung, Aufmerksamkeit, Achtsamkeit. Meiner Meinung nach

sind sie die Basis von allem. Es ist nicht so, dass Unbewusstheit nicht ebenfalls einen Nutzen hat. Schließlich möchtest du dich nicht jedes Mal beim Autofahren auf jeden einzelnen Schritt konzentrieren müssen und überlässt es deshalb den eingeübten und inzwischen unbewusst oder halbbewusst ablaufenden Handlungen. Doch ist für die spirituellen Fortschritte, von denen in diesem Buch die Rede ist, unbedingt eine Steigerung der Bewusstheit nötig. Ohne Bewusstsein und Bewusstwerdung wirst du nichts Neues lernen, sondern nur das sehen, was dir deine automatisierten Denk- und Verhaltensmustern vorschreiben.

Skala der Bewusstseinszustände

Nachfolgend möchte ich dir ein Denksystem zeigen, das mir persönlich in meiner spirituellen Lebensreise stark weitergeholfen hat. Es handelt sich um die „Skala der Bewusstseinszustände", über die du ausführlichere Informationen in meinem Buch „Illumination des Bewusstseins" (erscheint 2006) oder im Buch „Ebenen des Bewusstseins" von David Hawkins findest. Meine Version der Skala vereint verschiedene ähnliche Skalen, u.a. denen von David Hawkins (Kinesosologie), Don Elkins (Spiral Dynamics), Harry Palmer (Avatar-Kurs), Ruth Minshull (Emotionsskala), Elizabeth Kübler Ross (Nahtodesforschung), Richard Bandler (Begründer des NLP). Obwohl die Skala aussieht, als gründe sie auf einer dualistischen oder linearen Sichtweise, ist sie nicht unbedingt so zu verstehen. Sie ist als Orientierungs*modell* zu verstehen. Untersuche die Skala zunächst selbst, bevor du weiter liest. Möglicherweise hast du ein paar Erkenntnisse darüber, bevor ich weiter unten darüber spreche.

1000 Erleuchtung
800 Reines Sein
700 Leichtigkeit des Seins
600 Friede
550 Freude, Glückseligkeit
500 Liebe
450 Macht, Ursprung, Ursache-Sein
425 Kreativität, Kreativismus, Ästhetik
400 Intelligenz, Klarheit, Wissen
375 Akzeptanz, Wertschätzung, Dankbarkeit
350 Begeisterung, Enthusiasmus
325 Bereitwilligkeit, Aktionsfreude
300 Neutralität, Gelassenheit
275 Interesse, Aufmerksamkeit
250 Mut
225 Konservatismus
200 Langeweile
180 Stolz
160 Antagnonismus, Gegen-Sein
150 Wut, Gewalt, Dominanz
140 Begierde, Bedürftigkeit
130 Gefühlskälte

120 Angst
100 Trauer, Selbstmitleid
80 Apathie
40 Schuld
20 Scham
0 Bewusstseinstod
-10 Psychose, Alptraumhafte Eindrücke
-20 Ohne Ausweg
-50 Sklaventum
-100 Unterwelt

Zusammenfassung wichtiger Axiome:

Im Verlaufe eines Heilungsprozess (im Rahmen von Coaching oder hoch entwickelter Therapieformen) ist dies die allgemeine Reihenfolge der emotionalen und mentalen Zustände, die jemand von unten nach oben durchläuft (wobei es natürlich Ausnahmen und „Überspringen" von Zuständen gibt).

Jeder Bewusstseinszustand erfährt eine andere „Wahrheit" und Wahrnehmung der Realität.

Jeder von uns hat eine „Grundschwingung", das ist der Zustand, in dem wir uns die meiste Zeit befinden. Von dieser „Mitte" aus haben wir ein durchschnittliches „Niedrigstlevel" und ein durchschnittliches „Höchstlevel". Hast du beispielsweise deine „Grundschwingung" als „200 Langeweile" ermittelt, ist dein Höchstzustand bei etwa 400 und dein Niedrigstzustand bei etwa 100. Die „Grundschwingung" setzt sich aus Folgendem zusammen: Bisherige oder „vergangene" Erfahrungen (eingefrorene Gedanken und Gefühle), eigene Glaubenssätzen und Einstellungen, Fokus der Aufmerksamkeit, Umgebung und Umgang, eigene *Absichten*, das was du sprichst und tust.

Jeder von uns hat soziale Maskenidentitäten, das ist der Bewusstseinszustand, den wir für verschiedene Anlässe zu sein vorgeben. Stecken wir z.B. auf der Grundschwingung „100 Trauer" fest, würden wir diese zu einem gesellschaftlichen Anlass wahrscheinlich nicht Ausdrücken, sondern z.B. „300 Gelassenheit" vorspielen. Das Tragen von „Maskenidentitäten" oder der Versuch, einen Zustand aufrecht zu erhalten, den wir im Inneren nicht wirklich haben, kostet sehr viel Energie.

Jeder von uns durchläuft im Laufe eines Lebens oder sogar eines einzigen Tages jeden dieser Zustände mehrmals. Das Problem ist nicht das Innehaben eines Zustandes, sondern das „chronische Feststecken" auf einem Zustand über längere Zeit.

Die ursprüngliche Skala führt weiter nach oben und weiter nach unten. Die Kurzfassung enthält die auf diesem Planeten am häufigsten auftretenden Zustände.

Ein Seinszustand, der unterdrückt wird, führt auf der Skala zu den nächsten Zuständen nach unten. Ein Seinszustand, der bereitwillig erlebt und akzeptiert wird, führt auf der Skala zu den nächsten Zuständen nach oben. Wird beispielsweise Wut (150) mehrmals unterdrückt, wird daraus Gefühlskälte (130). Wird beispielsweise Aktionismus (325) vollkommen zugelassen und durchlebt, wird daraus Begeisterung (350). Das widerstandslose Erleben einer Emotion befreit von der Emotion. Das Unterdrücken einer Emotion verstärkt und bindet die Emotion.

Eine andere Methode auf der Skala zu steigen, ist es, einen Zustand 1 - 3 Stufen darüber zu fokussieren. Befindet sich jemand beispielsweise auf „Angst", kann er sich mit „Wut" aus seinem Zustand herausholen. Befindet sich jemand auf „Konservativ", kann er durch „Mut" oder „Interesse" in der Skala steigen. Befindet sich jemand bei „Intelligenz", kann er mit „Liebe" auf der Skala steigen. Wenn du jemand anderen aus einem Zustand erheben möchtest, funktioniert es nicht, eine zu hohe Schwingungsebene einzunehmen. Hilfst du jemanden, die Treppe zu klettern, holst du ihn da ab, wo er ist, oder gehst ein bis 3 Stufen höher, nicht 10.

Wenn diese Skala auf zwei Hauptzustände reduziert wäre, blieben „Angst" und „Liebe" übrig. Alle anderen Zustände sind Modifikationen und Variationen dieser zwei Zustände. Alle Bereiche unter 200 gründen auf „Angst" und ziehen Lebensenergie, führen nach unten zu Verfall und Tod. Alle Zustände über 200 geben Lebensenergie, führen nach oben, zum Leben hin.

Je höher auf der Skala jemand ist, desto fähiger und bewusster ist er. Zustände 0 - 199 sind die „unteren Zustände". Hier ist ein Mensch reaktiv statt aktiv, Wirkung statt Ursache, fremdbestimmt statt selbstbestimmt. Zustände 200 - 325 sind die „mittleren Zustände", die eine Mischung aus den Grundzuständen „Angst und Liebe" sind. Hier ist der Betreffende mal aktiv mal reaktiv, mal selbstbestimmt, mal fremdbestimmt. 350 - 600 sind die „positiven Zustände", bei denen der Betreffende überwiegend selbstbestimmt lebt. Zustände über 600 sind jenseits dualer oder linearer Sichtweise.

Die „Grundschwingung", die du ausstrahlst, beeinflusst, was du als Realität erlebst, welche Menschen, Erfahrungen, welches Einkommen und welche Situationen du in dein Leben ziehst.

Nur weil du „untere Stufen" erlebst, bedeutet das nicht, dass das deine Grundschwingung ist. Je höher deine „Grundschwingung", desto schneller kommst du aus untere Stufen heraus. Je tiefer deine „Grundschwingung", desto länger verweilst du darin.

Jeder von uns hat innere Persönlichkeitsanteile, die auf unteren Stufen sind. Diese auf diesen Stufen eingefrorenen Anteile zu befreien, ist eine der Aufgaben von Bewusstseinsarbeit / Energiearbeit und setzt neue, bisher nicht verfügbare Energie frei.

Auf einer Ebene über 450 ist keine Bewusstseinsarbeit erforderlich. Zwischen 200 und 450 ist Bewusstseins- und Mentaltraining hilfreich. Zwischen 100 und 199 ist Therapie hilfreich. Zwischen 0 und 100 ist ärztliche, medizinische und sozialpädagogische Betreuung hilfreich. Unter 0 ist die Polizei hilfreich.

Ein interessanter Prozess besteht darin, bewusst jeden Zustand von unten nach oben innerhalb einer Meditation zu durchlaufen.

Kurzbeschreibung der mentalen- und emotionalen Seinszustände:

20 Scham

Allgemein: Will sich verstecken, will nicht gesehen werden, möchte sterben, hat schreckliche Angst. Nimmt die Welt als irreal wahr. Stellt sich dumm oder tot, um anderen auszuweichen und Gefahren zu vermeiden. Hat möglicherweise Dinge getan, für die er sich selbst nicht vergibt. Unterdrückt Dinge in so tiefe Schichten des (Unter)bewusstseins, dass sie so unbekannt sind, er nicht einmal weiß, dass er sie nicht weiß. Wenn er noch mehr unterdrückt, sinkt er tiefer in Bereiche der Neurose, Psychose und alptraumhaftere Realitäten. Wenn jemand über mehrere Jahrzehnte in diesen Bereichen verweilt, wird er ein Fall für die Psychiatrie.

30 Schuld
Allgemein: Fühlt sich schuldig, beschuldigt andere. Seine Realität dreht sich um Verachtung, Rache, Bestrafung, Beschuldigung, Selbsterniedrigung, Erniedrigung. Wenn der Betreffende zu lange auf dieser Bewusstseinsebene verweilt, wird er ein Fall für die Polizei und Justiz.

50 Apathie
Allgemein: Kein Interesse, kein Antrieb, keine Verantwortung, keine Perspektive, keine Ziele, keine Liebe, keine Gefühle, keine Reaktion. Abgestumpftheit. Sinnlosigkeit. Hoffnungslosigkeit. Trägheit und Schwere. Diese Person hat bereits aufgegeben und abgedankt. Sie ist nicht depressiv, sondern bereits unter dem Bewusstseinszustand der Depression. Kaum aktionsfähig. Redet kaum, hört kaum zu. Kleidung, Zustand von Möbel etc. vollkommen vernachlässigt. Negative Gleichgültigkeit. „Ich kann nicht, es geht nicht, ist doch alles scheißegal". Manche „spirituelle Lehrer" die Gelassenheit und Zufriedenheit vortäuschen, befinden sich in Wirklichkeit auf dieser ziemlich energielosen Bewusstseinsebene. Der Gleichmut eines 600ers oder die Zufriedenheit eines 190ers ist nicht zu verwechseln mit dem völligen Desinteresse des 50ers. Therapie oder Hilfe erweist sich als sehr schwer. Berührungen und Kontakt zur Außenwelt helfen. Verbindung mit Trauer (die nächsthöhere Ebene) wäre hilfreich. Jemand, der zu lange auf dieser Schwingungsebene verweilt, wird sich bald im Obdachlosen oder Drogenmilieu befinden. (Drogen erhöhen die Bewusstseinsebene vorübergehend - „endlich Erleichterung!", mit einem nachfolgenden Bumerangeffekt auf eine noch niedrigere Stufe).

60 Depression, 70 Traurigkeit
Allgemein: Selbstmitleid. Lustlosigkeit, Antriebslosigkeit, schwere, Trauer. Unterwürfigkeit. Bedürftigkeit. Spricht in einem traurigen oder apathischen Ton. Braucht länger, bevor er Fragen beantwortet. Lügt und „macht Szenen", um Mitleid zu erheischen. Leicht von äußeren Einflüssen überwältigt. Sieht wenig Hoffnung. Bricht sehr leicht in Tränen aus. Weint Verstorbenen auch noch nach 5 Jahren hinterher. Selbstzweifel.

100 Angst
Allgemein: Alles ist gefährlich. Ängstlichkeit, Nervosität, Angespanntheit, permanente Skepsis, übertriebene Vorsorge, Unsicherheit. Da er Angst davor hat, seine Verachtung offen zu zeigen, lästert er gerne hinter dem Rücken anderer. In vielen Fällen unfähig, kompetent und konzentriert zu arbeiten. Zerstreute Aufmerksamkeit. Flucht.

130 Begierde
Allgemein: Unerfülltes Verlangen, Begehren, Brauchen. Versklavt von der eigenen Bedürftigkeit. Aufmerksamkeit wird von Beschäftigungen aufgesaugt, die weder wichtig noch dringend sind. Manchmal völlig gefühlskalt, eingefroren und Selbstsüchtig.

150 Wut
Allgemein: Rage, Zorn, Gefühlsausbrüche, Aggression. Beherrscht durch Wut Menschen auf Bewusstseinsebenen unter ihm. Ist zwar handlungsfähiger als Ebenen weiter unten, aber oft auf destruktive Weise. Spricht häufig über Zerstörung, Hass und Tod. „Ich habe Recht, andere haben Unrecht". Nimmt schlechte Nachrichten sehr ernst, filtert gute Nach-

richten aus. Möchte dominieren. Benutzt gerne Strafandrohungen. Kann körperlich aggressiv sein.

160 Antagonismus.

Allgemein: Verbale Aggression. Chronisches Rechthaben. Chronisches Schlechtmachen anderer. Beschwert sich über alles. Macht die Realitäten und Standpunkte höherer Ebenen schlecht. Verteidigt eigene Realität. Dauernder verbal ausgedrückter Zweifel. Kritisiert. Während untere Ebenen sich selbst schlecht machen, macht diese Ebene andere schlecht. Während untere Ebenen zuviel Angst haben, negativ über andere sprechen, drückt diese Ebene ihre Unzufriedenheit zumindest aus. Während der 150er auch körperlich aggressiv werden kann, belässt es diese Ebene zumindest bei der verbalen Gewalt.

170 Stolz

Allgemein: So wie alle anderen Ebenen unter 200 liegt der Hauptfokus auf der Vergangenheit. Schaut auf andere Menschen herab. Ist stolz darauf, sich über die Ebenen unter 170 erhoben zu haben. Extremst konservativ. Patriotisch. Verschlossen. Stolz auf die erfolge vergangener Tage. Hält an Dingen fest.

190 Langeweile

Allgemein: Auf 190 ist es Monotonie bei unterschwelliger Unzufriedenheit, auf 200 ist es Langeweile bei unterschwelliger Zufriedenheit. Gleichgültig. Auf der Suche nach Unterhaltung. Verbringt viel Zeit mit Fernsehen. Zu Aktion fähig, aber selten zielgerichtet. Zu Interesse fähig, aber selten beständig. Faul. Erlaubt andere Standpunkte. Wirkt gelassen. Führt „normales Leben". Führt Smalltalk und leichte Unterhaltungen die nirgendwo hinführen. Weder ablehnend noch zustimmend. Sinn für Humor vorhanden. Braucht keine Unterstützung von anderen. Kleidung, persönlicher Besitz ist etwas vernachlässigt. Der Unterschied zum Zustand der Apathie (50) ist eine relative Zufriedenheit. In seiner Gegenwart fühlt man sich einigermaßen wohl. „Alles ist okay".

200 Konservativ

Allgemein: Führt „ordentliches Leben". Finanzielles Einkommen meist gut. Autoritätshörig. Wissenschaftsgläubig. Legt wert auf Familie, gute Kleidung, Sauberkeit, Beschaulichkeit. Aus der Sicht höherer Ebenen relativ langweilig, aus der Sicht unterer Ebenen sehr stabil. Ist zur Aktion fähig. Begrenzte Fähigkeit zur Fantasie. Anerkennt die Existenz anderer Realitäten, bleibt jedoch skeptisch oder braucht „Beweise". Ändert sich nur sehr langsam. Öffnet sich nur sehr langsam neuen Ideen. Bekommt Unterstützung durch „intellektuelle Vernunft" und „Verbindungen" oder „Kontakte". Seine größte Herausforderung ist die nächst höhere Ebene „Mut".

210 Mut

Allgemein: Relativ positive Lebenseinstellung. Erprobt seinen Mut im Sport, beim anderen Geschlecht, im Beruf. Ist stets im Begriff „auszubrechen". Sehnt sich nach der Freiheit höherer Zustände. Möchte den unteren Zuständen entkommen. Offen für Neues. Dieser Bewusstseinszustand ist oft das Zwischenstadium eines Konservativen, dessen Bewusstsein sich gerade erweitert.

280 Interesse

Allgemein: Interesse. Aufmerksamkeit. Produktiv. Aktionsfähig. Vielseitig aufgeschlossen. Lernbereit. Spricht auch über andere Realitäten, „tiefere" Ideen. Versteht und akzeptiert die Realität anderer. Kann andere Standpunkte einnehmen. Kompetent. Intelligenz. Kommuniziert gerne. Kann kreativ denken. Kann bis zu einem gewissen Grad Verantwortung übernehmen und Menschen führen.

310 Bereitwilligkeit

Allgemein: Starkes Interesse an sich selbst, anderen Menschen und der Welt. Extrovertiert. Aufgeschlossen. „Auf geht's!" – Einstellung. Kann sich gut konzentrieren. Lebendig. Teambereitschaft. Ist in der Lage beständig und produktiv zu arbeiten. Ist meist in hervorragender körperlicher und geistiger Verfassung. Kann leicht zwischen Fakt und Fiktion unterscheiden. Sucht nach verschiedenen Standpunkten und einer Veränderung seiner Realität. Kann Veränderungen leichter verarbeiten. Sagt „Ja" zum Leben. Die auf der Skala nicht gezeigte Zwischenstufe 330 ist „Begeisterung". Jemand auf dieser Bewusstseinsebene ist sehr leicht zu begeistern, fühlt sich meistens gut, kann leicht Verantwortung übernehmen, Ideen in die Tat umsetzen, und Erfolge zustande bringen. Getrieben von seinem Enthusiasmus und positiver Lebenseinstellung ist der 330er der Prototyp des „Erfolgsmenschen".

350 Akzeptanz

Allgemein: Diese Ebene beinhaltet Dinge wie Wertschätzung des Lebens und anderer Menschen, authentische Dankbarkeit, und dem Annehmen von Dingen, so wie sie sind. Menschen auf dieser Stufe kämpfen weniger gegen Dinge an, sondern fließen mit ihnen mit. Sie sind so besser in der Lage, Dinge nach ihren eigenen Vorzügen umzuwandeln. Sie benutzen keine Gewalt, um etwas zu erreichen, sie reduzieren den Widerstand. Entspannung, Schönheit und Harmonie sind Nebeneffekte dieser Ebene.

400 Vernunft

Allgemein: Dies ist nicht die blinde Wissenschaftsgläubigkeit des Konservativen, sondern die Ebene des Wissenschaftlers, Forschers, Genies. Jemand auf dieser Ebene ist neugierig, möchte lernen und das, was er gelernt hat, der Welt beitragen. Er weiß über eine Vielzahl von Themen, Standpunkten und Realitäten Bescheid. Wissen ist auf dieser Ebene der Hauptfokus. Es ist ein großer Sprung gegenüber den Ebenen darunter, kann aber gleichzeitig auch ein Hindernis auf dem Weg zu höheren Ebenen der Spiritualität, Kreativität und Liebe sein. „Spirituelle Menschen", die jedoch diese Ebene des gesunden Menschenverstandes und der Intelligenz überspringen, werden sich schwer tun, in ihren „spirituellen Höhen" zu bleiben. Die gesunde Skepsis, Menschenkenntnis und das vielseitige Interesse der 400er Person bewahren ihn vor der Scharlatanerie, die mit „spirituellen" Themen getrieben wird.

450 Kreativität

Allgemein: Dies ist die Energieebene der Künstler, Tänzer, Akrobaten, exzellenter Schauspieler. Zwischen 400 und 500 befinden sich (wie ich in einer anderen „erweiterten Skala" erläutere) auch die Zwischenstufen „Macht" und „Aktion". Es befinden sich hier sehr fähige Menschen, die in der Lage sind, Fantasie und Imagination in Tat und Realität umzusetzen. Dies ist die Ebene der echten „Realitäts-Erschaffer". „Ich reagiere nicht auf die Welt, die Welt reagiert auf mich". Während Ebenen unter 200 vergangenheitsorientiert sind, sind Ebenen bis 500 zukunftsorientiert. Ebenen darüber sind gegenwartsorientiert („Im Fluss"). Die Ebene der Kreativität und der Macht ist der höchste Zustand des aktiven Egos.

500 Liebe
Allgemein: Dies ist die Ebene echter, bedingungsloser Liebe. Leute unterer Stufen versuchen diese Ebene nachzuahmen, indem sie sich „verlieben". Das „Verliebt-Sein" hält jedoch nur kurzzeitig an, wenn es von äußeren Quellen abhängig gemacht wird. Auf einer authentischen 500er Stufe ist man derart von Liebe durchdrungen, dass die Gegenwart einer solchen Person tatsächlich heilend auf andere wirken kann. Etliche Leute, die vorgeben, auf dieser Stufe zu sein, können sie nur vorübergehend schauspielern. Du weißt, dass sich jemand auf dieser Stufe befindet, wenn sich dein Seinszustand in seiner Gegenwart spontan erhöht. Diese Energieschwingung ist derart hoch, dass sie jede der unteren spontan heilen kann. Aus einer ausgleichenden Perspektive gesprochen: Eine 500er Person macht sozusagen 100 000 Personen auf Stufen unter 200 wieder „wett", und zwar im Sinne der Weltenergie im ganzen.

550 Freude
Allgemein: Die Ebene von Freude, Glückseligkeit, Leichtigkeit, Gelassenheit, Humor. Die meisten von uns verweilen hier nur vorübergehend. Ab dieser Bewusstseinsstufe würde man wahrscheinlich aufhören, Skalen und Tabellen wie diese voll ernst zu nehmen. Bis hierhin ist es nützlich. Ab hier beginnen sich ganz langsam Dualitäten aufzulösen.

600 Friede
Allgemein: Je höher die Skala steigt, desto weniger gibt es über die Zustände zu sagen. Von diesem Zustand schwärmen viele, aber die wenigsten erfahren ihn über längere Zeit. Innere Ruhe, die mehr ist als nur Zufriedenheit. Selige Stille, auch in einer lauten und chaotischen Welt.

700 Reines Sein
„Reines Sein", „Reine Beobachtung" „Reine Wahrnehmung" sind Versuche, zu beschreiben, was hier stattfindet. Dualitäten entfallen.

1000 Erleuchtung.
Auch hierüber mehr anderswo. Interessant ist jedoch, dass man die Skala durchaus noch mit irdischen Worten bis 10 000 führen könnte. „Erleuchtung" ist folglich nicht „Die Krone allen Seins", sondern bestenfalls einer der erweiternsten Zustände, die man als Mensch erleben kann.

27. Das Tor zur Unendlichkeit

Das Tor zur Unendlichkeit ist geöffnet und du bist eingeladen, hindurchzugehen. Vor dir liegt die Verheißung der Erfüllung, zumindest ein paar der menschlichen Sehnsüchte, mit denen wir geboren werden und die uns für den Rest unseres Lebens begleiten. Die spirituelle Erfahrung des Lebens ist eine andere als die eines Werbeversprechens oder Vergnügungsparks. Sie kostet nichts, sie nutzt sich nicht nach ein paar Runden ab, und sie enttäuscht dein Vertrauen nicht. Da sie dein innerster Kern, deine wahre Natur ist, musst du nichts opfern, um sie zu erreichen, *du bist sie bereits*. Deine spirituelle Natur ist der Teil von dir, der Wunder kennt, Liebe lebt, Freude hat. Er ist das Ich hinter all den anderen Ichs. Es ist das Ich, das in keiner Weise von den „Aufs und Abs der Welt" gezeichnet ist, sondern immerwährend gleich einer Sonne machtvoll strahlt. Es ist nicht der Teil von dir, der Resignation als „Vernunft" erklärt, Apathie als „Reife" durchgehen lässt, Mitleid als „Liebe" bezeichnet oder Weisheit mit „Wissen" verwechselt. Es ist der Teil von dir, der das Höchste, was du denken und fühlen kannst, repräsentiert. Bei jedem deiner höchsten Gedanken und Absichten verbindest du dich automatisch mit diesem inneren Selbst. Dein höheres Selbst ist nicht auf deinen Körper beschränkt. Nicht der Körper enthält die Seele, sondern die Seele enthält den Körper. Er ist der einzige Teil von dir, der unbeschränkten Zugang zur Unendlichkeit hat. Die Unendlichkeit ist die Spielwiese der Seele. Die Seele erschafft ein Universum und tritt dann selbst als Erfahrender hinein, verliert sich im Universum, spielt das Spiel. Wenn sie mit dem Spiel zuende ist, das erfahren hat, was sie zu erfahren beabsichtigte, besteigt oder erschafft sie sich ein neues Spiel. Die Seele ist von Natur aus spielerisch und leicht, nicht ernst und schwer, außer sie spielt gerade „ernst und schwer". Für einen Schnellzugang zur Welt der Seele empfehle ich dir entweder absolute Stille, absolute Gedankenintensität oder absolutes Klarträumen.

Ende des Filmes und Abspann

Literatur über das Luzide Träumen
Stephan LaBerge / Lucid Dreaming
Stephan LaBerge / Exploring the World of Lucid Dreams
Patricia Garfield / Creative Dreaming
Paul Tholey & Kaleb Utecht / Schöpferisches Träumen
Franz Bludorf & Grazyna Fosar / Spektrum der Nacht

Allgemeine Literaturempfehlungen zum Thema Bewusstsein
Bashar channelled by Daryl Anka / Blueprint for a Change
Frederick Dodson / Reality Creation
Frederick Dodson / High werden ohne Drogen
Elan channelled by Andrew / Your Power on a Plate
David Hawkins / Ebenen des Bewusstseins
Serge Kahili King / Instant Healing

Allgemeine Literaturempfehlungen zum Thema Fernwahrnehmung, Zeitreisen & AKE
Joseph McMoneagle / Mind Trek

Robert A. Monroe / Der zweite Körper
Frederick Dodson / Astralreisen
Frederick Dodson / Zeitreisen
Joseph McMoneagle / The Ultimate Time Machine
J.W. Dunne / An Experiment with Time

Beispiele Traumatmosphärischer Literatur
Lewis Caroll / Alice in Wonderland
Carlos Castaneda / Die Kunst des Träumens
Carlos Castaneda / Reise nach Ixtlan
Robert A. Wilson / Cosmic Trigger
Douglas Adams / Per Anhalter durch die Galaxis (5 Bücher)

Beispiele Traumatmosphärischer Musik (von mir privat benutzte Musik zur Induzierung luzider Träume)
Sigur Ros / Aegytis Byrun
Blank & Jones / Relax
Monika Kruse@Voodooamt / Panorama
The Gentle People / Soundtracks for Living
Twin Peaks / Soundtrack
Synchronicity Foundation / Sounds of Source
Enya / Shepherd Moon
Air / Moon Safari
William Orbit / Pieces in a Modern Style
Sphongle / Tales of the Inexpressible

Beispiele Traumatmosphärischer Filme
Vanilla Sky (USA 2001, mit Tom Cruise)
Hinter dem Horizont (USA 1995, mit Robin Williams)
Mullholland Drive (USA 2000, von David Lynch)
Waking Life (USA 2001)
Im Rausch der Tiefe (Frankreich 1988)

Informationen über den Autor
Frederick Dodson, geb. 1974 in den USA, ist der Autor von bisher 12 Büchern zu Themen des Bewusstseins und der Weiterentwicklung menschlichen Potentials. Er lebt in München und hält Seminare zu den Themen Sprachen (www.quicklearning.de), und Coachings im mentalen, emotionalen und spirituellen Bereich (www.oceanofsilence.com). Leser erreichen ihn unter der Email-Adresse PlanetEye5@aol.com.

Fachbücher für Magie und alternative Weltsichten
Bohmeier Verlag ... damit Sie erleben, worüber Sie sonst nur lesen!
Kataloge und Infos im Internet ...

www.magick-pur.de

oder einfach per E-Mail: info@magick-pur.de